◎国家自然科学基金项目(编号:42001192)

京津冀地区乡村转型发展路径测度与模式优化

李进涛 著

山东大学出版社
SHANDONG UNIVERSITY PRESS
·济南·

图书在版编目(CIP)数据

京津冀地区乡村转型发展路径测度与模式优化/李进涛著.—济南:山东大学出版社,2022.4
ISBN 978-7-5607-7498-5

Ⅰ.①京… Ⅱ.①李… Ⅲ.①农村经济发展—研究—华北地区 Ⅳ.①F327.2

中国版本图书馆 CIP 数据核字(2022)第 070284 号

策划编辑 李 港
责任编辑 李 港
封面设计 杜 婕

出版发行 山东大学出版社
社　　址 山东省济南市山大南路 20 号
邮政编码 250100
发行热线 (0531)88363008
经　　销 新华书店
印　　刷 济南巨丰印刷有限公司
规　　格 720 毫米×1000 毫米 1/16
　　　　 15.25 印张 280 千字
版　　次 2022 年 4 月第 1 版
印　　次 2022 年 4 月第 1 次印刷
定　　价 60.00 元

前言

改革开放以来，我国城镇化快速发展，重城轻乡的发展政策促使城乡差距拉大，村庄空心化、农村主体老弱化、乡村环境污损化等问题日益明显。在新时期，城乡一体化、精准扶贫、乡村振兴逐渐成为促进乡村发展的重大战略，而乡村转型发展则是实现农民脱贫致富、乡村振兴和城乡融合的重要途径，对改善乡村人口、土地、产业等要素配置水平具有重要的现实意义。本书以京津冀地区 147 个县（区）为例，采取定性与定量相结合的研究方法，系统分析了 1990 年、2000 年、2010 年和 2015 年 4 个时间阶段京津冀地区县域乡村发展度与转型度，及其耦合协调性；利用多元回归模型和地理探测器、欧氏距离与引力模型构建了乡村转型发展路径模型，测度了时间与空间驱动因素对乡村转型发展作用的内力与外力，并划定了内生发展、外部城市带动和内外结合等 3 种县域乡村转型发展模式；通过对天津市静海区、河北省阜平县和北京市密云区 3 个典型县域进行村域尺度的乡村转型发展特征及模式调查分析，结合京津冀地区的功能区定位，预测模拟了京津冀地区 2020 年[①]和 2030 年人口、土地和产业等要素的空间分布；基于上述研究结果，分别对核心引领区、重点拓展区和稳定涵养区搭建了乡村转型发展优化模式框架图，并为乡村转型发展模式的稳定、可持续发展提出科学的保障机制。具体章节框架内容如下：

第 1 章基本情况着重介绍了开展京津冀地区乡村转型发展的研究背景与研究意义，通过梳理国内外乡村转型发展模式、研究进展等内容，进一步提出研究目标、研究思路和研究内容。

① 2020 年的相关数据暂未公布，待公布后，再对预测数据做比较分析。现有关于 2020 年的数据为预测数据。

第 2 章基础理论与研究方法重点阐述了乡村转型发展与发展路径概念，并构建了乡村转型发展理论框架；梳理了区位论、农业发展阶段理论、城乡关系理论、乡村系统研究理论等基础理论，搭建了京津冀地区乡村转型发展理论构架；根据研究目标、研究思路与研究内容，着重介绍了计量经济分析方法、空间分析方法、多元回归、地理探测器、引力模型、Markov 模型、CLUE-S 模型和灰色关联模型等研究使用的主要方法和技术，形成了一套完整的乡村转型发展技术方法体系。

第 3 章京津冀地区乡村转型发展时空演化分析通过对京津冀地区 1990～2015 年乡村转型发展的时空演化分析，从“人口—土地—产业”要素视角测算县域乡村转型度，从农业生产、农民生活、农村生态的三生系统视角评估县域乡村发展度，综合探究了近 25 年京津冀地区乡村的转型发展状态，总结凝练了京津冀地区乡村转型发展存在的主要问题。

第 4 章京津冀地区乡村转型发展路径测度主要介绍了县域乡村转型发展路径的测度模型，利用多元回归分析与通径分析模型探测了乡村转型发展时间演变的主导驱动因子，利用地理探测器确定了乡村转型发展空间分异的主导驱动因子，此外还包括政策、市场等因素；同时根据物理学的系统作用原理，将一个县域的乡村转型发展视为单一系统，将周边的县域视为对其发展具有明显影响的外部系统；研究结合欧式距离与引力模型，在“推—拉”理论的基础上，提出了乡村转型发展路径测度模型。

第 5 章京津冀地区典型县域乡村转型发展模式研究通过对京津冀地区的静海区、阜平县和密云区等 3 个典型县区的乡村转型发展特征、驱动因素的作用机理及其空间分布的分析，进一步阐释了村尺度的乡村转型发展模式；比较 3 种不同的县域乡村转型发展模式发现，以人口、土地、产业为主要素形成的村域发展模式，受制于环境与政策等而存在明显差异。

第 6 章基于功能区划的乡村转型发展要素模拟预测在乡村转型发展路径测度与城镇化对其作用机制分析的基础上，利用乡村发展度、转型度和耦合度赋分法，通过综合求和对京津冀地区县域乡村转型发展进行功能区定位；根据各功能区的发展要求，对京津冀地区县域的人口、土地、产业 2020 年(近期)和 2030 年(远期)发展进行预测模拟。

第7章京津冀地区乡村转型发展模式优化与保障机制根据京津冀地区县域乡村转型功能区定位发展要求，与人口、土地和产业要素模拟预测分布，以解决研究与调研过程中乡村差异大、要素转型不协调、“乡村病”等问题为目的，对不同功能区的乡村人口、土地与产业等要素组织及功能结构进行优化，提出了适宜的乡村发展模式，并构建了乡村转型发展保障体系。

第8章结论与展望总结了前面几章关于京津冀地区乡村转型发展的研究发现与结果，对未来乡村转型发展路径测度模型和发展模式优化研究进行了展望，将在村域发展的现实问题小尺度微观分析、通过转型发展研究诊断典型村域问题、识别不同乡村发展类型、确定乡村振兴极和提出更加细化、更具有针对性的村域发展模式等方面进行深入研究。

本书基于乡村转型发展理论框架，提出了县域乡村转型发展路径测度模型，实现了“区域—县域—村域”的乡村发展空间尺度转换，预测模拟了县域乡村核心要素未来变化与空间分布，进而建立了具有可推广性的乡村转型发展模式框架，研究形成了一套较为完整的乡村转型发展研究范式，为推进乡村转型发展模式提炼与理论完善提供指导，为新时代乡村振兴与城乡融合发展决策提供参考。

目 录

第1章　基本情况

1.1　研究背景

(1)在快速城镇化背景下,城乡收入差距持续拉大,实现城乡一体化发展已成为新阶段发展的主要任务,实现城乡协同发展已成为国家重大战略。

中国的城镇化先后经历了健康城镇化、停滞城镇化、加速城镇化和快速城镇化4个阶段(见图1.1)。从1995年开始,中国进入了快速城镇化发展时期,社会经济体制改革促使中国由计划经济转为市场经济,资源配置市场化,城镇化发展迅速[1~5]。2001年,中国正式加入世界贸易组织(WTO),与世界经济接轨,进一步加快了中国的城镇化进程。1995～2015年,中国城镇化率提升了27.1个百分点,年均增长1.35个百分点[6],远远高于世界城镇化的平均水平。

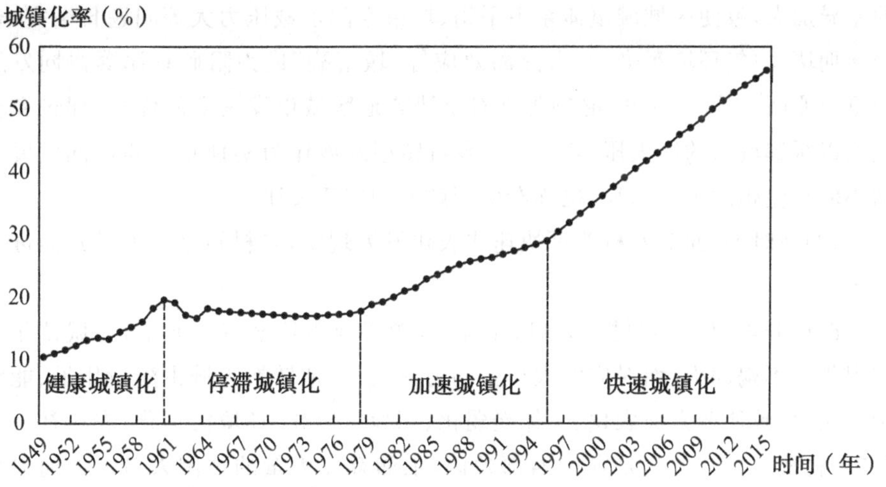

图1.1　中国城镇化发展历程

城镇化的快速发展致使城乡居民人均收入水平的绝对差距逐渐加大；但是城乡收入的相对比重却呈现出波动型变化，尤其是在2008年以后，城乡收入比值逐渐下降，2015年为2.73，与改革开放初期接近(见图1.2)。这说明经过改革开放近30年的变化，城乡收入相对差距在逐渐缩小，实现城乡一体化发展已成为国家新时期、新阶段的主要任务之一[7~10]。

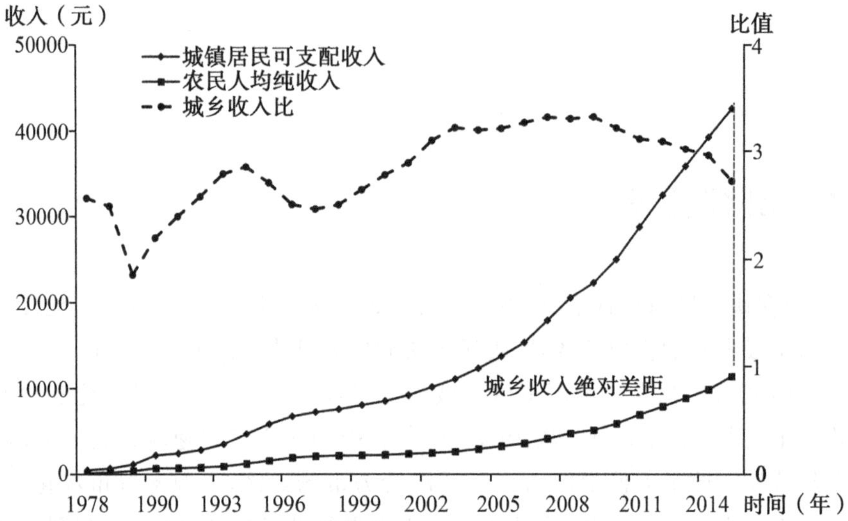

图1.2　城乡收入差距演变

京津冀地区作为京畿重地，是中国城镇化增速最快的地区之一，但是城乡的差异加大，致使区域城镇体系不平衡、城市空间承载压力大等问题日渐突出。交通拥堵、空气环境污染、城市热岛效应等“城市病”成为阻碍京津冀协同发展的重要原因[11~12]。因此，必须加强对京津冀地区城市发展空间优化，促进乡村发展以缓解城市的巨大压力[13~15]。乡村转型发展作为实现京津冀协同发展与缩小城乡差距的重要途径，也逐渐引起政府的广泛关注。

(2)新时期，面对农村要素快速非农化发展现状，乡村转型发展模式需进一步提升。

改革开放以后，农村的人口、土地、资源等要素逐渐流入城市，为城镇化发展提供了不竭动力，而对应的农村劳动力流失、耕地转换为城市建设用地、能源消耗殆尽，致使要素非农化、主体老弱化、用地空废化、环境污损化、农村贫困化等“乡村病”出现，尤其是在中西部地区，依然存在大量的贫困人口。如何治愈“乡村病”，拔除“穷根”[16~20]，是实现城乡一体化必须解决的核心问题。

由于农业市场的不稳定性，粮食价格波动起伏，农产品不断调整结构来适应市场的变化，然而农民的权益无法得到充分保障，农民人均收入水平仍远落后于城镇居民。农村剩余劳动力不得不转变就业方式，大量农民工涌入城市，致使城镇化率飞速提升；而农村劳动力则以留守老人、留守妇女、留守儿童为主，劳动主体逐渐老弱化，同时农村也出现了大量的空废宅基地，土地闲置浪费现象日趋严重[21~22]。京津冀地区城镇化、工业化的快速发展，是在农村提供充足的劳动力、土地和资源的基础上实现的，但工业化污染物质却严重影响了农村的生态环境[23~26]。因此，在新时期，面临日益凸显的乡村问题，提升、优化乡村转型发展模式，才能保证城乡一体化顺利实现。

(3)耕地红线保护、粮食安全与生态环境保护等多重压力限制了区域的乡村发展，迫使乡村转型发展亟须优化决策。

2006年，第十届全国人大四次会议提出了18亿亩(1.2亿公顷)的耕地保护红线[27~28]。而城镇化、工业化的快速发展，导致温室效应、全球温度上升，也带来了粮食减产、干旱洪涝等极端气候及病虫害加剧等问题，如何确保粮食安全也成为当前亟待解决的一大难题[29~33]。耕地红线保护与粮食安全的重担便落在了农民的身上，为了保障粮食产量与耕地面积，粮食主产区的农民不得变更耕地用途[34~35]；同时，森林覆盖密度较高的山区或水域丰富的库区必须加强资源环境的保护，资源开发受到严重的限制，乡村发展缓慢。京津冀地区的南部属于华北平原，承担了重要的粮食生产功能，依靠农业生产为主要收入来源的农民依然处在贫困边缘；而北部山区与库区承担了生态保护与水源涵养的功能，生态旅游资源未得到充分利用，区域经济发展缓慢，大量的农民工不得不远离农村，通过进城务工来增加收入。因此，探索适宜的乡村转型发展模式，提出科学合理的对策，是解决粮食主产区农村贫困化的重要途径之一，对当前国家精准扶贫政策的实施具有借鉴意义。

1.2 研究意义

(1)补充完善乡村转型发展理论，为城乡转型发展研究提供理论支撑。

在系统梳理乡村发展相关理论的基础上，对县域乡村发展度与转型度进行测度，利用科学的方法探测快速城镇化过程中对乡村转型发展起作用的时空驱动因素。通过系统耦合、要素作用机制分析与乡村转型发展模式优化，形成一套完善的乡村转型发展研究范式，对乡村转型发展理论框架进行补充完善。乡村转型发展是城乡转型发展的主要内容，也是实现城乡一体化的必要条件。因此，完善乡村转型发展理论，能够为区域的城乡转型发展研究提供科学的理论指导。

(2)优化乡村转型发展模式，为城乡融合与乡村振兴优化决策提供借鉴。

城乡融合与乡村振兴是新时期对乡村发展提出的重大决策，对提高农民收入水平、改善农业生产条件、完善农村基础服务设施具有很大的帮助。而乡村转型作为城乡融合与乡村振兴的一条重要途径，在实现乡村转型发展过程深度剖析的基础上，科学解析城镇化因素对发展过程中乡村要素的作用机理，并进一步优化乡村发展模式，为加快实现城乡融合与促进乡村振兴提供了科学的经验借鉴。

(3)测度典型区域乡村转型发展路径，为贫困村脱贫致富提供实践参考。

京津冀地区作为中国重要的经济发达区域之一，是典型的乡村转型发展研究区。由于北京、天津两大城市对周边地区人才、土地、资本等资源要素的虹吸效应，形成了明显的“环首都贫困带”。2009 年，京津冀地区仍然存在 25 个国家或省级重点贫困县、2804 个贫困村，约 154 万贫困人口。城镇化、工业化的快速发展，致使大城市周边的县域、村域等资源被掠夺，环境被污染，而经济却未得到有效提升。因此，选择京津冀地区作为乡村转型发展研究的典型区域，具有较高的实践价值，对贫困村的脱贫致富发展具有重要意义。

1.3 国内外乡村研究

乡村转型发展是一个国家发展阶段的必经之路。欧、美、日等发达国家社会经济发展较快，乡村转型发展模式比较成熟，具有完备的理论支撑，农村经济发展良好、农业设施条件完善、农民生活水平和谐，城乡关系逐步转向融合协调发展。发达国家的乡村转型发展模式，对于发展中国家的乡村转型发展具有很好的启示作用。如何将发达国家的经验模式与发展中国家的现状结合，取其精华，去其糟粕，是当前国内学者研究的重点。

1.3.1 国外乡村转型发展模式

1.3.1.1 欧洲国家乡村转型发展模式

德国、法国、英国、荷兰等作为早期工业革命兴起的国家，其乡村转型发展也较早，从19世纪中期开始，法国、德国等经过工业化推动、产业结构调整等方式实现了乡村的转型发展。

19世纪50年代以后，法国利用社会与经济改革，改造传统的农业、农村与农民，在20世纪初期完成了传统农村向现代乡村的转型[36]。首先，交通运输带动农业经济转变，加强铁路建设，促使法国经济有了质的飞跃；工业化推动农村产业结构调整，吸引农村大量剩余劳动力进行矿山、冶金、化学等大工业生产，取代原有的纺纱、冶炼、制酒、采石、砖瓦等小工业生产；农业市场化推动乡村转型发展，基于完备的交通运输优势，大大降低了农产品的运输成本，促进了农业市场的形成，为实现城乡一体化提供了动力。法国通过完善的交通运输网络，在工业化与农业市场化的推动下，逐步转变为与政治、经济和社会相适应的城乡一体化模式[37]。

法国仅用了20年的时间就实现了农村现代化建设，政府通过采取适宜的发展策略，积极有效地推进农村改革，发展一体化农业和土地整治。前者将农业与工业、商业、运输、信贷等多个部门结合起来，提供技术与资金的支持；后者实现了农村社会资源的再分配，加快乡村社会的现代化建设。

德国的乡村发展起步于20世纪初期，通过村庄的更新来促进农村发展，德国先后颁布了一系列相关法律法规，如《帝国土地改革法》《土地整理法》等，将法律法规与乡村文化、地方特色、基础设施、产业发展相结合。德国是一个强调整体均衡、协调发展的国家，注重完善基础设施、美化村庄环境[38]。其乡村转型发展过程包括：首先，加大投入农村基础设施建设，根据中心地理论，配备基础设施，在农村地区配备相应的污水、固废处置设施，为农村的环境和生态建设提供了切实保障；其次，健全乡村发展相关法律法规，通过修订法律法规对乡村发展规划和改善农村生产条件作出规定，对乡村发展起到保障作用；最后，坚持科学规划，依靠全民参与，将村庄建设发展纳入国家的整体规划中，不仅能够推进农村地区产业结构和村庄发展，还很好地保护了当地的环境和文物，同时村庄规划征询民众意见，要求全民参与新型农村的建设，调动农民参与村庄发展的积极性。德国以民主、法制的形式,促进了乡村的转型发展[39]。

此外,还有瑞典的农业合作社、瑞士的农村建设及农业政策调整、荷兰的农业知识普及网络等[40~42],各个国家根据自身农村的发展特点,出台相应的政策,完成了乡村的转型发展。

1.3.1.2 美国小城镇带动农村发展模式

相比欧洲国家,美国的乡村转型发展较晚。20 世纪初,美国人口开始不断增加,城市中心过度拥挤,导致许多中产阶级向城市郊区迁移,极大地推动了小城镇的发展。汽车、火车等交通工具的普及,基础设施服务水平的提升,进一步助推了小城镇的成长和发展。1960 年,美国推行“示范城市”试验计划,通过大城市的人口分流来推进中小城镇的发展。小城镇健全的管理体制和规章制度,很好地带动了乡村发展。

因此,美国在现代化过程中以农村基础设施建设为基础、以农业科学技术为支撑,逐步完成了乡村的转型发展[43]。其过程主要分为四个阶段:第一阶段(19 世纪末),利用先进的技术设备与工业发展加快了农村的城市化进程;第二阶段(19 世纪末至 20 世纪初),改善交通运输状况,促进了农村的社会转型;第三阶段(20 世纪初至 20 世纪中期),通过建立全国高速公路网络,形成城市郊区化;第四阶段(20 世纪中期至 20 世纪末),科学技术的发展带来了交通和通信的变革[44],促进了美国城市的分散化,农村与城市逐渐融合,实现了农村城市一体化转型。美国的乡村转型发展模式是一种新型模式,以农村基础设施为基础、生物工程技术为核心,促进了农业现代化的发展[45]。

1.3.1.3 日本的“造村”式发展模式

日本是一个人多地少、人口密集度大的国家,受限于狭窄的土地面积,其以发展小农经济实现了农业现代化。第二次世界大战结束后,日本政府为了提升社会发展的速度,着力实行了一套城市偏向政策,注重发展城市工业,片面追求经济发展,以求快速推动整个国家的繁荣。在这种策略引导下,导致日本出现了严重的城乡发展不均衡,造成农村发展落后问题。为了振兴农村,实现城乡一体化目标,大分县前知事平松守彦率先在全国发起了立足乡土、自立自主、面向未来的“造村运动”。在政府的大力倡导与扶持下,各地区根据自身的实际情况,因地制宜地培育富有地方特色的农村发展模式,形成了为世人称道和效仿的“一村一品”。

首先，日本政府根据本国的地形特点、自然条件状况，开发农业特色产品，培育各具优势的产业基地，如水产品产业基地、香菇产业基地、养牛产业基地等，在农业改造方面实行"一村一品"战略。其次，为了提升农产品的附加值，政府采取对农、林、牧、副、鱼产品实行一次性深加工的策略，促进农产品的市场化；通过农协会制定乡村发展规划，制定相应的政策，指导农民生产，在农产品的生产、加工、流通和销售环节建立产业链，促进产品的顺利交易。最后，以培养农村人才为动力，推动"造村"建设，开设各类农业培训班，建立符合农民需求的补习中心，通过培养具有农村建设能力和愿意扎根农村的年轻人，致力于农村的发展[46]。日本通过提高农民素质建设农村，利用合作组织搭建农业生产、加工、销售平台，并引进先进技术，实现了现代农业的转型发展。

1.3.1.4 韩国的"新村运动"发展模式

20 世纪中期，韩国重点发展工业经济，壮大城市发展，城乡两极分化、农村人口外流、贫富差距悬殊等问题日趋严重。20 世纪 70 年代，韩国开始"新村运动"，利用不同主体主导农村建设模式，经过 30 年的时间，逐步实现了农业现代化与农村城市化的转型发展[47]。其主要措施包括：首先，政府引导为主，政府积极参与农村的建设与发展过程，为农村基础设施建设、农民素质教育和农村改革发展提供物力和财力支持，并通过政府引进新技术，引导农村积极推广、发展生产；其次，进行土地制度改革，通过改革将农民作为土地交易的主体，允许土地流入市场，将土地粗放经营逐渐转向集中、高效利用；再次，建设基础设施，建设农村的公共服务设施，完善农业生产道路、水利等设施；最后，组织农协会，将政府主导的农村建设逐步转为社会组织主导、农民自身主导的形式，农民积极主动参与，构建自我服务组织[48~49]。"新村运动"模式主要依靠政府投入，对"三农"问题采取多种措施，促进了农村、农业协调发展，为构建新型乡村发展模式提供了经验借鉴。

1.3.2 国内乡村转型发展研究进展

我国乡村转型发展可追溯到 20 世纪 30 年代，发展相对较晚。此时，欧洲部分国家、美国等已经逐渐完成了乡村转型发展。根据国外乡村发展的经验与相关理论指导，国内对乡村转型发展的研究先后经历了四个阶段。

(1)20 世纪 30 年代至 50 年代。30 年代初，中国尚处于半殖民地半封建社会，连年的战争致使农村经济凋零，民不聊生[50]。国内研究的学者主要通过乡村改良、乡村教育、乡村发展带动农村复苏，如梁漱溟、晏阳初等学者在地方政府的支持下，开展各具特色的乡村建设实验[51~52]。

然而由于社会制度、国民经济落后等原因，加之缺乏充足的财力、物力支持，致使农村建设运动失败[53]。因此，过分强调文化教育改造农村，而没有强力的经济基础作为支撑，难以推动农村社会经济发展。

(2)20 世纪 50 年代至 80 年代。20 世纪 50 年代的土地改革运动，通过提高农村的劳动生产率促进乡村发展。其后开展的社会主义改造运动，在农村建立社会主义集体所有制，使农民摆脱了土地私有制的束缚，同时也加大了水利、交通等基础设施的建设，为农村建设和农业发展提供了有利条件。

在此时期，国内学者任美愕、邓静中[54~55]、周立三、吴传钧[56~57]等开展了一系列促进农业发展、提高农业生产效率的研究，分别在我国东北、新疆、四川、内蒙古等重要的粮食生产区开展实验研究，在农业区划、农业土地类型划分、农业生产结构等方面取得了丰硕的研究成果。

(3)20 世纪 80 年代至 90 年代。改革开放政策的实施，使农村迎来了快速发展的黄金时期。家庭联产承包责任制的实施，使农民获取了土地承包经营权，得到了能够自主劳动生产获益的权利。1993 年社会主义市场经济体制框架的提出[58]，标志着中国经济体制由计划经济向社会主义市场经济转变，乡村发展步伐逐渐加快。

在这一重大背景下，国内学者对乡村发展的研究也越来越广泛，主要集中在农村区划、农村教育、农村劳动力、农村改革制度和乡镇企业对乡村发展作用、市场经济对乡村发展影响等方面[59~64]；在实践应用方面，也先后出现了如苏南模式、温州模式等乡村发展的成功案例[65~67]。具体研究主要分为三个阶段：第一阶段，农业发展区划研究。在家庭联产承包责任制的驱动下，郭焕成等从区位条件、农业经济发展的角度考虑，划分了国家级、省级和地区级的农村经济区，对农村的发展区域规划具有很大的启示意义[68~71]。第二阶段，农村人口流动研究。这里是指流向农村的人才，是传统农业向现代农业转换过程中生产力重新组合的必然结果，给农村注入了新的活力，推动了我国农村的现代化发展；随着部分乡镇企业的萎缩，导致大量的农民“回流”到农村；同时农村教育问题也重新引起了研究学者的关注，提高农民的素质，在一定程度上促进了农村改革、农村家庭联合承包责任制和计划经济向市场经济转化的有效实施[72~73]。第三阶段，改革制度与市场体制研究。随着改革开放政策与社会主义市场经济体制的实施，社会学的学者开始注重政策如何影响乡村发展的研究，市场机制运行，迫使农民作为财产经营主体面向市场，引进先进技术，不断积累财富，促进了农村的发展[74]；同时，农村不同类型的发展模式也逐渐出现，如福建模式、温州模式、贵州模式、山西模式等[75~79]利用农村文化、产业和企业带动等形式不断促进乡村转型发展，提高农民收入。

(4)20世纪90年代至今。1994年3月，为响应联合国《21世纪议程》中提出的可持续发展理念，中国政府制定了《中国21世纪议程》，提出农业农村可持续发展。2001年中国加入世界贸易组织，加快了中国的城市化进程，同时城乡差距也在不断拉大，农村环境污染、劳动力外流、耕地资源被占用等问题日趋明显，冠以“农民真苦，农村真穷，农业真危险”的“三农”问题再次引起政府与学者的广泛关注[80]。随着城镇化进程的加快，先富带动后富模式并不适合城乡发展现实，逐渐富裕的城市并未对乡村发展起到帮扶作用，反而吸引了更多的农村资源与资本流入城市，致使城乡的差异加大。因此，城乡一体化即把工业与农业、城市与乡村、城镇居民与农村村民作为一个整体统筹谋划、综合研究，逐渐引起国家和研究学者的重视，而乡村转型发展也是促进城乡一体化发展的重要途径[81]。

此阶段是乡村发展研究的鼎盛时期，包括农村可持续发展、新农村建设、乡村发展驱动机制、农业现代化、乡村转型发展、城乡一体化和乡村振兴研究，主要分为四个方面。

1)农村可持续发展研究。农村可持续发展研究主要是对城镇化过程中农村出现的环境污染、资源短缺、剩余劳动力转移和产业结构调整等问题进行评价，提出科学的解决对策。蔡运龙等对可持续农业给以生态、经济、社会三重定义[82]；王宏广认为可持续农业是一种把产量、质量、效益与环境综合起来安排农业生产的农业模式[83]；结合诸多学者对可持续农业的定义，曾尊固对可持续农业与农村可持续发展进行评价研究，强调了农业可持续与农村可持续发展区域特色的重要性[84]。因此，农业农村可持续发展的区域研究逐渐成为热点问题，对平原农区、山地丘陵区、城市近郊区等不同类型的乡村发展进行研究[85~87]，根据农村的环境、产业、资源和生产等方面存在的问题提出针对性的建议，对实现区域农村可持续发展具有很大的启示意义。

2)农村现代化发展研究。自20世纪60年代以来，农村现代化理论得到了广泛发展与运用，到21世纪初期，关于农村现代化发展的研究已经逐渐成熟，从过去单方面因素、理论的研究，逐渐转变为乡村发展道路与路径的探索[88]。

谢家智在总结中国农村现代化探索过程的基础上提出了1949年以来农村现代化发展路径是按照"农村产业结构优化—农村产业化—农村工业化—农村城镇化—农村现代化"开展的[89]；从工业化、农村建设、乡村功能等方面分析农村的发展历程，探索区域农业农村的差异，提出不同类型农村的发展对策[90~92]。

3)乡村转型发展研究。乡村转型是实现城乡融合与乡村振兴的重要途径，内涵是实现农村传统产业、就业方式与消费结构的转变，由过去城乡隔离的社会结构转向构建和谐社会过程的统一，实质是推动工农关系与城乡关系的根本转变[93]。目前研究较多的是基于要素视角的乡村转型的发展研究及其驱动机制[94]、不同类型乡村的转型发展模式[95]等。文琦等分析了乡村发展历程，在宏观战略与理论及方法、城乡转型与统筹发展及功能区划分等方面提出关于乡村转型发展研究的趋势与展望[96~97]；龙花楼等通过对东部经济区、中部农区、西部能源区等典型区域的研究，分析不同乡村转型发展类型的特征与影响因素的驱动机制，提出应增强西部乡村内生发展能力，推进中部产业分工协作与城乡土地资源统筹配置，培育东部乡村新型产业体系[98~103]；刘彦随指出在城乡转型过程中，乡村的转型变化最为强烈、影响最为深远，且在东部沿海乡村转型发展与新农村建设研究中指出须要注重发挥农民主体作用，发展外向型现代农业，提升农村生产力，全面推进沿海新农村建设[99,104]。

4)乡村振兴研究。2017年10月18日，党的十九大提出了乡村振兴战略，让农业成为有奔头的产业，让农民成为有吸引力的职业，让农村成为安居乐业的美丽家园，为解决"三农"问题提供了重要途径，以实现农业强、农村美、农民富的乡村全面发展为最终目标；2018年9月，中共中央、国务院印发了《乡村振兴战略规划(2018～2022年)》，标志着乡村振兴战略进入了具体落实阶段。随着乡村振兴战略的提出，乡村发展再次引起学者们的广泛关注，在乡村转型发展过程与空间格局研究的基础上，加强了乡村地域系统的组织制度建设、人才引进、资金投入、基础设施建设[105~106]，通过制定乡村转型发展规划，开展乡村社会治理与保障制度、措施研究[107~108]。融合政治学、经济学、管理学和社会学等多学科的乡村定性分析[109]，结合典型案例定量分析，能够探索出更适宜乡村转型发展的优化策略[110]。乡村振兴的实质是乡村地域系统要素重组、空间重构、功能提升的系统性过程[111]。乡村振兴是对乡村地域系统的全面振兴，必须充分认识到乡村地域系统的地理空间差异和复杂多样性，以解决"农村、农民、农业"问题为关键着力点，科学、系统地把握乡村地域系统的要素演化特征[112~113]，遵循不同地域类型区乡村发展的客观规律，组织空间重构，提升乡村地域系统功能[114]。

1.3.3 研究现状评述及启示

国内外乡村转型发展研究具有较大的差异，欧美、日本、韩国等发达国家对于乡村转型发展的研究已经比较成熟，通过工业化、城市化、农村改造运动等方式，提出了完善的乡村转型发展模式，对当地乡村发展具有极大的促进作用。国内乡村转型发展研究起步较晚，但是对农业区划、乡村土地改革等探索较早，借鉴国外发达国家的理论与乡村转型发展经验，开始逐步进行中国乡村转型发展研究（见表 1.1）。从重点关注"三农"问题开始，中国先后经历了农村可持续发展、城乡统筹一体化发展、城乡转型发展和农业现代化发展等重要发展阶段[115]。结合国内乡村发展现状，国内先后提出了新农村建设、现代农业发展、空心村整治、新型城镇化建设、乡村振兴等重要战略。在乡村转型发展的思想与战略指导下，国内开展了不同类型的乡村转型模式试点研究，形成了著名的温州模式、苏南模式等，为国内学者对于乡村转型发展的研究提供了详细的试验区与典型案例。因此，国内研究正逐步走向完善，从理论到实践，逐渐缩小与国外乡村发展的差距，并探索出适宜中国社会主义初级阶段的乡村转型发展模式。

表 1.1 国内外乡村转型发展模式

国家	时间	乡村发展模式核心内容
法国	19 世纪 50 年代	社会与经济改革发展模式
德国	19 世纪 60 年代	完善基础设施，美化村庄环境
瑞典	19 世纪 50 年代	农业合作社
瑞士	19 世纪 50 年代	农村建设及农业政策调整
荷兰	19 世纪 50 年代	农业知识普及网络
美国	20 世纪初	农村城市化发展模式
日本	20 世纪 70 年代	发展小农经济实现农业现代化
韩国	20 世纪 70 年代	利用不同主体的主导农村建设模式

续表

国家	时间	乡村发展模式核心内容
中国	20 世纪 30 年代	通过乡村改良、乡村教育、乡村发展带动农村复苏
	20 世纪 50 年代	土地改革运动,极大地促进了劳动生产率,乡村发展迅速
	20 世纪 80 年代	家庭联产承包责任制
	20 世纪 90 年代	农村可持续发展、新农村建设、乡村发展驱动机制、农业现代化、乡村转型发展和城乡一体化研究

对比国内外研究,以乡村发展的理论思想和战略作为指导,针对乡村转型发展的研究主要为定性研究,典型案例与模式研究较多,但是乡村转型发展与城乡关系的定量研究依然较少,缺少对乡村转型发展过程的深度解剖,城乡差距拉大、农村经济发展落后、农村剩余劳动力较多、农村生态环境变差、农村贫困等问题依然存在。深入探索快速城镇化过程中不同阶段乡村发展的驱动因素及其作用机制[81,116],并测算不同驱动力,更加明晰乡村转型发展的途径,并在此基础上提出以解决"乡村病"为目的的乡村转型发展优化模式,是促进城乡融合与乡村振兴发展的重要途径。

1.4 研究方案

1.4.1 研究目标

在快速城镇化的背景下,城乡转型发展是实现中国城市化与农业现代化发展的必由之路,是城乡融合和乡村振兴的重要途径。本书依托国家自然科学基金项目"京津冀地区乡村地域系统转型发展机理与模式优化研究"(42001192),选择京津冀地区 147 个县域作为乡村转型发展路径测度与模式优化研究典型区域,在梳理乡村发展的主要理论基础上,运用空间 GIS、计量经济、耦合模拟分析等技术方法,基于京津冀地区典型县域的乡村转型发展时空演化特征、驱动因素、路径测度,提出不同类型的县域乡村转型发展模式。通过对典型县域村域尺度乡村发展调研分析,结合划定功能区乡村要素的发展模拟预测,提出了乡村转型发展的优化模式与保障机制,为京津冀地区贫困村与其他区域亟待转型发展的乡村提供模式经验借鉴,为加快实现城乡一体化和乡村发展科学决策提供参考。最终目的是拟解决乡村转型发展研究存在的以下问题：

1.4.1.1　构建县域乡村转型发展评价指标体系

通过对国内外文献梳理分析发现，专家学者对不同区域乡村转型发展研究尚未形成统一的评价指标体系。本书按照乡村发展度与转型度两个方面综合评估县域尺度的乡村转型发展状况，构建县域乡村转型发展评价指标体系，并从时间、空间两个维度分析其演变特征。

1.4.1.2　测度乡村转型发展路径

测度乡村转型发展路径是本书研究的核心内容，如何度量不同时期主导驱动因素的作用力大小及其变化过程是难点。利用"推—拉"理论结合引力模型，本书创新地提出了乡村转型发展路径测度模型，实现了快速城镇化过程中驱动要素对乡村转型发展"作用力"的定量化分析。

1.4.1.3　提出乡村转型发展可推广的优化模式

解决当前面临的"村庄空心化、农村主体老弱化、乡村环境污损化和农村贫困化"等"乡村病"问题，是本书研究的主要目的。通过对快速城镇化背景下典型案例区乡村转型发展模式提炼，从"人—地—业"角度，构建仿真模型，预测模拟"生产—生活—生态"土地利用三生形态空间分布，优化各类模式中人口、土地、产业等要素组织、结构和功能，搭建模式框架图，提出能够促进乡村振兴、城乡融合，具有可推广性的乡村转型发展模式。

1.4.2　研究思路

本书以"理论基础—实证分析—模式归纳—优化决策"的思路框架为研究主线（见图1.3），从"典型区域—县域—村域"等多尺度测度乡村转型发展时空演变特征与路径，利用空间分析、计量学分析等方法模型，创新地提出了乡村转型发展路径测度模型；通过对典型县域乡村转型发展模式提炼与京津冀功能区定位，以解决乡村发展问题为目标，对区域的人口、土地、产业等要素模拟预测，并提出了不同功能区适宜的乡村发展优化模式和保障机制，由此形成一套完整的乡村转型发展研究方案。基于此方案，提出了乡村转型发展研究技术路线与研究内容。

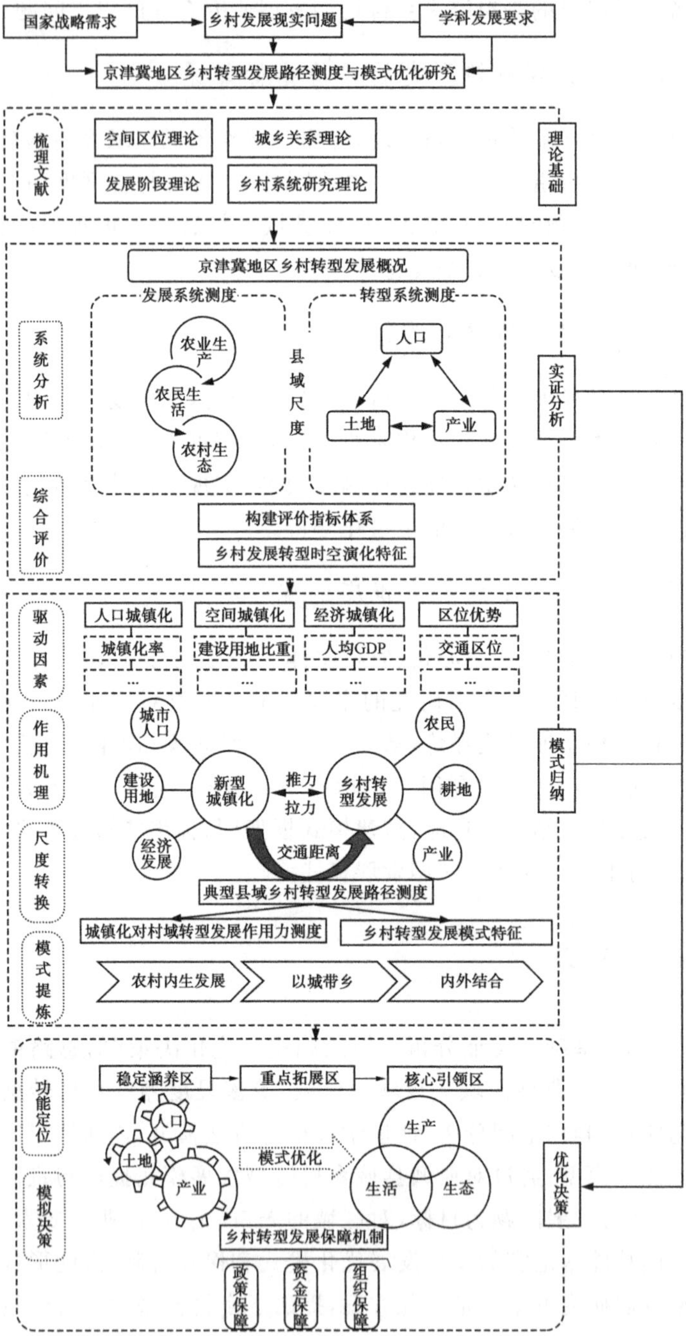

图 1.3　研究思路总体框架图

(1)理论基础。通过文献梳理,总结提炼乡村转型发展相关理论,包括空间区位理论、发展阶段理论、城乡关系理论与乡村系统研究理论等,为乡村转型发展研究过程中指标体系构建、驱动因素确定、不同阶段类型的划分提供理论支撑。

(2)实证分析。通过构建乡村转型与发展评价指标体系综合测度县域乡村转型发展状况,从生产、生活、生态角度刻画乡村系统发展度,从人口、土地和产业角度刻画乡村系统转型度,并利用协调度与耦合度等定量刻画乡村转型与发展的关系,发现乡村转型发展中存在的问题。

(3)模式归纳。运用多种回归分析方法探测乡村转型发展的驱动因素,通过测度驱动因素作用力,详细分析县域乡村转型发展过程,并划分县域乡村转型发展类型,为典型县域选取提供科学依据;通过将人口、土地和产业等要素空间叠置与聚合,结合实地调研结果,提炼典型县域的村域乡村转型发展模式,并分析不同模式的特征,由此形成了"区域—县域—村域"多尺度乡村转型发展研究的空间转换,为不同功能区乡村转型发展模式优化提供参考。

(4)优化决策。基于乡村转型发展实证分析结果划定不同类型功能区,结合模式归纳中提炼的乡村转型发展模式,通过优化人口、土地、产业等要素的组织、结构与功能,提出不同功能区的乡村转型发展模式框架,并建立科学的保障体系,对解决乡村发展问题和实现乡村振兴具有重要的启示意义。

1.4.3　主要内容

1.4.3.1　梳理总结乡村转型发展的核心概念与理论框架

通过梳理国内外区位论、农业发展阶段理论、城乡二元结构理论、城乡一体化理论、乡村系统研究理论等乡村发展相关理论研究,对"乡村转型发展"的概念以及内涵进行界定;构建快速城镇化背景下乡村转型发展的理论框架,为区域乡村转型发展研究提供理论指导。

1.4.3.2　分析典型区域乡村转型发展时空演变特征

结合国内外乡村转型发展模式与理论基础研究,提出了能够科学评估县域乡村转型发展的指标体系。选择京津冀地区 1990 年、2000 年、2010 年和 2015 年四期县域乡村社会经济数据、土地利用数据,从乡村的发展度与转型度两个方面综合分析京津冀地区的乡村转型发展时间演化过程与空间分布格局，提炼了区域的乡村转型发展时空演变特征，并深度剖析了乡村转型与发展的耦合协调性过程。

1.4.3.3 探测城镇化中乡村转型发展驱动因素与乡村转型发展路径

利用多元线性回归、通径分析、地理探测器等技术方法，从时间、空间角度探测京津冀地区城镇化中乡村转型发展的人口、社会、经济、区位等主导驱动因素。结合“推—拉”理论、“引力”模型等，创新性地提出乡村转型发展路径测度模型，刻画了 1990 年、2000 年、2010 年、2015 年京津冀地区县域尺度的乡村转型发展路径，分析各县域 1990～2015 年快速城镇化时期的乡村转型发展主导驱动因素及其作用力大小的变化过程。根据乡村转型发展路径以及探测的主导驱动因素，对京津冀地区 147 个县域乡村转型发展模式类型进行划分，然后选择典型县域进行案例研究。

1.4.3.4 剖析典型县域乡村转型发展模式特征与驱动因素作用机理

根据县域乡村转型发展的时空演变特征与驱动因素的测度，基于实地调查、历史资料、空间数据，利用定性与定量结合的方法，确定村域尺度的乡村转型发展模式，分析典型县域中乡村转型发展影响因素、作用机理与模式特征，为京津冀地区乡村核心要素的模拟预测与优化乡村转型发展模式提供参考。

1.4.3.5 优化不同功能区乡村转型发展模式与保障机制

基于京津冀地区乡村转型发展时空演变特征、驱动因素及路径测度和典型县域的村域尺度发展模式特征分析，通过聚类分析，进一步划定京津冀地区乡村发展功能区。根据划定的功能区，利用仿真模拟模型进行县域乡村的人口、土地、产业等要素变化趋势预测，对京津冀地区乡村的“生产—生活—生态”土地利用形态空间优化配置；通过优化典型县域各类模式中人口、土地、产业等要素组织、结构和功能，实现对不同类型乡村转型发展模式优化，并对区域乡村发展提出科学的保障体系。

第 2 章　基础理论与研究方法

2.1　相关概念解析

2.1.1　乡村转型发展

转型是一个动态变化的过程，是根据自身特点变化的过程，由一个状态向另一个状态转变，不断创新发展。转型包括产业结构的升级、土地用途的变化、人口就业方式的变化、区域发展模式的调整，甚至社会结构的转变等[117～120]。

乡村转型发展是指实现农村传统产业、就业方式与消费结构的转变，以及由过去城乡隔离的社会结构转向构建和谐社会过程的统一，其实质是推进工农关系与城乡关系的根本转变，主要包括人口、土地、产业等要素的转型发展[121～122]。

乡村的基本要素包括农民、农业和土地。农民是乡村生产经营活动的主体；农业是农民的生产方式，是农民收入的重要来源；土地是农民赖以生存的物质基础，是农民进行生产、生活的载体。而乡村转型发展是解决“三农”(农村、农民、农业)问题的重要途径，是促进城乡融合与乡村振兴的重要方式。

2.1.2　乡村转型发展路径

“路径”在不同领域具有不同的含义，在网络中是指从起点到终点的全程路程，而在生活中是指道路，是一条具有起点和终点的连接曲线。路径可以是开放的，也可以是闭合的。发展路径是指事物的发展经历、发展方式和未来的发展道路、趋势，即事物由一种状态达到另一种状态的过程。

本书在“发展路径”概念的基础上，提出了“乡村转型发展路径”的概念，其是指乡村由一种状态转为另一种状态的发展过程，包含不同时间节点的状态、转化的方法以及发展过程中的影响因素和各因素的作用机制。乡村转型发展路径模型表征了乡村各要素在转型过程中所受驱动因素的作用与各影响因素的作用力大小，以及乡村转型在不同时段状态的定量化描述，是将时间演化过程与空间格局融合在一起的时空综合研究模型。

2.1.3 城乡关系

城乡关系反映的是一个国家或地区的城市与乡村二元社会经济结构的基本关系[135]，是一个地理学命题，二者之间血脉相融、地域相连[121]，是一枚硬币的两个面，由对立、分离、协调、融合一体到最终实现等值化，是一个逐渐转变的过程[123~126]。城乡关系主要包括人口、产业、土地等要素在两个系统之间交互作用(见图 2.1)。在快速城镇化与工业化的过程中，由于重城轻乡，致使乡村的资源、资本流入城市，城乡差距持续拉大，乡村远远落后于城市，城乡矛盾突出，形成了对立的关系。随着对城乡关系的认识越来越深刻，乡村发展逐渐受到重视，城乡关系也得到缓和，向城乡协调、融合转变[127~131,165]。城乡融合体就是由城镇地域系统和乡村地域系统相互交叉、渗透、融合而成的一个城乡交错系统。“城市病”与“乡村病”两病并发，致使城乡失衡、城进村衰、城乡差距逐渐拉大[165]。因此，“理解城乡关系”的概念有助于科学分析城镇化过程中各要素对乡村转型发展的作用机制。

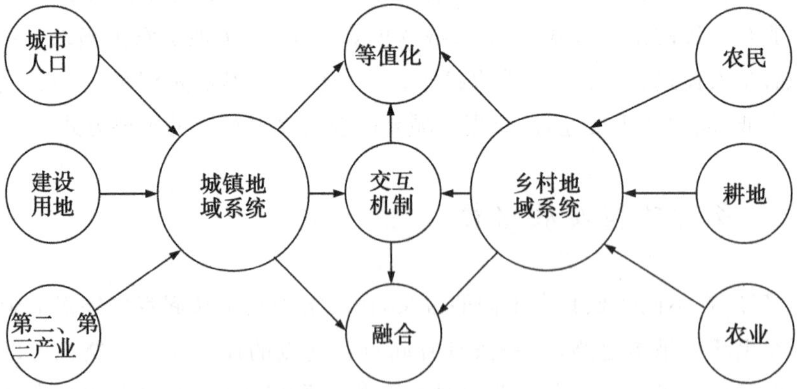

图 2.1 城乡主要要素融合关系

2.2　乡村转型发展理论基础

2.2.1　区位论

区位论包含德国经济学家冯·杜能的农业区位论、韦伯的工业区位论、克里斯塔勒的中心地理论和廖什的市场区位论[132~135]等(见表 2.1)。区位是影响乡村发展的一个重要因素,良好的区位能够为农村提供便捷的公共设施与交通服务,促进乡村快速转型发展。区位论认为接近城市中心、交通干线、劳动力密集与市场中心的区域经济发展条件较好,具有优先发展区位优势,有利于带动周边农村经济发展。这支撑了乡村转型发展路径模型中经济、交通、地理、市场等区位要素对乡村发展影响机理的推断。

表 2.1　区位论内容

理论	主要内容	代表人物	代表著作
农业区位论	自由式农业区、林业区、轮作式农业区、谷草式农业区、三圃式农业区、粗放畜牧业区构成的“杜能圈”[136]	冯·杜能	《关于农业和国民经济的孤立国》
工业区位论	运输区位法则、劳动区位法则和集聚或分散法则三条区位法则[137]	韦伯	《论工业区位》和《工业区位理论》
中心地理论	构建了一个以中心城市为中心和多级市场区组成正六边形的中心地网络体系[138]	克里斯塔勒	《德国南部的中心地原理》
市场区位论	建立了以市场为中心的工业区位理论和作为市场体系的经济景观论[139]	廖什	《经济空间秩序》

区位论是为人类征服空间环境的一个侧面,是为寻求合理空间活动而创建的理论。如何选择合理的区位,是人类进行生产活动时需解决的首要问题。

1826年，德国经济学家冯·杜能出版的《关于农业和国民经济的孤立国》一书最早提出了农业区位理论。他从区域地租出发阐明了因地价不同而引起的农业分带现象，着重强调了农产品产地到市场距离这一因素对土地利用类型产生的影响。把孤立国假设成以城市为中心，由内向外呈同心圆状的6个农业地带：自由式农业区、林业区、轮作式农业区、谷草式农业区、三圃式农业区、粗放畜牧业区，即著名的"杜能圈"。

韦伯继承了杜能的思想，在1909年和1914年分别发表了《论工业区位》和《工业区位理论》两篇名著。他提出了运输区位法则、劳动区位法则和集聚或分散法则三条区位法则。在添加劳动力费用因素与集聚因素后，韦伯经分析发现，原有根据运输费用所选择的区位将发生变化。

克里斯塔勒将区位理论扩展到聚落分布和市场研究，认为组织物质财富生产和流通的最有效的空间结构是一个以中心城市为中心的、由相应的多级市场区组成的网络体系。在此基础上，克氏提出了正六边形的中心地网络体系。

德国经济学家廖什则在1940年出版的《经济空间秩序》一书中，将利润原则应用于区位研究，并从宏观的一般均衡角度考察工业区位问题，从而建立了以市场为中心的工业区位理论和作为市场体系的经济景观论。

2.2.2 农业发展阶段理论

农业发展阶段理论的代表学者主要包含美国著名的经济学者舒尔茨(Theodore W. Schults)、约翰·梅勒(John W. Mellor)和韦茨(Raanan Weitz)[140~141]等(见表2.2)。他们根据农业生产过程中要素、技术等将农业发展划分为不同的阶段，为乡村转型发展研究中基于农业生产、农民生活与农村生态的发展度和"人口—土地—产业"形成的转型度的指标选取提供了参考，也为乡村转型发展驱动因素提供了选择方向；以产业为依据的农业发展阶段划分，也对乡村转型发展模式优化具有重要的理论支撑。

表2.2 主要农业发展阶段理论

主要理论	划分阶段	代表人物	代表著作
有条件的利润最大化假说	传统农业阶段和现代农业阶段[142]	舒尔茨	《改造传统农业》

续表

主要理论	划分阶段	代表人物	代表著作
以农业生产技术为主农业发展阶段理论	传统农业阶段、低资金密集型技术阶段和高度资金密集型技术阶段[143]	约翰·梅勒	《农业经济发展学》
美国农业发展阶段理论	维持生存农业阶段、混合农业阶段、现代商品农业阶段和现代农业高级阶段[144]	韦茨	《变迁世界的乡村发展》
诱导性技术创新理论	以劳动为目的机械技术阶段和以土地为目的的生物技术阶段	弗农·拉坦	《诱导的创新：技术、制度和发展》

舒尔茨在 1964 年出版的《改造传统农业》对农业发展阶段的划分产生深远的影响,依据农业生产要素性质把农业经济发展划分为传统农业阶段和现代农业阶段。传统农业就是完全以农民世代使用的各种生产要素为基础的农业。引入新生产要素就可以把传统农业改造为现代农业。这些新的生产要素包括：建立适合于传统农业改造的制度,从供给和需求两方面创造引入现代生产要素的条件,对农民进行人力资本投资(教育、在职培训和提高健康水平)。舒尔茨的贡献在于使发展经济学家第一次认识到,农民是具有理性最大化行为的经济人,新古典学派的基本分析方法适用于对农民行为的分析,从而才能使对农民行为的分析得以深入。因此,农民经济学借鉴新古典理论的利润最大化假说,提出了一个更为现实的假定:有条件的利润最大化。

约翰·梅勒依据农业生产的技术性质把从传统农业改造为现代农业的过程划分为三个时期:第一时期是传统农业—技术停滞阶段。这是生产增长在很大程度上依赖传统形式的土地、劳动力和资本的缓慢增长的无生机时期,新技术和措施对改善农业生产率的作用通常很小。第二时期是现代农业—低资金密集型技术阶段。这一时期的农业能够对整体经济发展起到非常关键的作用。一是农业在国民经济中占的比重仍然很大;二是由于人口和收入关系,对农产品需求迅速上升;三是用于工业发展的资金非常匮乏;四是经济转变的步伐缓慢,加上人口增长的压力,阻碍了农场土地规模的扩大;五是节约劳动力的机械的使用在很大程度上受到不利的劳动力和资本的相对成本的阻碍。在改变和发展一系列制度的基础上,这个阶段的新技术的综合性能大大提高了土地生产率和农业生产的效率。这个时期的农业新技术主要是劳动使用型或资本节约型。第三时期是现代农业—高度资金密集型技术阶段。这一时期的制度、技术发展和进步,产生了一系列节约劳动力的技术设备,促进了农业劳动生产率的持续增长,农业部门的重要性大大降低,只处于相对重要的地位,资本积累水平已经高到允许农业部门资金集约度不断提高,农场规模因农业劳动力转移而扩大。这一时期的生物技术带动了动植物高产,进而促进农业劳动生产率提高。第三阶段农业生产的主要特征是资本替代劳动,农业部门不再承担为其他部门提供资本积累的任务,而需要非农业部门进行资本支持和物质支持。

韦茨根据美国农业发展的经历,把农业发展分成四个阶段:一是以自给自足为特征的维持生存农业阶段,二是以多种经营和增加收入为特征的混合农业阶段,三是以专业化生产为特征的现代商品农业阶段,四是以自动化生产管理为特征的现代农业高级阶段。

2.2.3 城乡关系理论

城乡关系理论是用来解释城市与乡村关系的重要依据。从城乡二元结构论到城乡一体化理论,经过不同年代学者的研究,城乡关系理论不断前进,逐渐走向成熟。城乡关系理论主要包括刘易斯的二元经济结构理论,费景汉(John C. H. Fei)和拉尼斯(G. Ranis)的"刘易斯—拉尼斯—费景汉"模型,乔根森的古典经济学色彩的二元经济模型[145~148],托马斯·摩尔、康柏内拉、巴贝夫、傅立叶、欧文等空想社会主义者提出的"乌托邦"式的社会发展形式,埃比尼泽·霍华德的"城乡一体的新社会结构形态",弗里德曼的"中心—外围"理论等(见表2.3)。对阐述乡村转型发展过程中城镇化对乡村要素的作用机理和深入分析城乡关系提供了理论支撑,有助于从城乡关系融合角度科学优化乡村转型发展模式[149~151]。

表 2.3 城乡关系理论主要内容

城乡关系理论	代表人物	主要内容	代表著作
城乡二元结构论	伯克	二元结构的发展形势，应运用不同的经济法则进行治理[152~153]	《二元社会经济学与经济政策》
	阿瑟·刘易斯	将经济发展的过程归结为经济结构转变的过程，即农业比重逐渐下降而工业比重上升的过程[154]	《劳动无限供给下的经济增长》
	费景汉和拉尼斯	在经济结构转换中就业结构转换的条件和阶段提出城乡协调发展的思想，注重产业结构转移中的制约因素[155]	《劳动剩余经济发展之理论与政策》
	乔根森	工业部门的增长依赖于农业部门的发展，工业的发展取决于“农业剩余”和人口规模[156]	《剩余农业劳动与二元经济发展》
	郭书田和刘纯彬	提出了“城乡二元结构”，包括城市居民组成的城市社会和广大农民组成的农村社会[157]	《失衡的中国》
城乡一体化理论	亚当·斯密	城乡一体化思想：乡村向城市供应生活资料和制造业所用的原料，城市向乡村居民送回一部分制成品作为回报	《国富论》
	托马斯·摩尔、康柏内拉、巴贝夫、傅立叶、欧文等	“乌托邦”式的空心社会发展形式[158]	—
	马克思和恩格斯	分析了城市和乡村由分离、对立走向融合、一体化发展的必然趋势[159]	《共产主义原理》
	埃比尼泽·霍华德	城乡一体的新社会结构形态[160]	《明日的田园城市》
	刘易斯·芒福德	乡村和城市的改进作为一个统一的问题来处理，大大走在了时代的前列[161]	《技术与文明》
	朗迪勒里、昂温	次级城市发展战略[162]，城乡间相互作用、联系、流[163]	
	弗里德曼	“中心—外围”理论[164]	《极化发展的一般理论》

最早运用“二元”概念对社会经济现象进行分析的是荷兰的经济学家伯克。在《二元社会经济学与经济政策》中，伯克通过对印度尼西亚的经济进行研究，认为当时的印尼是一个典型的二元结构社会：在荷兰经营下的印尼城市，当时已经出现市场经济、市民社会等现代化产物，他们遵循市场规律，追求利润的最大化；而爪哇等地的农村却还处于农村公社，或者父权制共同体的原始状态，他们实行土地公有、自给自足的经济制度，满足于“够用”，缺乏求利欲望和积累动机。伯克认为这种二元结构有各自不同的特点，应运用不同的经济法则进行治理。

美国著名经济学家阿瑟·刘易斯的二元经济结构理论最具影响力。刘易斯于 1954 年在其经典作品《劳动无限供给下的经济增长》中对二元结构理论作了经典性的解析。这一模型将发展中国家经济划分为农业和工业两个部门，同时将经济发展的过程归结为经济结构转变的过程，即农业比重逐渐下降而工业比重上升的过程。刘易斯的模型假定，在发展中国家的农村里存在着大量的剩余劳动力，单项生产要素劳动力无限供给，农业劳动力的边际产出为零甚至为负，工业部门代表着先进的生产力处于扩张的发展阶段，由于工业劳动力的边际生产率明显高于农业，代表着一种复杂劳动，因此其劳动收益远远高于农村，促使农业劳动力源源不断地从农村流向城市。这一过程将一直延续到农村剩余劳动力被城市完全吸收，农村工资和城市工资趋向一致，城乡差别逐步消失，国民经济达到现代化。刘易斯所提出的城乡二元结构模型是以发达国家的发展经验为基础的，具有一定的说服力，后来的发展中国家在制定社会经济政策时，也多以此为基础，对许多国家的经济和社会发展产生了积极的影响。当然，其理论也存在着许多的局限性，仅仅从经济学的层面而言也面临着种种挑战。

费景汉和拉尼斯对刘易斯二元结构模型作了批评和修正，从而形成了“刘易斯—拉尼斯—费景汉”模型。该模型对刘易斯模式贬低了农业在经济发展中的地位和作用，把农业对经济发展的贡献缩小到只为工业部门扩张提供廉价劳动力进行抨击。费景汉、拉尼斯认为，要顺利实现劳动力的转移，必须保证农业迅速增长到足以满足越来越多的非农产业劳动力对产品的消费需求。一个几乎没有新的技术进步和投资的农业，是停滞萎缩的农业，它将引起非农产业成本的急速高升，从而侵蚀用于非农产业发展的利润和资金，使非农产业吸收农业剩余劳动力的过程处于停滞状态。费景汉、拉尼斯详细地论述了在经济结构转换中就业结构转换的条件和阶段，提出城乡协调发展的思想，注重产业结构转移中的制约因素，使二元结构理论取得了进一步的发展，形成了二元结构的经典理论，后来的学者虽然对该理论有所批判，但基本对该理论持认同态度。

乔根森(D. W. Jorgenson)于1961年提出具有古典经济学色彩的二元经济模型，以新的假定和新的角度考察了城乡人口迁移，对刘易斯二元结构模型中产生劳动力无限供给现象的各种假设作了深刻反思。他在《剩余农业劳动与二元经济发展》一书中指出，农业剩余是劳动力从农业部门转移到工业部门的充分与必要条件。他拒绝农业有边际生产率等于零的剩余劳动存在，也不承认农业与工业的工资水平是固定不变的。他认为农业剩余劳动力向非农产业部门流动和转移的根本原因在于消费结构的变化，是消费需求拉动的结果，工业部门的增长依赖于农业部门的发展，工业的发展取决于"农业剩余"和人口规模。农业是经济发展的基础，在二元结构的转换过程中，不可忽视农业的发展。

在国内，"城乡二元结构"是由郭书田和刘纯彬首先提出的。他们认为中国社会的结构是二元的：一元是城市居民组成的城市社会，另外一元是广大农民组成的农村社会。这种城乡二元结构以两种户籍制度为基础，形成了二元就业制度、二元的福利制度和保障制度、二元教育制度和二元的公共事业制度等一系列不平等的社会制度体系，使中国的城市和农村一直处于不同的发展水平、不同的经济体系和不同的社会环境中，日益形成了一个高度僵化、严格分离的社会经济结构。目前，这种二元制结构不仅严重损害了农民的利益，使农民增收缓慢，农业濒临崩溃的边缘，影响社会稳定，而且严重制约国民经济的整体发展和可持续发展。城市与乡村是中国经济发展和现代化建设不可分割的整体，只有改变城乡二元结构，实现城乡的互动发展，建立城乡良性互动机制，才能实现我国社会的全面发展。

城乡二元经济结构一般是指以社会化生产为主要特点的城市经济和以小农生产为主要特点的农村经济并存的经济结构。我国城乡二元经济结构主要表现为：城市经济以现代化的大工业生产为主，而农村经济以典型的小农经济为主；城市的道路、通信、卫生和教育等基础设施发达，而农村的基础设施落后；城市的人均消费水平远远高于农村；相对于城市，农村人口众多等。这种状态既是发展中国家的经济结构存在的突出矛盾，也是这些国家相对贫困和落后的重要原因。发展中国家的现代化进程，可以说在很大程度上是要实现城乡二元经济结构向现代经济结构的转换。

城乡一体化思想最早可以追溯到英国著名经济学家亚当·斯密在其《国富论》中提到的"乡村向城市供应生活资料和制造业所用的原料，城市向乡村居民送回一部分制成品作为回报"，"两者的利得是共同的和相互的"，并且遵循自然进程,保持一定的比例城乡关系才是良性的、合理的。而托马斯·摩尔、康柏内拉、巴贝夫、傅立叶、欧文等空想社会主义者提出的“乌托邦”式的空心社会发展形式虽然没有取得成功,却将城乡关系引入社会历史领域,促使后来的唯物主义者对城乡关系有了更多的思考,以社会学为视角为城乡一体化研究奠定了基础。

马克思和恩格斯利用历史唯物主义将城乡联系研究推向了一个新高度。恩格斯精辟地分析了城市和乡村由分离、对立走向融合、一体化发展的必然趋势,指出“城市和乡村的对立的消灭不仅是可能的”,而且是“工业生产和农业生产的实际要求”。恩格斯在《共产主义原理》中明确指出,城乡融合能使社会全体成员的才能得以全面发展。城乡融合思想揭示了城乡关系演化的一般规律,又指明了城乡关系研究的方向。之后在马克思、恩格斯思想的影响下,许多著名的城乡研究成果应运而生。1946 年,埃比尼泽·霍华德在其《明日的田园城市》中提出建设“城乡一体的新社会结构形态”;刘易斯·芒福德指出城乡同等重要,不能割裂而应有机结合,把“乡村和城市的改进作为一个统一的问题来处理,大大走在了时代的前列”。这些理论的出现与城乡一体化的内涵已经非常相似。

但是在 20 世纪中期,遭受城乡二元经济结构理论的冲击,过度重视经济效益,一定程度上导致了城乡关系研究的失衡。到了 80 年代,城乡关系理论与实践研究共同将城乡一体化研究推向新的高度。朗迪勒里提出的次级城市发展战略和昂温建立的“城乡间相互作用、联系、流”的理论分析框架成为开启城乡一体化研究热潮的重要推动力量。同时,在中国的苏南模式与日本的“第四次全国综合开发规划”进一步系统地诠释了城乡一体理论。

2.2.4 乡村系统研究理论

乡村系统研究包括乡村空心化问题、“乡村病”、乡村转型、新农村建设、乡村重构、乡村振兴等[100~104]。从 20 世纪 90 年代的吴传钧院士到刘彦随教授等中国乡村发展研究的代表人物,从人地关系地域系统到城乡融合系统、乡村地域系统理论[165],以地理学视角,从深入研究乡村发展问题开始着手,诊断“乡村病”根源,进行乡村转型发展、新农村建设、城乡关系等思想理论的系统研究,为拔除乡村“病根”,实现城乡融合、乡村振兴提供了发展途径,形成了完整的乡村系统研究理论(见表 2.4)。乡村系统研究理论是乡村转型发展路径模型提出的重要依据,是乡村转型发展模式优化的理论支撑。

表 2.4　乡村系统研究理论

理论研究	代表人物	主要内容	代表著作
乡村空心化问题	吴传钧、刘彦随、龙花楼等	研究分析中国城乡发展转型期乡村地域系统演进中农村空心化过程、主要成因、地域类型、整治潜力与政策建议,提出了农村的空间、组织、产业三整合理论[166]	《中国乡村发展研究报告》
“乡村病”		主要包括农业生产要素高速非农化、农村社会主体过快老弱化、村庄建设用地日益空废化、农村水土环境严重污损化和乡村贫困片区深度贫困化[16]	《新型城镇化应治“乡村病”》
乡村转型发展		实现农村传统产业、就业方式与消费结构的转变，以及由过去城乡隔离的社会结构转向构建和谐社会过程的统一，其实质是推进工农关系与城乡关系的根本转变[167~168]	《中国乡村转型发展与土地利用》
乡村重构		乡村重构,即为适应乡村内部要素和外部调控的变化,通过优化配置和有效管理影响乡村发展的物质和非物质要素,重构乡村社会经济形态和优化地域空间格局,以实现乡村地域系统内部结构优化、功能提升以及城乡地域系统之间结构协调、功能互补的过程[169]	《论乡村重构》
新农村建设		面向国家新农村建设战略需求,着眼地理学综合视角,系统研究中国新农村建设面临的重要现实问题、理论问题、科学问题与战略问题[170]	《中国新农村建设地理论》

续表

理论研究	代表人物	主要内容	代表著作
城乡关系	吴传钧、刘彦随、龙花楼等	城乡一体化是推进形成以工促农、以城带乡、工农互惠、城乡一体的新型工农城乡关系，逐步缩小城乡差距，实现城乡等值化[121]	《新时期中国城乡发展的主要问题与转型对策》
乡村振兴		创建城乡融合体制机制，推进乡村极化发展，按照产业兴旺、生态宜居、乡风文明、治理有效、生活富裕的要求，构建乡村地域系统“转型—重构—创新发展综合体系”[165]	《中国新时代城乡融合与乡村振兴》

乡村地域系统是指在特定乡村范围内，由自然环境、资源禀赋、区位条件、经济基础、人力资源、文化习俗等要素相互作用构成的、具有一定功能和结构的开放系统，是人地关系地域系统在乡村地理学研究实践中的理论拓展，其本质上是由人文、经济、资源与环境相互联系、相互作用下构成的，具有一定结构、功能和区际联系的乡村空间体系，是一个由城乡融合体、乡村综合体、村镇有机体、居业协同体等组成的地域多体系统。乡村地域的类型多样性、系统差异性及发展动态性，是科学编制乡村振兴规划的重要基础。按照乡村系统要素空间集聚分布的地域分异性，深入研究不同乡村地域系统的多体结构，甄别不同类型乡村振兴的多级目标，模拟揭示乡村地域系统未来发展动态情景，是研判乡村振兴格局与布局的理论依据。

乡村转型发展是快速工业化和城镇化进程中因城乡人口流动和经济社会发展要素重组与交互作用，并由当地参与者对这些作用与变化作出响应与调整而导致的农村地区社会经济形态和地域空间格局的重构，主要涉及村镇空间组织结构、农村产业发展模式、就业方式、消费结构、工农关系、城乡关系和城乡差别等方面的转变，与国际上“乡村重构”的概念相似。乡村转型与土地利用转型息息相关，在自然系统、经济系统和体制系统理论框架内，二者相互作用，从某种意义上说是一种耦合关系。

乡村重构，是为适应乡村内部要素和外部调控的变化，通过优化配置和有效管理影响乡村发展的物质和非物质要素，重构乡村社会经济形态和优化地域空间格局，以实现乡村地域系统内部结构优化、功能提升以及城乡地域系统之间结构协调、功能互补的过程。乡村地域系统的发展和演化任何时候都发生在由自然、生态、经济、社会等子系统构成的内核系统和外缘系统的相互关联、共同作用的框架之内，乡村重构应基于提高经济效益、维护社会公平、保护生态环境、实现资源可持续利用的价值取向和目标定位，统筹产业培育与人居环境建设，统筹服务均等与社会发展主体能力提升，统筹生态保育与文化传承，以促进乡村地域“自然—生态—经济—社会”系统的全面发展和“生产—生活—生态—文化”功能的综合提升。与乡村转型发展内涵不同，乡村重构强调对系统要素、结构和功能加以人为干预和调控，完成乡村地域系统由非良性状态向良性状态的质的转变，或者通过量的累积实现乡村地域功能提质升级的过程，是实现乡村发展转型的过程，而乡村发展转型是乡村重构的结果。乡村地域系统内外发展要素的相互交织和各子系统的综合作用，使乡村重构表现出综合多维性和时序演进性的特点。

乡村振兴是现代乡村发展理论与实践的重大创新。其目标归结为“产业兴旺、生态宜居、乡风文明、治理有效、生活富裕”五大建设。产业兴旺是经济建设的重要基础，重在资源整合、产业培育、经济转型与收入增长；生态宜居是生态文明建设的首要任务，关键是农村景观优化、环境美化、人居环境质量改善，发展绿色生态新产业、新业态；乡风文明是文化建设的重要举措，关键是乡村文化传承、思想观念转变、和谐社会构建，增强发展软实力；治理有效是政治建设的重要保障，关键是基层组织建设、民生自治、科学决策与机制创新；生活富裕是社会建设的根本要求，关键是居民享有平等参与权利，共同分享现代化成果。建立健全城乡融合发展体制机制和政策体系，统筹推进农村经济建设、政治建设、文化建设、社会建设、生态文明建设和党的建设，加快推进乡村治理体系和治理能力现代化，加快推进农业农村现代化，走中国特色社会主义乡村振兴道路，让农业成为有奔头的产业，让农民成为有吸引力的职业，让农村成为安居乐业的美丽家园，以实现农业强、农村美、农民富的乡村全面发展为最终目标。

基于区位论、农业发展阶段理论、城乡二元结构理论、城乡一体化理论、乡村系统研究理论等，本书搭建了乡村转型发展理论框架（见图 2.2）。从下到上，随着时间的推移，乡村转型发展相关理论逐步深入、扩展，为乡村转型发展路径研究提供了理论依据。区位论支撑了乡村转型发展过程中区位要素的作用机理。农业发展阶段理论支撑了乡村转型发展的过程阶段性特征的划分。城乡关系理论对城市与乡村之间的系统作用机理进行支撑，从对立到协调，最后融合的过程，阐述了城乡村转型发展的时间演变特征[165]。乡村系统研究理论是对乡村发展深度剖析，诊断乡村问题，提出乡村发展优化模式对策的重要依据，为实现乡村振兴提供途径。乡村转型发展理论是一个综合理论，是从乡村发展过程中的不同要素探索与研究实践中提炼出来的，但是乡村转型发展的研究方法、技术体系等理论支撑仍存在一定的不足，这为本书深入探究乡村转型路径模型与模式等提供了契机。

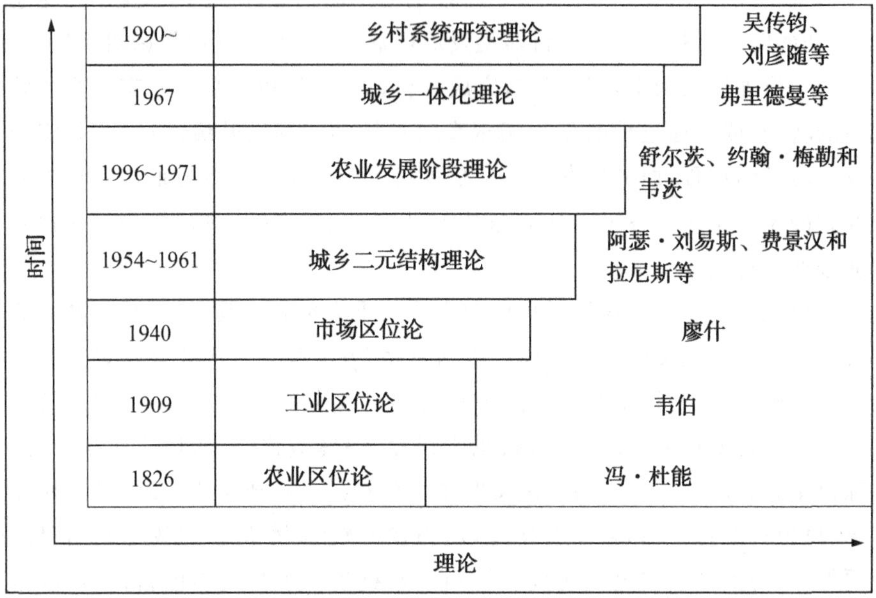

图 2.2 乡村转型发展基础理论框架

2.3 研究方法

根据研究目标、思路与内容，本书依据基础理论对县域乡村转型发展采用计量经济分析方法测度转型度与发展度，利用空间分析方法对乡村转型发展影响因素和乡村发展度、转型度的关系进行耦合匹配，为不同发展阶段与乡村转型发展类型划分提供依据；通过将多元回归、地理探测器、引力模型的分析结果集成构建乡村转型路径测度模型，用以详细刻画乡村转型发展过程；同时，集成了 Markov 模型、CLUE-S 模型和灰色关联模型模拟预测县域乡村的人口、土地和产业要素发展规模与空间分布，为县域乡村转型发展模式优化提供参考，由此共同形成了一套完整的乡村转型发展技术方法体系(见图 2.3)。

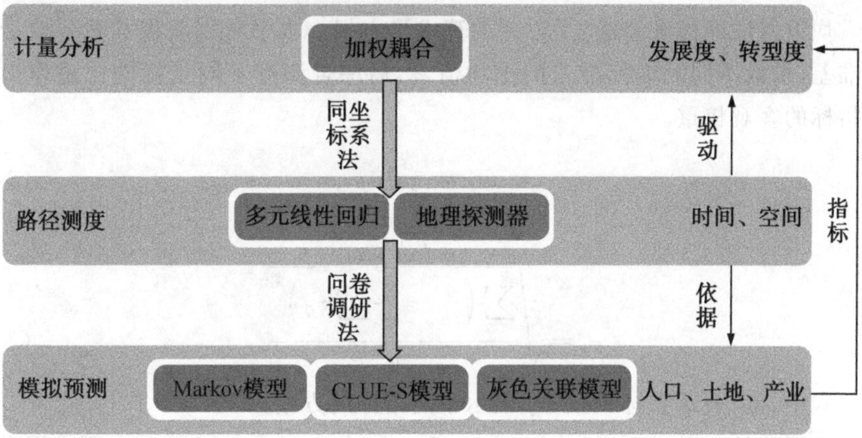

图 2.3 乡村转型发展研究方法体系

2.3.1 计量分析

本书从乡村发展度与转型度两个方面构建了乡村转型发展指标体系,用层次分析法和均方差法测算指标权重,综合加权获取乡村生产子系统、生活子系统、生态子系统、发展度和转型度。通过将乡村转型度与发展度进行耦合分析,反映乡村的转型与发展之间的关系。利用多元线性回归模型探测社会经济对乡村转型发展过程演变的影响因素,利用通径分析检验不同县域回归模型是否合理[171~175]。

层次分析法(AHP)是将与决策总是有关的元素分解成目标、准则、方案等层次,在此基础之上进行定性和定量分析的决策方法,通过两两比较,构建判断矩阵,获取指标权重。本书根据各项指标的重要性确定乡村生产、生活、生态子系统等发展指标和人口、土地、产业转型等指标的主观权重。

$$A=\begin{bmatrix}1 & a_{21} & \cdots & a_{n1}\\ a_{12} & 1 & \cdots & a_{n2}\\ \vdots & \vdots & 1 & \vdots\\ a_{1n} & a_{2n} & \cdots & 1\end{bmatrix} \tag{2-1}$$

式中,A 为判别矩阵;a_{ij} 表示要素 i 与要素 j 的重要性比较结果,且关系如下:

$$a_{ij}=\frac{1}{a_{ji}} \tag{2-2}$$

均方差法即标准差法，是方差的算术平方根。本书分别获得县域各项指标标准差，求取不同时期标准差的平均值，然后综合测算不同指标的比重作为各项指标的客观权重。

$$w_j=\frac{\sigma_j}{\sum_{j=1}^{m}\sigma_j} \tag{2-3}$$

$$\sigma_j=\sqrt{\frac{\sum\left(z_{ij}-\frac{1}{n}\sum_{i=1}^{n}z_{ij}\right)^2}{n}} \tag{2-4}$$

式中，w_j 表示指标权重；σ_j 表示不同指标的方差。

多元线性回归模型(Multivariable Linear Regression Model)主要是用来计算因变量与自变量之间的统计学关系，用来描述各类要素对乡村转型发展的数量关系[176～178]。这种方法能够消除自变量之间的共线性影响，得到乡村转型发展的最优线性模型。

$$y=\sum_{i=1}^{n}\beta_i\times z_{ij} \tag{2-5}$$

通径分析(Path Analysis)是数量遗传学家怀特(Se-wall Wright)在1921年发表的关于“相关与相关原因”的论文中提出来的一种多元统计技术，通过对自变量与因变量之间直接相关性的分解来研究自变量对因变量的直接重要性和间接重要性，从而为统计决策提供可靠的依据[41,179～182]。利用自变量 x_m 与因变量 y 通径系数与相关系数的关系构建方程组：

$$\begin{cases}P_{1y}+r_{12}P_{2y}+\cdots+r_{1m}P_{my}=r_{1y}\\ r_{21}P_{1y}+P_{2y}+\cdots+r_{2m}P_{my}=r_{2y}\\ \quad\vdots\\ r_{m1}P_{1y}+r_{m2}P_{2y}+\cdots+P_{my}=r_{my}\end{cases} \tag{2-6}$$

剩余通径系数为：$B_{e.y}=\sqrt{1-(\sum_{k=1}^{m}D_{k.y}+\sum_{k\neq j}^{m}D_{kj.y})}$，$B_{e.y}$ 的值越大，说明存在对因变量产生较大影响的其他因素。其中，通径系数为：$P_{my}=\beta_m\frac{S_{xm}}{S_y}$；决定系数为：$D_{my}=P_{my}^2$，表示各自变量对因变量相对的决定程度；$S_{xm}$ 为自变量 x_{mi} 的标准差，S_y 因变量 y 的标准差为 $D_{k.y}$，$D_{kj.y}$ 表示自变量对因变量的直接或间接决定系数。根据剩余通径系数的大小判定多元回归模型是否优化合理，当剩余通径系数小于 0.1 时，回归模型较优，选取的自变量对因变量作用较大；当剩余通径系数大于 0.2 时，说明仍然存在其他因素对因变量产生影响，回归模型质量较差[41,179]。

2.3.2　空间匹配

利用矢量、栅格数据分析“典型区域—县域—村域”的空间格局，引入空间插值、缓冲区分析、要素空间匹配、空间数据运算等方法[183~186]。利用空间分析方法将空间数据栅格化，通过不同分辨率的转化实现了县域尺度到村域尺度的乡村转型发展研究。利用空间要素匹配的原理，提出了同坐标系统分析法，将多种要素置于同一坐标系统中，以因变量（发展度或转型度）排序，观测其他要素的波动性变化，从而分析各要素对因变量增加的促进作用，从而按照阶段性变化划分不同的发展模式。利用改进的地理探测器模型，探测乡村转型发展空间分异的影响因素。

地理探测器（Geo-detector）是王劲峰等通过提出“因子力”度量指标，结合 GIS 空间叠加技术和集合论，用以识别多因子之间交互作用的模型。基于空间分异理论，获得因子变量和结果变量的相关性，通过将各类因子经过不同的离散分类处理方法，对不同类型的自变量归化在同一空间尺度下进行分析[190~193]。借鉴地理探测器引入乡村转型发展度空间分异的决定力 q，探测分析乡村转型发展的主导因素[41,179]。当统计变量 p 值小于 0.01 时，说明自变量对因变量的空间分异作用明显，为空间主导因素。

$$q = 1 - \frac{1}{n\sigma^2}\sum_{i=1}^{m} n_i \cdot \sigma_i^2 \tag{2-7}$$

式中，σ_i^2 为的 y 离散方差；i 表示变量 x 的数量；n_i 为样本数；n 表示研究区域总样本数；σ^2 为区域内总方差。

2.3.3　路径测度

借助欧式距离（Euclidean）、引力模型与“推—拉”理论[187~189]，创新地提出了乡村转型发展路径测度模型。将县域乡村视为一个系统，周边县视为同质系统，而县域内部城镇化要素视为相同环境下的异质系统；根据物理学系统作用力原理，研究县域系统与其他系统存在相互作用力；外部系统作用力为拉力，内部系统作用力为推力，利用引力模型可以测算系统间的作用力。

欧式距离被用来测量多维系统中两点之间的距离，也可以指两个向量之间的自然长度[194~195]。利用欧式距离法获取乡村转型发展与各主要因素之间的相对距离 d_j。

$$d_j=\sqrt{\sum_{i=1}^{n}(x_{ij}-y_{ij})^2} \tag{2-8}$$

引力模型被用来预测和分析两个系统之间的空间作用力[196~198]。相互作用力的大小与系统值 x_{ij} 和 y_{ij} 成正比，与系统之间的相对距离 d_j 成反比。α 是模型的常数系数，与两个系统都有关。

$$p_j=\alpha\frac{\sum_{i=1}^{n}x_{ij}\times y_{ij}}{d_j} \tag{2-9}$$

式中，x_{ij} 和 y_{ij} 表示了不同系统中的人口、土地、产业等要素值。

2.3.4 模拟预测

拟采用模拟仿真方法构建乡村转型发展人口、土地和产业等核心要素预测模型，采用马尔可夫模型(Markov Model)预测人口要素的发展状态[199~203]，利用 CLUE-S 模型模拟县域近期与远期生产型、生活型和生态型三生形态土地的覆被变化[204~208]，运用灰色关联模型预测产业发展[209~212]。基于划定的功能区，确定乡村人口、土地、产业要素的优先发展区，通过模拟，实现了各要素发展的空间分布预测，为乡村转型发展模式优化与保障机制的有效落实提供参考。

马尔可夫模型是一种统计模型。20 世纪初，苏联著名数学家安德烈・马尔可夫在对概率进行研究时，利用当时的知识和信息，通过转移概率对未来信息变化进行预测。其与过去的状态信息无关。

当时间和状态都是离散的时，马尔可夫过程称为“马尔可夫链”，简记为 $X_n=X(n),n=0,1,2,\cdots$[52, 213]。

$$P=(X_{n+1}=x\mid X_1=x_1,X_2=x_2,\cdots,X_n=x_n)=P(X_{n+1}=x\mid X_n=x_n) \tag{2-10}$$

式中，P 表示转移概率；$x_1,x_2,\cdots,x_n$ 表示一系列随机变量。随机变量的所有可能取值的集合称为“马尔可夫链的状态空间”。

CLUE-S 模型是荷兰瓦赫宁根大学的“土地利用变化与影响”研究小组在 CLUE 模型基础上改进而来的，主要包括土地政策与限制区域、土地利用类型转换规则、土地需求、空间特征和空间分配模块 5 个部分[214~219]。其核心是利用 Logistic 回归方程解释土地利用类型与自然和社会经济驱动要素之间的关系，对于连续或者分类变量均适用。其主要通过土地利用变化进行空间分配迭代实现模拟，迭代方程为公式(2-11)。CLUE-S 模型在国内外已经有较多成功的应用案例，能够精确地模拟小尺度规模的土地利用/覆被变化的空间格局，运用系统论方法客观模拟土地利用的数量、空间分布，在城市规划、土地利用规划等领域的研究成果较为成熟[220~223]。

$$TPROP_{i,u}=P_{i,u}+ELAS_u+ITER_u \tag{2-11}$$

式中，$TPROP_{i,u}$ 为栅格 i 上土地利用类型 u 的总概率；$P_{i,u}$ 是运用 Logistic 回归分析得出的土地利用类型 u 在栅格 i 中的适宜性概率；$ITER_u$ 是土地利用类型 u 的迭代变量；$ELAS_u$ 是土地利用类型 u 的转化弹性系数[222~223]。

灰色系统理论(Grey System)通过对不完备信息系统的数据处理和灰色模型建立，发现、掌握系统发展规律，对系统的未来状态作出科学的定量预测[224~229]，主要包括 GM(1,1)预测模型[230]和关联度检验[231]。利用关联度指标进行检验预测结果的合理性，数值越大表明模型预测结果越准确，否则准确度较低[232~234]。

2.3.4.1　GM(1,1)预测模型

假设时间序列 $X^{(0)}$ 有 n 个观察值，$X^{(0)}=\{x^{(0)}(1),x^{(0)}(2),\cdots,x^{(0)}(n)\}$，通过累加生成新序列 $X^{(1)}=\{x^{(1)}(1),x^{(1)}(2),\cdots,x^{(1)}(n)\}$，则 GM(1,1)相应的微积分方程为：

$$\frac{\mathrm{d}X^{(1)}}{\mathrm{d}t}+aX^{(1)}=\mu \tag{2-12}$$

式中，a 为发展灰数；μ 为内生控制灰数。发展灰数表示预测变量的发展方向，负数表示逐渐递增，正数表示逐渐递减。内生控制灰数表示预测值的极限值，当发展灰数为负数时，内生控制灰数为最小值；当发展灰数为正数时，内生控制灰数为最大值[235~236]。

设参数估计量 $\hat{\alpha}=\frac{a}{\mu}$，利用最小二乘法求取。

$$\hat{\alpha}=\frac{a}{\mu}=(B^TB)^{-1}B^TY_n \tag{2-13}$$

其中，

$$B=\begin{bmatrix} -\frac{1}{2}(x^{(1)}(1)+x^{(1)}(2)) & 1 \\ -\frac{1}{2}(x^{(1)}(2)+x^{(1)}(3)) & 1 \\ \vdots & \vdots \\ -\frac{1}{2}(x^{(1)}(n-1)+x^{(1)}(n)) & 1 \end{bmatrix}, Y_n=\begin{bmatrix} x^{(0)}(2) \\ x^{(0)}(3) \\ \vdots \\ x^{(0)}(n) \end{bmatrix}$$

参数离散化，形成 GM(1,1)预测模型。

$$\hat{X}^{(1)}(k+1)=\left(X^{(0)}(1)-\frac{\mu}{a}\right)e^{-ak}+\frac{\mu}{a}, k=0,1,\cdots,n \tag{2-14}$$

2.3.4.2 关联度检验

数据序列为：

$$X_i=\{x_i(1),x_i(2),\cdots,x_i(n)\}, i=1,2,\cdots,m \tag{2-15}$$

初值化为：

$$X_i{}'=\frac{X_i}{x_i(1)}=\{x_i{}'(1),x_i{}'(2),\cdots,x_i{}'(n)\}, x_i(1)\neq 0, i=1,2,\cdots,m \tag{2-16}$$

$$\Delta_i(k)=|x_0(k)-x_i(k)|, k=1,2,\cdots,n \tag{2-17}$$

$$\Delta(max)=\underbrace{max}_{i}\underbrace{max}_{k}\Delta_i(k) \tag{2-18}$$

$$\Delta(min)=\underbrace{min}_{i}\underbrace{min}_{k}\Delta_i(k) \tag{2-19}$$

$$\gamma_{0i}(k)=\frac{\Delta(min)+\rho\Delta(max)}{\Delta_i(k)+\rho\Delta(max)}, \rho\in(0,1), k=1,2,\cdots,n; i=1,2,\cdots,m \tag{2-20}$$

式中，$\gamma_{0i}(k)$为关联系数；ρ 为分辨率系数，是为了提高关联系数之间的差异显著性。

关联度为：

$$\gamma_{0i}=\frac{1}{n}\sum_{k=1}^{n}\gamma_{0i}(k), i=1,2,\cdots,m \tag{2-21}$$

当 $\gamma_{0i}\geqslant 0.6$ 时，灰色预测模型构建较好，预测结果合理；当 $\gamma_{0i}<0.6$ 时，灰色预测模型构建较差，预测结果较差。

综上所述，本书提出了一系列完整的乡村转型发展研究技术方法体系，为本书乡村转型与发展测度、社会经济与空间区位要素对乡村转型发展的影响提供了系统的定量分析方法支撑，进一步补充完善了乡村转型发展研究理论。

第3章　京津冀地区乡村转型发展时空演化分析

3.1　京津冀地区概况

京津冀地区是中国的“首都圈”，是中国的经济和文化中心，也是重要的国际交流区与创新发展区。京津冀地区包括北京市、天津市以及河北省的保定、唐山、廊坊、秦皇岛、张家口、承德、石家庄、沧州、邯郸、邢台、衡水等13个城市，共包括199个县(区、县级市)。但是由于这13个城市的部分中心城区已经完全城镇化，没有农村人口，且社会经济数据等资料获取具有一定的局限性，因此，本书的研究剔除了52个中心城区，不进行县域乡村转型发展路径与模式优化研究(见图3.1)。最终选取了147个县(市、区)作为研究对象(见附录1)。

2015年年末，京津冀地区常住人口1.11亿人，占全国总人口的8.13%，其中外来人口1750万人，占地区总人口的15.7%，城镇人口为6967万人，城镇化率为62.5%；地区国内生产总值(GDP)为69312.89亿元，占全国GDP的10.24%；区域土地总面积为21.8万平方千米，占全国土地总面积的2.26%，其中城市建设用地面积为4141平方千米，占地区总面积的1.90%。

3.1.1　人口情况

京津冀地区是中国改革开放以来三大重要的城市群之一，其城镇化率增长非常迅速，由1990年的24.7%增加到2015年的62.5%，年均增长1.5个百分点，高于全国城镇化率年均增长率(1个百分点)。其发展主要分为两个阶段：1990～2000年，京津冀地区城镇化率低于全国平均水平；2000～2015年，京津冀地区城镇化率明显高于全国平均水平(见图3.2)。其中，北京市城镇化率由58.0%增加到

86.5%，提高了 28.5 个百分点；天津市城镇化率由 56.0%增加到 82.6%，提高了 26.6 个百分点；河北省城镇化率由 14.4%增加到 51.3%，提高了 36.9 个百分点，其增长幅度高于北京市和天津市。2000 年以后，北京、天津、石家庄等地区的城市经济发展迅速，吸引大量的外来人口，城镇人口集聚增长，城镇化率迅速提升[237]。到 2015 年，北京市外来人口 822.6 万人，天津市外来人口 520.0 万人，分别为当地总人口的 37.9%和 33.6%，这是城镇化率快速提升的重要原因。

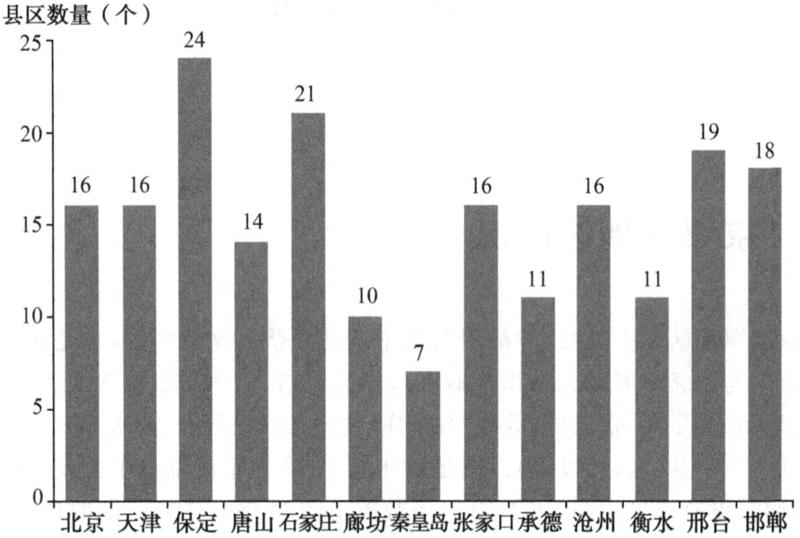

图 3.1　京津冀地区行政区划县（区、县级市）数量

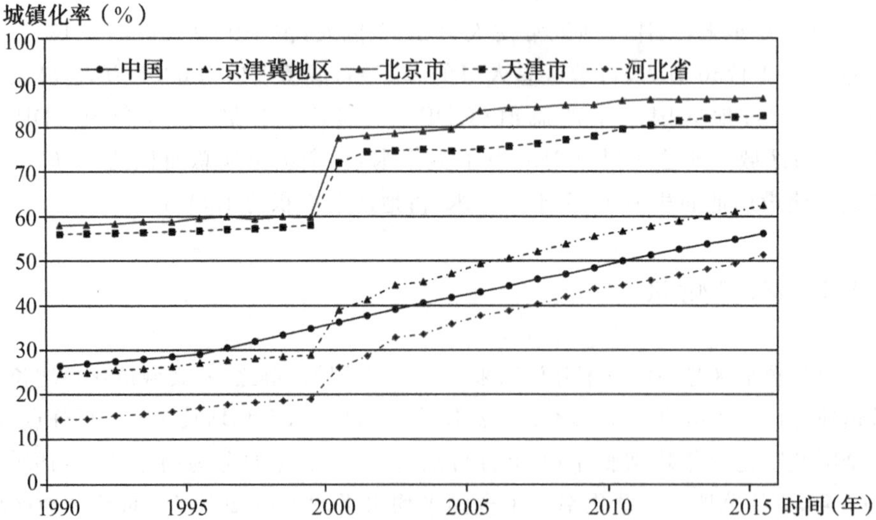

图 3.2　京津冀地区城镇化率（1990～2015 年）

随着社会经济的发展，大量的农村年轻劳动力进城务工，从事非农产业，或迁居到城市转化为城镇人口，促使人口城市化进程加快。1990～2015 年，北京市与天津市非农从业人员比重已经超过 80%，经济发展始终以第二产业、第三产业为主，变化幅度较小，分别为 10.2 个百分点和 12.2 个百分点；而河北省非农从业人员比重由 1990 年的 38.4%上升到 2015 年的 67.1%，增加了 28.7 个百分点，变化幅度较大(见图 3.3)。因此，河北省为京津冀地区 1990～2015 年的城镇化率变化与促进经济发展和产业转型作出了相对较大的贡献。

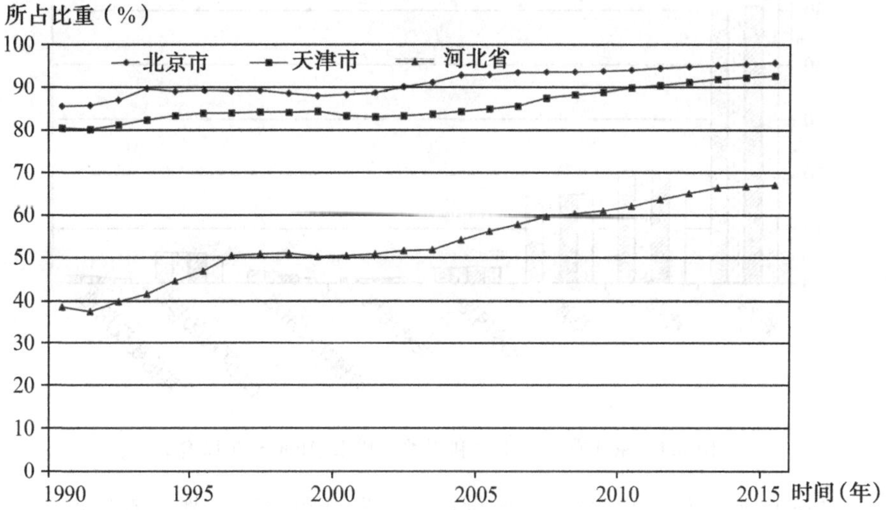

图 3.3　京津冀地区非农从业人员比重(1990～2015 年)

3.1.2　土地利用

利用中国科学院资源环境科学数据中心提供的 1990 年、2000 年、2010 年和 2015 年的土地利用数据，对京津冀地区的土地利用现状进行分析，包括耕地、林地、草地、水域用地、未利用地、城镇建设用地、农村居民点和其他建设用地等。

1990～2015 年，耕地与建设用地面积变化较大，而林地、水域用地等变化相对较小。耕地的面积逐渐减少，由 1123.12 万公顷降低到 1073.58 万公顷，年均减少 1.98 万公顷，比重由 52.09%减少到 49.77%。建设用地面积逐渐增加，由 145.79 万公顷增加到 205.31 万公顷，年均增加 2.38 万公顷，比重由 6.76%增加到 9.52%。其中,城镇建设用地增加了 1.34 个百分点,农村居民点用地增加了 0.76 个百分点,其他建设用地增加了 0.66 个百分点。草地的面积比重减少了 0.32 个百分点,未利用地面积比重减少了 0.12 个百分点,水域用地和林地面积比重减少了 0.02 个百分点(见图 3.4)。由此可见,京津冀地区 1990～2015 年大部分建设用地是由耕地转化的。

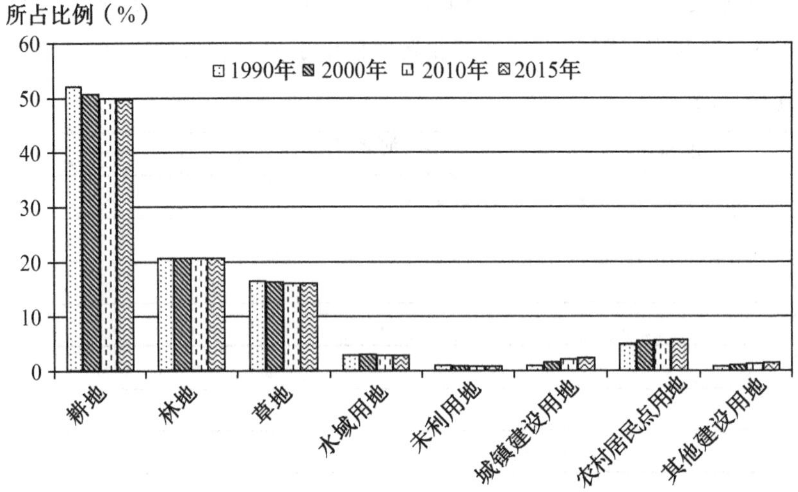

图 3.4　京津冀地区土地利用类型比重(1990～2015 年)

对各土地类型的时空格局与分析可以发现,1990 年,耕地主要分布在京津冀地区的张家口市、沧州市、保定市和邢台市,比重分别为 15.57%、10.60%、9.87%和 8.35%;林地主要分布在承德市、北京市、张家口市[238],比重分别为 44.19%、16.41%和 15.46%;草地主要分布在承德市、张家口市和保定市,比重分别为 29.76%、27.56%和 14.41%;水域用地主要分布在天津市、保定市和张家口市,比重分别为 29.07%、10.72%和 10.17%;未利用地主要分布在张家口市、承德市和唐山市,比重分别为 40.66%、21.63%和 20.32%;城镇用地主要分布在北京市和天津市,比重分别为 23.0%和 22.12%;农村居民点主要分布在保定市、沧州市和唐山市,比重分别为 12.95%、12.38%和 10.38%;其他建设用地主要分布在东部渤海湾地区的唐山市、天津市和沧州市,比重分别为 41.48%、22.63%和13.43%(见表 3.1)。京津冀地区土地利用类型的空间分布具有明显的层次结构(见图 3.5)。

表 3.1 京津冀地区土地利用类型分布(1990～2015 年)

年份	城市	耕地(%)	林地(%)	草地(%)	水域用地(%)	未利用地(%)	城镇用地(%)	农村居民点(%)	其他建设用地(%)
	北京	5.23	16.41	3.86	6.65	0.05	23.00	7.85	8.63
	天津	6.54	1.03	0.69	29.07	4.30	22.12	8.29	22.63
	秦皇岛	2.60	5.02	4.95	5.15	4.48	3.68	2.69	2.47
	张家口	15.70	15.46	27.56	10.17	40.66	4.57	6.42	0.67
	承德	7.11	44.19	29.76	8.32	21.63	2.58	1.98	0.57
	唐山	6.86	2.89	3.09	8.26	20.32	8.68	10.38	41.48
1990	保定	9.87	8.58	14.41	10.72	0.95	6.27	12.95	4.26
	廊坊	4.84	0.22	0.07	2.07	0.00	2.96	6.10	1.66
	石家庄	7.49	4.01	6.83	6.61	0.18	7.71	7.88	1.55
	沧州	10.60	0.04	0.21	4.69	7.43	5.32	12.38	13.43
	衡水	6.90	0.00	0.01	2.34	0.00	2.99	7.97	0.48
	邢台	8.35	1.59	3.81	2.58	0.00	3.51	7.60	0.70
	邯郸	7.91	0.54	4.76	3.40	0.00	6.61	7.50	1.47
	北京	4.07	16.56	3.71	8.00	0.07	28.61	9.38	10.37
	天津	6.33	0.98	0.56	28.55	3.11	17.08	7.70	21.16
	秦皇岛	2.73	4.91	4.79	5.61	4.31	3.34	2.33	2.44
	张家口	16.50	15.49	27.63	9.83	42.78	3.21	5.65	2.16
	承德	7.42	44.20	30.23	8.30	23.55	1.50	1.75	0.86
	唐山	6.95	2.85	3.02	8.95	18.29	7.23	9.23	28.54
2015	保定	9.86	8.62	14.50	9.08	1.05	8.23	13.09	6.74
	廊坊	4.83	0.17	0.05	2.02	0.00	4.63	5.91	2.42
	石家庄	7.46	4.02	6.85	6.31	0.15	7.60	8.11	3.56
	沧州	10.58	0.06	0.01	4.87	6.71	5.25	12.39	16.87
	衡水	7.01	0.00	0.01	2.35	0.00	3.45	7.72	0.64
	邢台	8.43	1.60	3.81	2.69	0.00	4.30	7.96	1.43
	邯郸	7.84	0.54	4.81	3.44	0.00	5.58	8.78	2.80

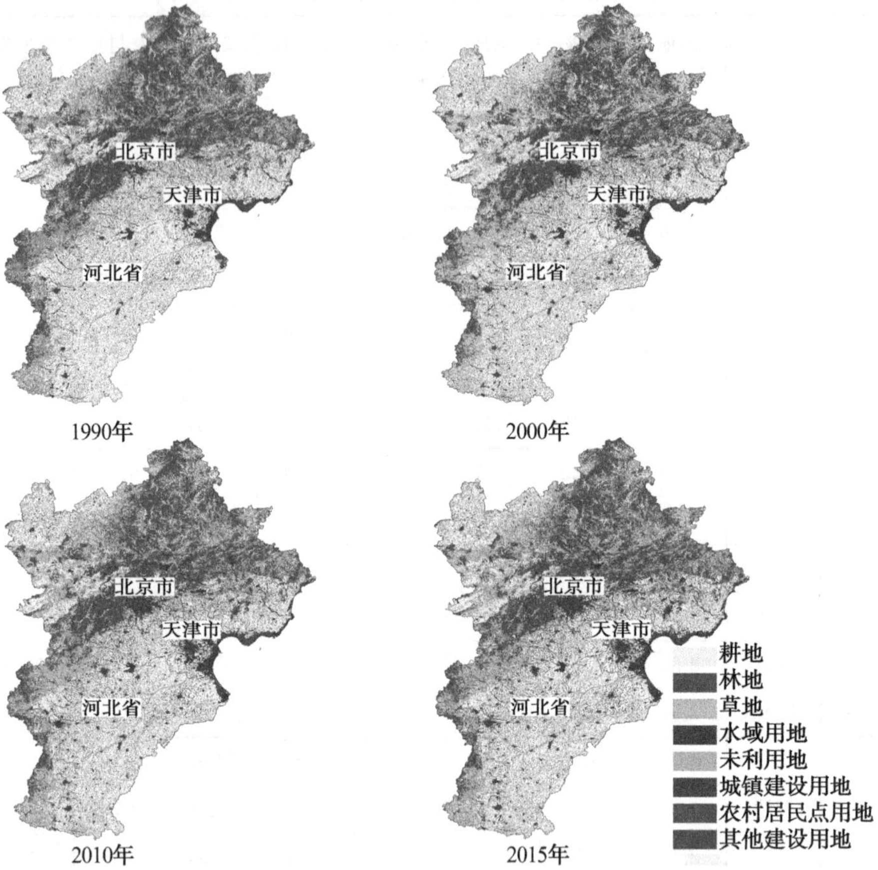

图 3.5　京津冀地区土地利用类型空间分布(1990～2015 年)

2015 年,耕地主要分布在京津冀地区的张家口市、沧州市、保定市和邢台市,比重分别为 16.50%、10.58%、9.86%和 8.43%;林地主要分布在承德市、北京市、张家口市[238],比重分别为 44.20%、16.56%和 15.49%;草地主要分布在承德市、张家口市和保定市,比重分别为 30.23%、27.63%和 14.50%;水域用地主要分布在天津市、张家口市和保定市,比重分别为 28.55%、9.83%和 9.08%;未利用地主要分布在张家口市、承德市和唐山市,比重分别为 42.78%、23.55%和 18.29%;城镇用地主要分布在北京市和天津市,比重分别为 28.61%和 17.08%;农村居民点主要分布在保定市、沧州市和唐山市,比重分别为 13.09%、12.39%和 9.23%;其他建设用地主要分布在东部渤海湾地区的唐山市、天津市和沧州市,比重分别为 28.54%、21.16%和 16.84%。综合起来看,虽然各土地利用类型面积较大的城市在 1990～2015 年未发生类型改变，但是各城市所占的比重具有明显的变化。

3.1.3　经济发展

1990～2015 年，京津冀地区国内生产总值占全国的比重基本维持在 8%～10%，到 2000 年以后，京津冀地区 GDP 始终超过国家 GDP 总量的 10%，是中国重要的经济区。其中，北京市的 GDP 占全国的比重维持在 3%左右，河北省维持在 4%左右，天津市维持在 2%左右；北京市的比重增长了 0.70%，天津市的比重增长了 0.76%，而河北省的比重降低了 0.09%(见图 3.6)。由此可见，河北省对京津冀地区的 GDP 贡献率在逐渐下降。

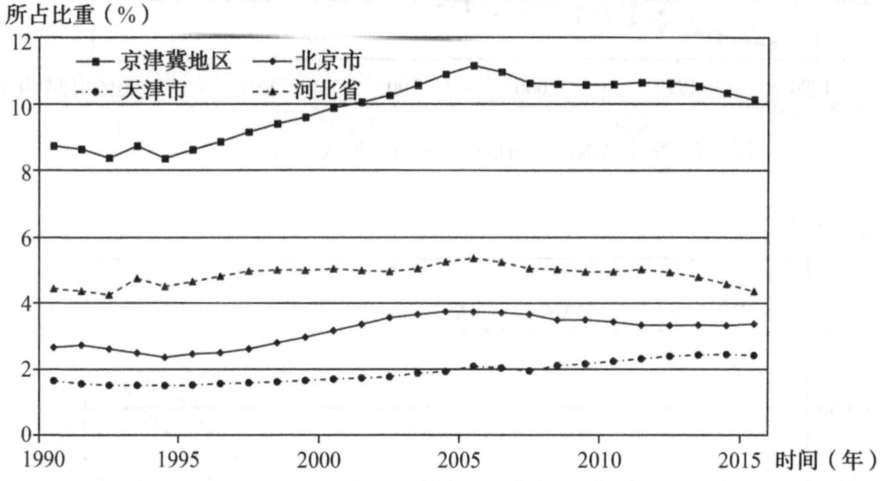

图 3.6　京津冀地区 GDP 占国家 GDP 比重(1990～2015 年)

1990～2015 年，京津冀地区的人均可支配收入与农民人均收入分别由 700.67 元和 1645.77 元增长到 12199.02 和 34806.79 元，分别增长 17.4 倍和 21.4 倍。京津冀地区城镇居民人均可支配收入与农民人均收入均高于全国平均水平，并且彼此的差距在逐渐拉大，城镇居民人均可支配收入差值由 135.60 元增加到 3612.00 元，农民人均纯收入差值由 14.40 元增加到 777.30 元(见图3.7 和图 3.8)。其中，北京市、天津市的城镇居民人均可支配收入与农民人均纯收入远远高于全国平均水平，而河北省的城镇居民人均可支配收入与农民人均纯收入则低于全国平均水平。因此，北京市和天津市是京津冀地区的重要经济城市，也是经济发展的核心区，河北省的经济发展水平相对落后，对京津冀地区的贡献率低于北京市和天津市。

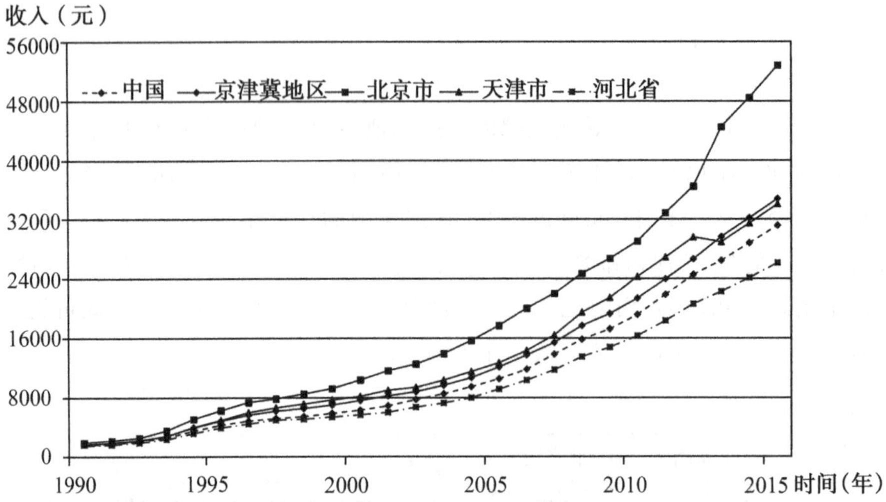

图 3.7　京津冀地区城镇居民人均可支配收入（1990～2015 年）

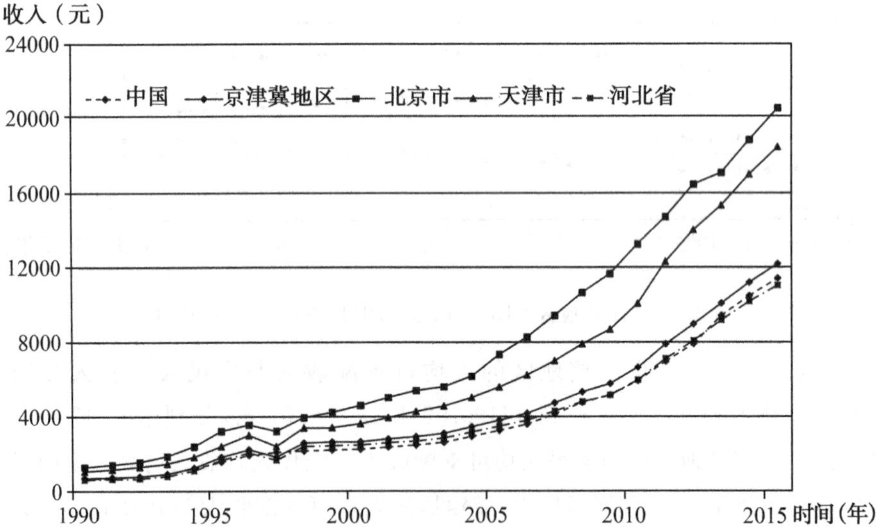

图 3.8　京津冀地区农民人均纯收入（1990～2015 年）

3.2 县域乡村转型发展评价指标体系

3.2.1 县域乡村转型发展评价指标

3.2.1.1 乡村发展度

结合乡村发展的研究经验[239~244]与数据资料的可获取性，以乡村发展状态的一般性评价指标体系为基本依据，从农业生产状况、农民生活水平和农村生态环境等三个方面，选择了19项指标，构建我国乡村发展状态的指标体系(见表3.2)，从而实现对乡村发展状况的测算。由此，本书在研究中提出了乡村发展度(*RD*)。其是用来表示乡村社会经济与生态环境变化的状态指标，由农业生产、农民生活和农村生态三个方面组成。

农业生产(AP)反映了乡村的农业发展状况，主要包括农业的生产条件与农业产出情况。生产条件用耕地面积、农业劳动力和机械化水平等方面表示；农业产出情况用粮食产量、肉类产量和农业产值等方面表示。指标均为正向属性，对农业生产发展具有积极影响，指标水平越高表示农业生产的状况越良好。农业生产具体包括人均耕地面积、单位面积机械化动力、农业劳动力比重、人均粮食产量、人均农业产值、人均肉类产量等6项指标。

农民生活(AL)反映了农民在乡村的生活水平，主要包含经济生活与社会生活两个方面。经济生活水平是指农民的收入、非农就业状况和消费水平；社会生活水平是指农民享受的医疗、教育、社会保障、公共文化、交通等服务设施的状况。指标均为正向属性，对农民的生活水平具有促进作用，指标值越大表示农民的生活水平越高。农民生活用农民人均纯收入、非农就业比重、万人拥有床位数和人均拥有道路长度等8项指标表示。

农村生态(AE)反映了乡村的资源与环境状况，适宜的生态环境表明了农乡村良好的发展状态，主要包括资源禀赋与生态环境两个方面。资源禀赋用水资源、林地资源、气候等方面反映；生态环境用化肥的使用、工业产生的废气废水以及土地利用生态景观格局指数等方面表示。化肥使用与工业产生的废气废水为负向属性，值越大对乡村的生态环境产生的负向影响越大，其他指标为正向属性，值越大，对资源环境产生促进作用。农村生态具体包括森林覆盖率、人均水资源、单位耕地面积化肥投入量、单位面积工业废水、香农多样性指数等5项指标。

表3.2　乡村发展状态评价指标体系

目标层	准则层	指标层	指标计算
农业生产(AP)	生产水平	人均耕地面积	耕地总面积/区域总人口
		单位面积机械化总动力	农业机械总动力/区域总面积
		农业劳动力比重	农业劳动人口/区域总人口
	产出水平	人均粮食产量	粮食总产量/区域总人口
		人均农业产值	农业总产值/区域总人口
		人均肉类产量	肉类总产量/区域总人口
农民生活(AL)	经济生活水平	农民人均纯收入	农民人均纯收入
		非农就业比重	乡村非农就业人数/乡村从业人数
		人均社会消费品零售总额	社会消费品零售总额/区域总人口
		人均财政收入	财政总收入/区域总人口
	社会生活水平	万人拥有医疗床位	区域总床位数/(区域总人口×10000)
		义务教育在校生比重	义务教育在校生/区域总人口
		人均道路拥有长度	区域道路总长度/区域总人口
		万户拥有固定电话量	区域固定电话拥有量/(区域总户数×10000)
农村生态(AE)	自然资源禀赋	森林覆盖率	林地面积/区域总面积
		人均水资源	淡水资源总量/区域总人口
	生态环境	单位面积化肥投入量	化肥投入总量/耕地总面积
		单位面积工业废水排放量	工业废水排放总量/区域总面积
		香农多样性指数	土地利用景观格局指数

3.2.1.2　乡村转型度

城乡系统主要由人口、土地和产业三要素组成。人口是城乡系统的主体，通过利用其他要素来改变系统状态，促使系统发展；土地是城乡系统的承载体，能够为人口提供工作和居住空间，为产业发展提供空间保障；产业是城乡系统的发展动力源，能够提升人们的生活水平，促使城乡系统达到新的高度[245～246]。这些要素在乡村转型发展过程中相互作用，它们之间的协调关系促进了城乡系统的融合发展。近几年，随着社会经济的发展，第二产业、第三产业规模不断扩展，为了提高生活水平，大量的农村劳动力来到城市工作，进而提升了人口城镇化率，促进区域的经济发展；同时，大量人口的涌入也增加了对土地的需求，城市不断占用耕地资源，向周边扩展。由此，人口、土地、产业通过相互作用形成了一个发展的循环系统。因此，人口、土地、产业是乡村系统实现转型发展的必要因素，本书研究构建了“人口—土地—产业”模型来综合评价乡村转型状况[247～248]。基于人口、土地、产业的乡村转型研究对理解乡村系统发展规律和促进城乡系统协调发展具有重要意义。

根据乡村转型发展的含义，对人口、土地、产业要素转移作进一步阐释。人口转型是指农民迁移到城镇就业或长期居住。土地转型是指农用地转为建设用地或改变土地用途。产业转型是指农业转向第二产业和第三产业，包括产业的升级和规模扩大。结合国内外学者经验，本书选择了农村劳动力的非农就业比重（PT）、城镇工矿建设用地占土地面积的比重（LT）、非农业产值占 GDP 的比重（IT）等三项指标用来评估县域乡村转型状况[249～251]（见表 3.3）。同时，提出了乡村转型度（TD），即人口、土地和产业等乡村要素向非农要素转化的动态变化程度，用来刻画乡村转型过程。

表 3.3　乡村转型指标体系

准则层	指标层	指标计算
人口（PT）	农村劳动力的非农就业比重	农村劳动力从事非农产业的人口数/农村劳动力总数
土地（LT）	城镇工矿建设用地占土地面积的比重	县域城区建设用地/土地总面积
产业（IT）	非农业产值占 GDP 的比重	第二产业、第三产业产值/国内生产总值（GDP）

3.2.1.3　转型协调度

转型协调度（CD），是指乡村转型的协调性，用来描述乡村转型过程中人口、土地、产业三要素的状态变化，三者是否协调一致。以县域作为样本点、乡村转型度为基础，进行排序，将乡村转型度、人口、土地、产业和转型协调度置于同一坐标系统中；随着乡村转型度的逐渐增加，可以看出不同阶段的人口、土地、产业要素的波动性变化和各个阶段要素之间的协调性，从而直接明了地判断出乡村转型增长过程中起主要作用的要素；通过对乡村转型发展类型划分，按照“人口—土地—产业＋协调度＋转型度”的方式命名，能够进一步分析县域乡村转型协调持续性。

3.2.1.4 转型发展耦合度

转型发展耦合度(OD)用来表示乡村发展度与转型度二者的依赖程度，测算乡村发展与转型的关系[252～254]。乡村发展度由生产、生活、生态三个方面组成，而乡村转型度是从人口、土地、产业三个要素进行考虑。乡村发展度的生产、生活和生态系统与乡村转型度的人口、土地、产业彼此之间存在密不可分的联系，二者是相辅相成的，乡村转型度要素水平提高能够促进乡村发展，而乡村发展度水平的高低是转型要素产生变化的前提(见图 3.9)。因此，引入的转型发展耦合度指标，可以对乡村的发展度与转型度进行耦合协调关系分析，科学地解析乡村转型发展过程。

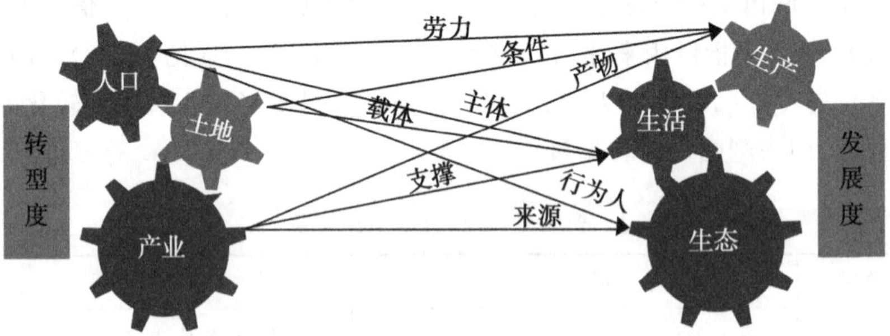

图 3.9 乡村发展度与转型度联系

3.2.2 指标处理与测算

县域乡村发展度与转型度的社会经济指标主要来自社会经济统计年鉴，土地利用数据由中科院资源环境中心提供的 100 米栅格数据获取。为了保证数据的可控性和一致性，本书的研究对所有指标数据采用极值标准化的方法进行无量纲处理，使得指标值为 0～1[255～256]；采用层次分析法与均方差法主客观相结合的方法获取不同指标的权重[257～258]；最后利用指标标准化数据进行加权求和，分别得到乡村发展度与转型度。转型协调度与转型发展耦合度可以根据乡村发展度与转型度指标获取。具体处理过程如下：

(1)指标无量纲化处理如下：

$$\text{正向指标：} z_{ij} = \frac{x_{ij} - \min(x_{ij})}{\max(x_{ij}) - \min(x_{ij})} \tag{3-1}$$

$$\text{负向指标：} z_{ij} = \frac{\max(x_{ij}) - x_{ij}}{\max(x_{ij}) - \min(x_{ij})} \tag{3-2}$$

式中，x_{ij} 表示乡村发展与转型指标原始数据；z_{ij} 表示乡村发展与转型指标的标准化值。

(2)利用层次分析法(见图 3.10)与均方差法[公式(2-3)与公式(2-4)]，测算获取乡村发展度与转型度各指标权重，结果如表 3.4 所示。

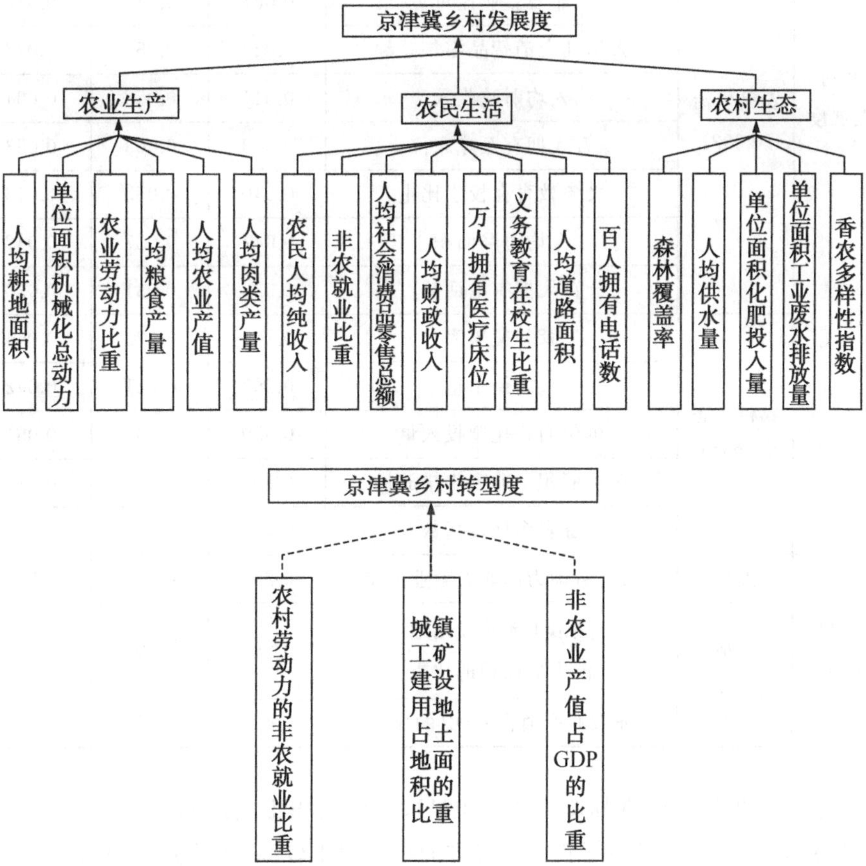

图 3.10　指标层次分析图

表 3.4　京津冀地区乡村转型发展指标权重

目标层	准则层	指标层	均方差法权重	层次分析法权重	平均权重
乡村发展度	农业生产(0.287)	人均耕地面积	0.041	0.054	0.048
		单位面积机械化总动力	0.047	0.034	0.040
		农业劳动力比重	0.040	0.027	0.033
		人均粮食产量	0.061	0.068	0.065
		人均农业产值	0.027	0.086	0.056
		人均肉类产量	0.047	0.043	0.045
	农民生活(0.392)	农民人均纯收入	0.026	0.106	0.066
		非农就业比重	0.067	0.089	0.078
		人均社会消费品零售总额	0.028	0.058	0.043
		人均财政收入	0.011	0.058	0.034
		万人拥有医疗床位	0.043	0.063	0.053
		义务教育在校生比重	0.040	0.053	0.046
		人均道路面积	0.047	0.037	0.042
		百人拥有电话数	0.029	0.031	0.030
	农村生态(0.321)	森林覆盖率	0.100	0.028	0.064
		人均供水量	0.063	0.021	0.042
		单位面积化肥投入量	0.059	0.063	0.061
		单位面积工业废水排放量	0.107	0.048	0.078
		香农多样性指数	0.117	0.036	0.076
乡村转型度	人口	农村劳动力的非农就业比重	0.281	0.493	0.387
	土地	城镇工矿建设用地占土地面积的比重	0.282	0.196	0.239
	产业	非农业产值占 GDP 的比重	0.437	0.311	0.374

乡村发展度中的森林覆盖率(0.064)、单位面积工业废水排放量(0.078)和香农多样性指数(0.076)等农村生态方面指标权重较高,人均财政收入(0.034)、百人拥有电话数(0.030)、农业劳动力比重(0.033)等指标权重较低。农村生活

的综合指标权重值最高，为0.392，农业生产权重最低，为0.287。乡村转型度中的人口转型与产业转型指标权重较高，分别为0.387和0.374，而土地转型的指标权重较低，为0.239。

(3)乡村发展度、转型度、协调度与耦合度测算如下：

$$RD = \sum_{j=1}^{m} z_{ij} \times w_j \tag{3-3}$$

$$TD = \alpha \times PT + \beta \times IT + \gamma \times LT \tag{3-4}$$

$$CD = \frac{PT \times IT \times LT}{\left(\frac{PT + IT + LT}{3}\right)^3} \tag{3-5}$$

$$OD = \sqrt{\frac{RD \times TD}{RD + TD}} \tag{3-6}$$

式中，RD、TD、CD、OD 分别表示乡村发展度、转型度、协调度、耦合度；α、β、γ 表示人口、土地和产业指标的权重。

根据乡村发展的指标测算结果，利用等间距法将各指标划分为不同的发展梯度水平，其中乡村发展度的农业生产、农民生活和农村生态系统进行不同发展水平划分，便于分析城乡发展过程中三生系统的变化。发展度、转型度和协调度划分为低等水平、较低等水平、中等水平和高等水平四个梯度，而耦合度也分为低水平耦合、颉颃耦合、磨合耦合和高水平耦合四个等级（见表3.5）。因此，指标值越高，划分的等级水平也越高，说明乡村的发展状况越好。耦合指标中：低水平耦合阶段[0,0.4)表示乡村转型与发展极度不协调，彼此之间不存在明显的联系；颉颃耦合阶段[0.4,0.6)表示乡村发展与转型二者之间存在一定的关系，但是相互影响程度较低；磨合耦合阶段[0.6,0.8)表示乡村发展度与转型度之间关系比较明晰，可以说明乡村一定程度上的发展是由人口、土地、产业等要素转型引起的，二者协调发展；高水平耦合阶段[0.8,1.0)表示乡村的转型发展极度协调，由乡村转型引起了乡村的发展，转型度越高，对应的发展度越高。

表3.5 乡村转型发展指标等级划分

发展度				转型度	协调度	划分等级	耦合度	划分等级
农业生产	农民生活	农村生态	综合值					
[0,0.1)	[0,0.1)	[0,0.1)	[0,0.3)	[0,0.25)	[0,0.25)	低等水平	[0,0.4)	低水平耦合

续表

发展度				转型度	协调度	划分等级	耦合度	划分等级
农业生产	农民生活	农村生态	综合值					
[0.1,0.15)	[0.1,0.15)	[0.1,0.15)	[0.3,0.4)	[0.25,0.5)	[0.25,0.5)	较低等水平	[0.4,0.6)	颉颃耦合
[0.15,0.2)	[0.15,0.2)	[0.15,0.2)	[0.4,0.5)	[0.5,0.75)	[0.5,0.75)	中等水平	[0.6,0.8)	磨合耦合
[0.2,1.0)	[0.2,1.0)	[0.2,1.0)	[0.5,1.0)	[0.75,1.0)	[0.75,1.0)	高等水平	[0.8,1.0)	高水平耦合

3.3 京津冀地区的县域乡村转型发展时空演化特征

在区位论、农业发展阶段理论、城乡关系理论和乡村系统研究等理论基础上，根据乡村转型发展的评价指标体系，本书对京津冀地区1990年、2000年、2010年和2015年四个时期的147个县的乡村发展度与转型度进行测算。以县域为单元，分析评价京津冀地区乡村转型发展的时空演化特征，利用乡村发展度与转型度的耦合协调性分析不同时期的乡村转型发展状态，并探测不同阶段的人口、土地与产业的主导作用。

3.3.1 京津冀地区的县域乡村发展度时空特征

根据乡村发展度测算模型，获取了京津冀地区的县域乡村发展度、农业生产水平、农民生活水平以及农村生态水平，并按照等间距法进行空间类型划分，最终形成京津冀地区乡村发展度空间分布图(见图3.11至图3.14)。

总体上，京津冀地区农业生产水平在1990～2015年是逐渐增加的。1990年，京津冀地区乡村县域农业生产水平空间分布均匀，87.8%的县域农业生产属于低等水平，而没有高等水平的农业生产发展县，说明该时期农业生产水平比较落后；2000年，开始呈现出南北差异现象，京津冀地区南部地区的农业生产水平明显高于北部地区，部分县域农业生产由低等水平转化为较低水平，比重为49.0%，并开始出现高等水平的农业生产县；2010年和2015年，农业生产水平逐步提升，由较低水平向中、高等水平转变，比重分别为37.4%、54.4%。1990～2015年，京津冀地区农业生产水平各县发展存在明显的差异，尤其南部地区的县其发展速度明显高于北部地区(见图 3.11)。

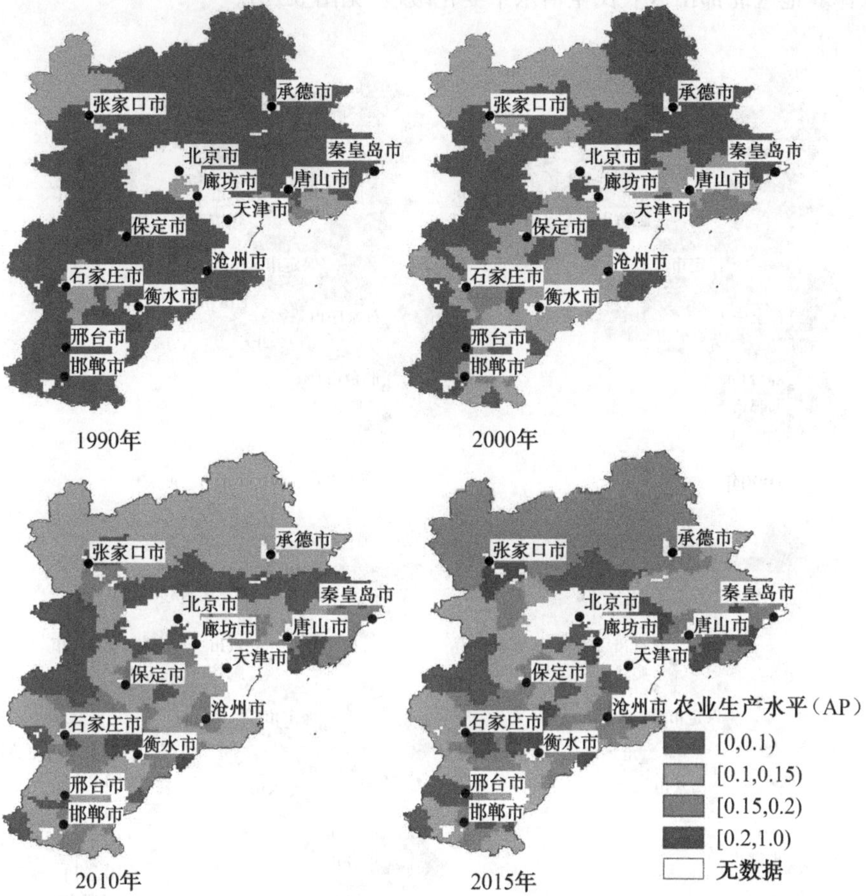

图 3.11 京津冀地区县域农业生产水平(1990～2015 年)

京津冀地区 1990～2015 年农民的生活水平也逐渐提高,尤其是北京市、天津市、石家庄市等大城市周边县域,生活水平变化明显。1990 年,除去北京市怀柔区,农民的生活均处于低等水平,比重为 99.3%;2000 年,农民生活水平逐渐发生改变,部分县域由低等水平转为较低等水平,比重为 40.8%,但是大部分县域依然为低等生活水平,比重为 57.1%;2010 年,农民生活水平发生明显改善,尤其是位于北京市、天津市、石家庄市等周边的县域变为中、高等生活水平,比重为51.7%,同时开始出现南北地区差异现象;2015 年,京津冀地区农民生活水平进一步提高,低生活水平县域消失,大部分县域为中、高等水平,比重分别为 42.9%和 40.1%,南北地区差异更加明显。1990～2015 年,京津冀地区的农民生活水平具有明显空间差异，与农业生产水平发展相似，南部地区与北部地区的差距逐渐拉大，尤其是京津冀地区北部山区农民生活水平变化缓慢(见图 3.12)。

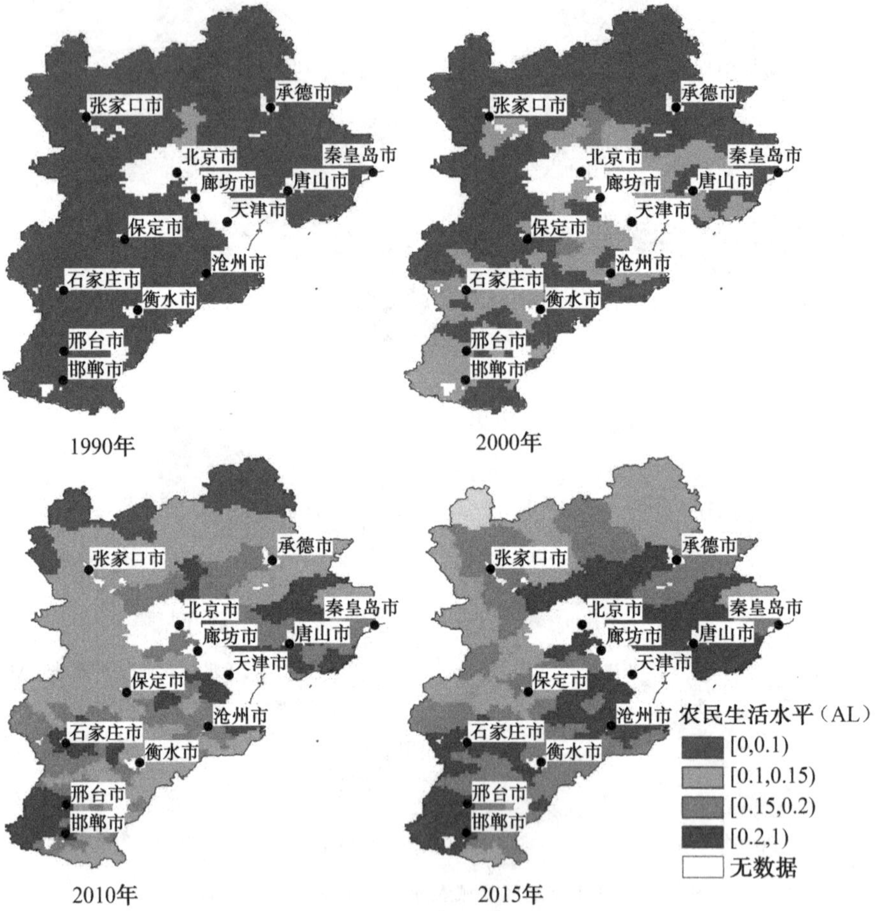

图 3.12 京津冀地区县域农民生活水平(1990～2015 年)

京津地区的县域农村生态水平变化规律与农业生产、农民生活相反，1990～2015 年县域农村生态水平逐渐降低，南北地区存在较大差异，北部地区农村生态水平高于南部地区。1990 年，京津冀地区大部分县域农村生态处于中、高等水平，比重为 43.5%，且主要集中分布在北部地区；2000 年，京津冀地区的县域农村生态水平下降，尤其是南部地区的县域，其农村生态开始由较低水平向低等水平转化，此时期较低水平县域为主体，比重为 42.2%；2010 年，县域农村生态水平进一步降低，南部地区大部分县域农村生态已经转为低等水平，北部地区部分县域的农村生态水平也开始下降，此时期农村生态以低等水平为主，比重为 46.3%；2015 年，京津冀地区的县域农村生态水平略有提升，相比 2010 年农村生态低等水平县域数量减少，比重由 46.3%变为 44.9%，中、高等水平县域数量增加，比重由 25.8%升为 32.7%。1990～2015 年，京津冀地区农村生态水平发展具有转折期，分为两个阶段：1990～2010 年，农村生态水平逐渐降低，受社会经济的发展影响，逐渐恶化；2010～2015 年，农村生态水平开始提升，生态环境保护得到重视，逐渐提高（见图 3.13）。

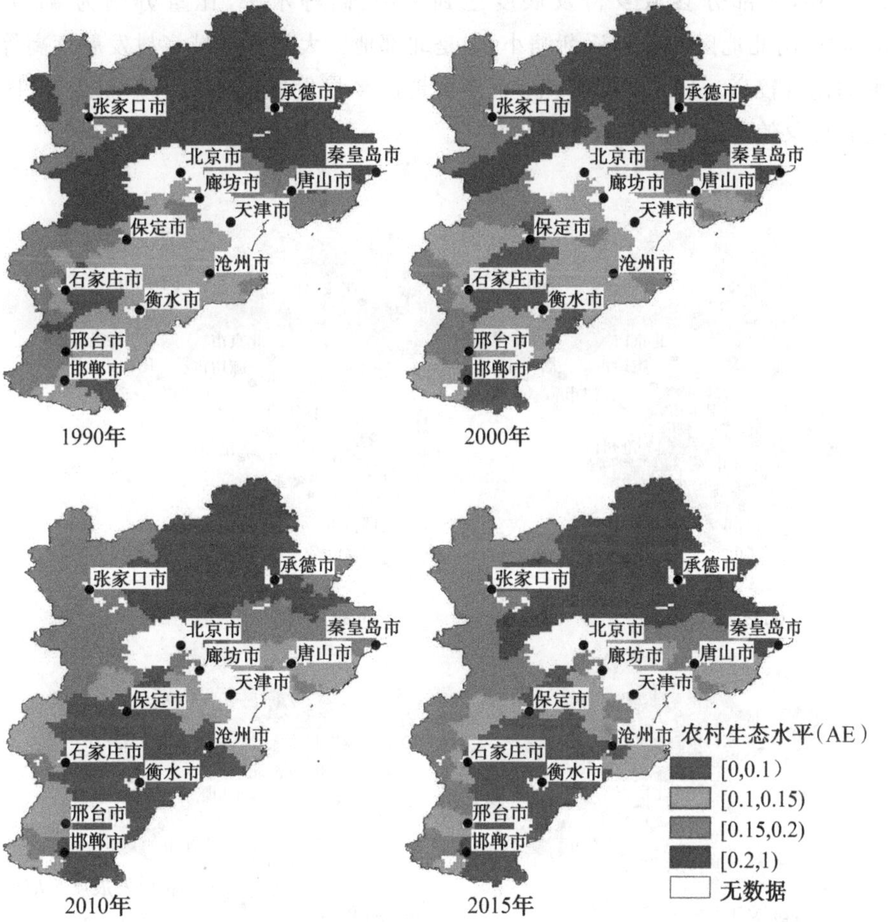

图 3.13　京津冀地区县域农村生态水平（1990～2015 年）

基于农业生产、农民生活和农村生态的发展水平，本书对获取的乡村发展度进一步分析。综合来看，1990～2015 年，京津冀地区乡村发展度逐渐增加，由低等水平发展为高等水平，区域整体的差异性逐渐减少（见图 3.14）。1990 年，县域的乡村发展度为明显的南北两极分化，北部地区主要为较低水平，南部地区为低等水平，比重分别为 61.9%、36.7%；2000 年，乡村发展度水平逐渐提升，但是变化幅度较小，北部地区部分县域转为中等水平，南部地区部分县域转为较低水平，比重分别为 6.1%和 40.8%；2010 年，县域的乡村发展度水平进一步提高，尤其是北京市、天津市、唐山市和石家庄市等的周边县域乡村发展度已达到中、高等水平，比重分别为 51.0%和 4.7%，而低等水平的县域数量大大减少；2015 年，大部分县域乡村发展度达到了中、高等水平，比重分别为 44.9%、37.4%，南北地区的差异逐渐缩小，但是北部地区大部分县域乡村发展度高等水平的比重较高。1990～2015 年，京津冀地区乡村发展整体水平不断提升，区域差异现象随着时间的增加逐渐模糊。

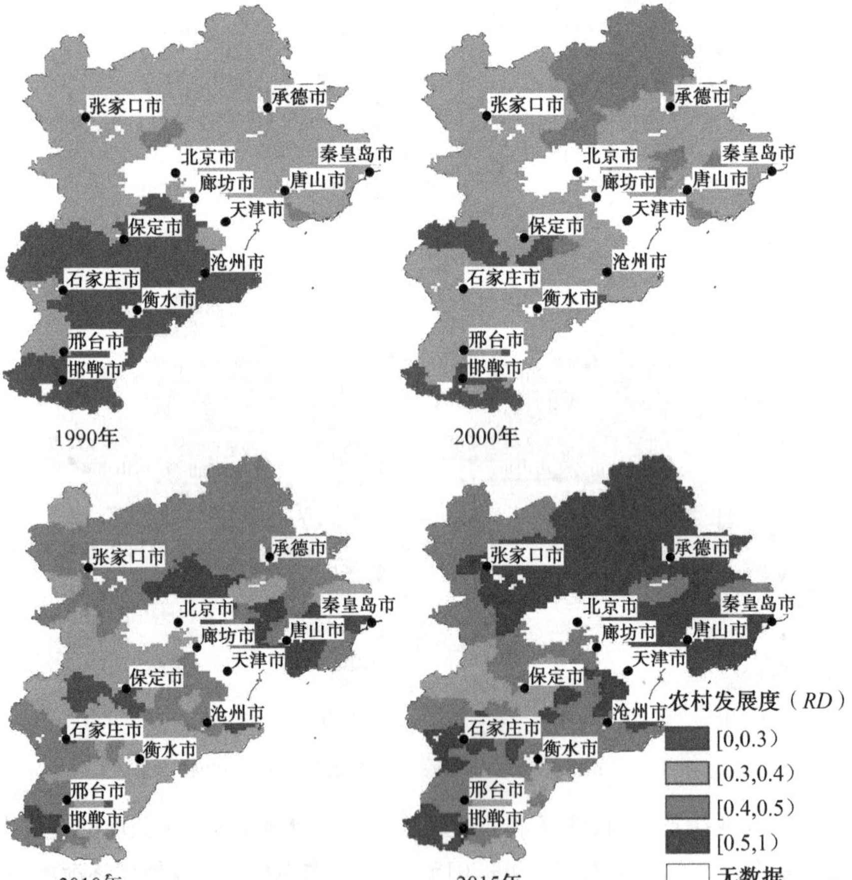

图 3.14　京津冀地区县域农村发展度（1990～2015 年）

通过分析京津冀地区乡村系统的生产、生活、生态和综合发展水平结果发现，不同时间段各子系统发展程度存在明显的差异，同时农业生产、农民生活和农村生态在不同阶段的南北差异在综合乡村发展度中逐渐消失。由此可以推断出，乡村发展度在不同时期受生产、生活和生态等三生系统的主导作用不同，由生态为主逐渐转为生产、生活为主。

3.3.2　京津冀地区的县域乡村转型度时空特征

京津冀地区的县域乡村转型度主要由人口、土地、产业三方面组成，通过三个指标的线性加权得到了 1990～2015 年不同县域的乡村转型度(见图3.15)。1990 年，京津冀地区的县域乡村转型度主要为低等水平和较低水平，比重分别为 56.5%和 43.5%，转型水平较低，北部县域以低等水平为主，较低水平主要分布在京津冀地区的南部地区和北京市、天津市周边县域；2000 年，县域的乡村转型度水平逐渐提升，主要以较低水平为主，占总量的 78.9%，其中低等水平转为较低水平的比重为 35.4%，同时在北京市、天津市、石家庄市周边的县域乡村转型变为中等水平，比重为 10.8%；2010 年，乡村转型水平发生转变，高等水平转型县域出现，但是仍然以较低水平乡村转型为主，其比重为 59.9%，比 2000 年下降了 19 个百分点；2015 年，北京市、天津市和石家庄市等地区周边县域的乡村转型度进一步提升，大部分为中等水平，比重为 48.9%，但是高等水平转型的县域数量依然较少，比重仅为 2.0%。总体来看，1990～2015 年，京津冀地区乡村转型度水平在逐渐提高，由低等水平到高等水平逐步实现转化；与乡村发展度空间分异的规律不同，乡村转型度呈现明显的圈层结构，以北京、天津地区为核心由东南地区向西北地区递减；但是大部分县域乡村转型度长期处于较低水平，说明京津冀地区乡村转型发展依然是该区域在实现城乡统筹发展过程中亟待解决的重要问题，需要继续推进乡村发展，优化转型模式。

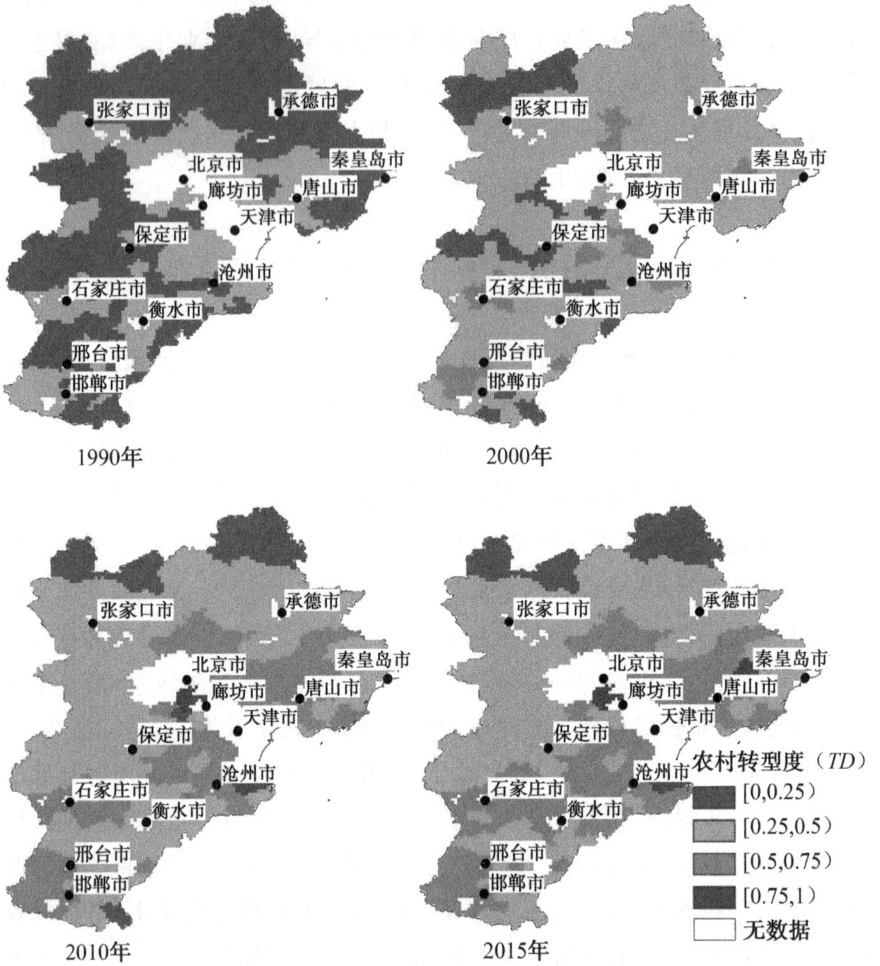

图 3.15　京津冀地区县域农村转型度(1990～2015 年)

为进一步分析京津冀地区乡村转型发展的协调性，根据协调度测算模型得到不同县域的乡村转型协调度，利用移动平均距离趋势线法迭代位移，获取人口、土地、产业、转型度和协调度曲线，并以乡村转型度排序为基础，将各要素置于同一坐标系统，如图 3.16 所示。根据各要素耦合结果，乡村转型度被分为五种类型：快速产业—低水平协调—转型(A)、快速产业与人口—低水平协调—较低水平转型(B)、稳定要素—低水平协调—较低水平转型(C)、快速人口—较低水平协调—中等水平转型(D)和快速土地—中、高等水平协调—转型(E)。

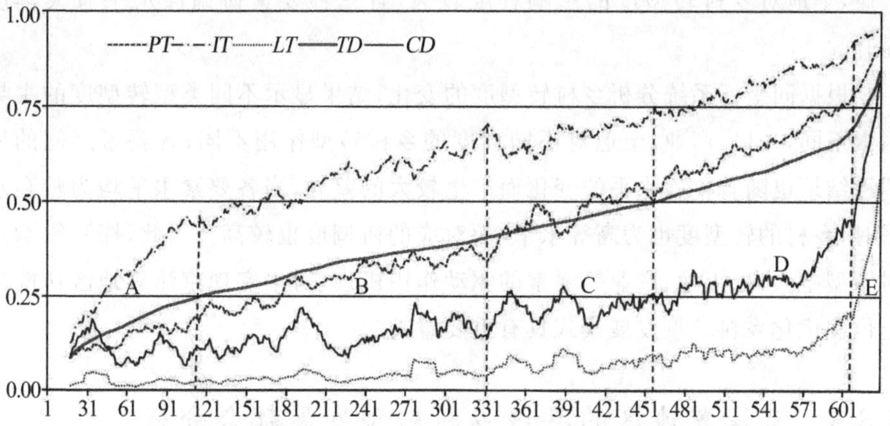

图 3.16　乡村人口、土地、产业和协调—转型度

(1)快速产业—低水平协调—转型(A):产业转型持续高速增长,比人口与土地转型快;协调度与土地转型属于低水平,比较稳定;而乡村转型度也属于低水平,但是缓慢增长。由此可以看出,此类型产业转型是影响乡村转型发展的主要影响因素,但是乡村转型过程中各要素协调性较差。

(2)快速产业与人口—低水平协调—较低水平转型(B):产业与人口转型快速增长,但是土地转型与协调度增长缓慢。乡村转型度为较低水平,协调度仍为低水平。由此反映出产业与人口是此种乡村转型的主要影响因素,三种要素的协调性仍然较差。

(3)稳定要素—低水平协调—较低水平转型(C):人口、产业、土地等要素处于相对稳定状态,没有明显变化,但是协调度仍然处于低等水平,乡村转型度处于较低等水平,二者变化相似。因此,可以看出该类型乡村转型是由人口、土地、产业共同作用形成的,但是彼此之间的协调水平有了一定的提升。

(4)快速人口—较低水平协调—中等水平转型(D):乡村转型度为中等水平,并且随着人口的变化快速增长,同时各要素之间的协调性也不断提高,逐渐转变为较低水平,而土地转型与产业转型的变化幅度明显低于人口转型,因此可以推断人口是该类型乡村转型度的主要影响因素。

(5)快速土地—中、高等水平协调—转型(E):乡村转型度与协调度为中、高等水平,人口、产业等要素也属于高水平,此种类型为高度转型发展的乡村。同时,土地转型增加速度也明显高于其他类型,并达到较高的水平。相比人口与产业,土地对乡村转型度的影响程度较大,且三种要素协调性水平有大幅度提升。

根据同坐标系统分析乡村转型度的变化,结果显示不同类型转型度的主导因素不同,人口、产业、土地对不同程度的乡村转型作用不同;各要素之间的协调性结果也随着要素水平的变化而产生较大的差异;当各要素水平均为较高水平时,乡村的转型度也为高等水平,而对应的协调度也较高。因此,探测影响乡村转型中人口、土地、产业等要素的驱动作用机理,对于实现京津冀地区功能区定位和优化乡村转型发展模式具有重要意义。

3.3.3 京津冀地区的县域乡村转型发展耦合分析

为进一步分析京津冀地区的县域乡村转型发展状况是否为协调可持续发展,本书对县域乡村的转型度与发展度进行了耦合分析。1990 年,部分县域处于低水平耦合阶段,乡村发展与转型不协调,比重为 12.2%,多数县域处于颉颃耦合阶段,乡村发展与转型之间的关系不明显,属于低度耦合,比重为 83.7%。2000 年,县域的乡村发展度与转型度分布比较集中,主要处于颉颃耦合阶段和磨合耦合阶段,比重分别为 54.4%和 45.6%。2010 年,京津冀地区乡村发展度与转型度之间的耦合关系进一步提升,部分县域转化为磨合耦合阶段,比重为 36.1%,而颉颃耦合阶段的县域比重仅为 17.7%,并伴随着高度耦合阶段的县域出现。2015 年,大部分县域乡村发展与转型已经跨过颉颃耦合阶段,转为磨合耦合阶段,比重为 92.5%,但是高水平耦合阶段的县域比重仍然较低,仅有迁安市和黄骅市地区(见图 3.17)。综合分析发现,1990～2015 年,京津冀地区乡村发展度与转型度耦合水平在逐渐增加,但是大部分县域仍然处于磨合耦合阶段,远远低于高水平耦合阶段。因此,可以推断京津冀地区的乡村转型发展的耦合协调水平仍然有待提升,在未来的发展中必须高度重视乡村转型与发展之间的可持续协调性。

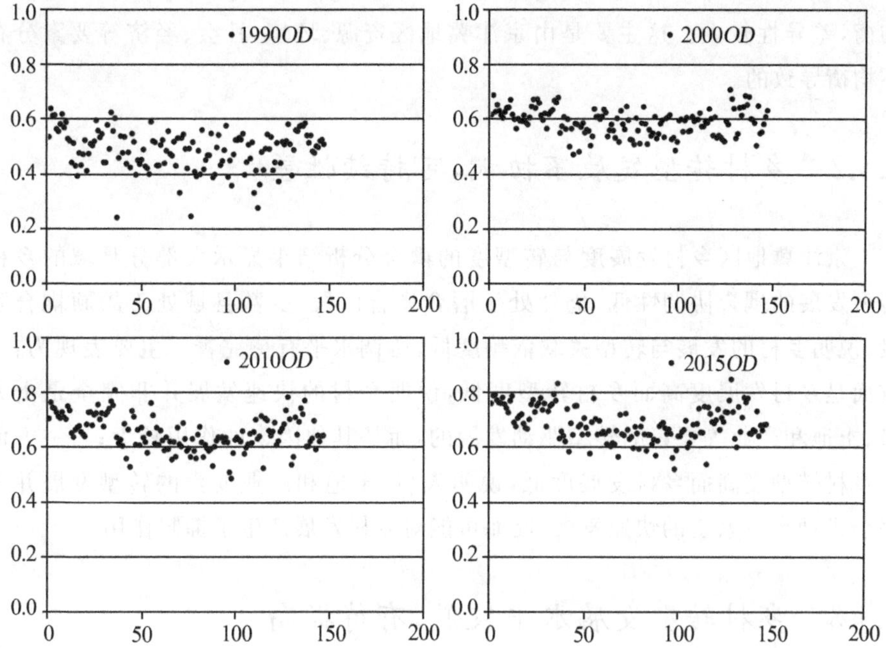

图 3.17 京津冀地区乡村发展度与转型度的耦合分析(1990～2015 年)

3.4 小结

通过对京津冀地区 1990～2015 年乡村转型发展的时空演化分析,从"人口—土地—产业"要素视角测算县域乡村转型度,农业生产、农民生活、农村生活的三生系统视角评估县域乡村发展度,本书综合探究了京津冀地区乡村的转型发展状态,发现仍然存在一些问题亟待解决与完善。

3.4.1 乡村转型发展不均衡,区域差异大

根据乡村转型发展的时空演化特征分析结果,京津冀地区乡村发展的农业生产、农民生活和农村生态系统等具有明显的南北空间差异,南部地区的农业生产与农民生活系统高于北部地区,而北部地区的农村生态系统高于南部地区;京津冀地区的乡村转型度有明显的极化效应,形成了以北京市、天津市为核

心由东南部地区向西北地区递减的同心圆层状结构，乡村转型发展空间分布不均衡，差异性较大。这主要是由京津冀地区资源、环境、社会、经济等要素分布不均衡导致的。

3.4.2 乡村转型发展不协调，可持续性差

京津冀地区乡村发展度与转型度的耦合分析结果显示大部分县域的乡村转型发展的耦合协调性低，仍然处于磨合耦合阶段，少数县域处于颉颃耦合阶段，说明乡村的发展与转型关联依赖度低，协调水平有待完善。主要表现为：一方面是乡村发展度高而乡村转型度低，说明乡村的快速发展并非完全是由人口、土地和产业等要素的转型驱动发展的，而是其他因素的作用较大；另一方面是乡村转型度高而乡村发展度低，说明人口、土地和产业要素的转型发展并未完全带动乡村系统的快速发展，反而可能对乡村发展产生了抑制作用。

3.4.3 乡村转型发展水平较低，有待提高

京津冀地区是我国经济发展三大城市群之一，具有巨大的经济区位、交通区位优势，但核心城市尤其是北京市、天津市等对周边县域乡村的转型发展的带动作用并不明显，反而产生了严重的虹吸效应，致使“环首都贫困带”产生。乡村转型发展时空特征分析结果发现，2015 年京津冀地区 147 个县域中乡村发展度为高等水平的有 53 个，占总数的 36.1%，而乡村转型度为高等水平的有 3 个，占总数的 2.0%，同为高等水平的县域仅有 2 个，大部分县域的乡村转型发展状态依然处于较低水平。因此，与乡村转型可持续发展和实现城乡协调一体化发展有一定的距离，京津冀地区的县域乡村发展还需要进一步完善提升。主要原因是京津冀地区未能充分发挥区位优势，大城市吸引了大量周边地区的人才、自然资源，但未形成对县域乡村的返补保障机制。

3.4.4 乡村转型发展缺乏保障机制，时效性低

1990 年、2000 年、2010 年、2015 年四个时期的乡村转型发展结果显示，部分县域在 25 年间的变化程度较低，其中乡村转型度变化低于 0.25 的县域有 125 个，占总量的 85.0%，乡村发展度变化低于 0.25 的县域有 68 个，占总量的

46.3%，转型发展时效性低。由此可知，大部分县域乡村发展速度缓慢，转型变化程度低，主要原因是京津冀地区远离城市中心的县域享受政策保障机制、经济公共服务辐射机制的概率较小；县域财政收入水平低，其乡村发展受限，缺乏完善的保障机制，难以实现稳定高效的转型发展。

综上，从1990～2015年京津冀地区的乡村转型发展分析主要得出以下结论：时间上，乡村转型发展呈逐渐增加的趋势，乡村发展度与转型度均由低等水平向高等水平发展，但是截至2015年，大部分县域的乡村转型发展仍然处于中等水平，京津冀地区的县域乡村转型发展水平有待提升；空间上，乡村发展度为南北空间分异，转型度为核心城市极化效应，空间层次结构明显，县域乡村转型发展差异大；乡村发展度与转型度耦合效应水平低，到2015年多数县域的乡村转型发展仍处于磨合耦合阶段，彼此之间的协调度较低，没有明显的依赖关系。可以推断，1990～2015年，京津冀地区乡村转型发展水平依然存在较多问题，需要科学合理的规划、优化才能实现高度协调、可持续发展。

第 4 章　京津冀地区乡村转型发展路径测度

随着社会经济发展与城镇化进程的加快，乡村也在加速转型发展，缩小与城市的差距。根据 1990～2015 年京津冀地区的 147 个县域乡村转型发展状况分析发现，各县乡村发展度与转型度空间分布存在明显差异，发展过程中依然处于低水平耦合协调阶段。因此，探明县域乡村转型发展的主导驱动因素，测度不同主导因素对乡村转型发展的作用力，结合不同阶段的乡村发展度与转型度构建县域乡村转型发展路径，对明确乡村转型发展过程存在的问题、科学优化乡村转型发展模式、实施乡村转型战略决策具有重要的价值。

4.1　乡村转型发展路径测度模型构建

4.1.1　乡村转型发展影响因素指标体系

根据科研学者多年的研究经验与京津冀地区发展的实际情况，本书从社会经济、自然资源、政策和区位等方面选择对乡村转型发展产生影响的因素[259～261]。其中，时间因素包括社会经济指标，空间因素包括自然资源、区位条件指标(见表 4.1)，政策为定性因素。

社会经济指标是指城镇化过程中乡村转型发展随着时间变化的驱动因素，其中经济指标尤其是财政收入、固定资产等反映了县域的经济实力，经济投入的增加能够促使农村加快发展；人口的迁移对解决乡村劳动力、增加农民收入具有较大影响，基础设施条件的改善能够为农业生产与农民生活提供极大的便利。最终，确定人均 GDP、人均财政收入、人均固定资产投入、人均城乡居民储蓄存款、人均工业产值、人口密度、城镇化率和主要公路密度等 8 项指标。

表 4.1　乡村转型发展的影响因素

目标层	时间驱动要素	目标层	空间驱动要素
社会经济	人均 GDP(x_1)	自然资源	区域耕地密度(y_1)
	人均财政收入(x_2)		区域水域密度(y_2)
	人均固定资产投入(x_3)		坡度(y_3)
	人均城乡居民储蓄存款(x_4)		高程(y_4)
	人均工业产值(x_5)	区位条件	到城市中心距离(y_5)
	人口密度(x_6)		到主要公路距离(y_6)
	城镇化率(x_7)		到主要铁路距离(y_7)
	主要公路密度(x_8)		到主要河流距离(y_8)

自然资源指标是指城镇化过程中对农村的资源与环境改变产生作用，导致其规模和空间分布变化的要素。耕地资源是农业生产的基础，水资源是乡村生活的根本保证，坡度、高程等自然环境是吸引外资投入与限制乡村自身发展的条件。最终，本书选择了区域耕地密度、区域水域密度、坡度、高程等 4 项指标[262～263]。

区位条件指标决定了乡村转型发展受城市、交通等城镇化产物的影响程度。经济区位，即县域能够享受上一级城市的公共设施、政策等辐射的难易程度，用到城市中心距离表示；交通区位是指县域乡村享受交通运输的便利程度，对乡村转型发展具有较大的促进作用，也是沟通乡村与城市的重要桥梁，选择到主要公路距离、到主要铁路距离、到主要河流距离等 3 项指标。

4.1.2　驱动因素探测模型

为了能够更加清晰地分析县域乡村转型发展路径，必须探测县域不同阶段乡村转型发展的主导因素。由于选择对乡村转型发展影响的因素指标体系有时间和空间两种类型，主导因素的探测需要选择不同的方法确定。多元线性回归模型是解决多种自变量与因变量随着时间变化的关系问题，而地理探测器是从空间要素关系角度探测对因变量作用明显的自变量。因此，本书选择了多元线性回归模型探测时间主导因素，利用地理探测器确定空间主导因素。

多元线性回归是反映一种现象或事物的数量随着多种现象或事物的数量的变动而相应变动的规律，建立多个变量之间线性或非线性数学模型数量关系式的统计方法。根据公式(2-5)，主要利用逐步回归方法，针对京津冀地区147个县域乡村转型发展度与社会经济指标变化关系，构建不同县域的多元回归模型。同时，按照公式(2-6)的通径分析模型，判断选择的社会经济驱动因素是否合理：当剩余通径系数小于0.1时，说明选择的驱动因素能够反映对县域乡村转型发展起作用的机制，构建的回归模型合理；当剩余通径系数大于0.2时，说明还存在其他社会经济因素影响县域乡村转型发展，构建的多元回归模型不合理，有待优化。

地理探测器是将空间驱动要素与乡村转型发展度栅格化处理，将空间驱动要素进行分类，然后转换成表格数据，利用地理探测器模型获取各空间要素对县域乡村转型发展空间分异的作用力大小。探测空间驱动要素作为路径模型的环境变量。空间影响因素主要选择了包括资源、自然条件、区位等在内的8项指标，构成了“一点—三线—四面”的空间驱动因素体系。根据公式(2-7)，利用地理探测器模型，基于900米×900米的栅格网，首先对京津冀地区乡村转型发展空间主导驱动因素进行探测。根据地理探测器的方法要求，对耕地密度、水域用地密度、坡度等空间驱动要素进行类型划分：耕地密度与水域用地密度按照10%等间隔分为10类；坡度按照5°等间隔分为8类；高程按照100米等间隔分为23类；到城市中心距离、到主要公路距离、到主要铁路距离和到主要河流距离按照10千米等间距分别分为19类、18类、16类和16类(见图4.1)。然后通过将栅格转为样本点的方法，提取对应栅格值，利用地理探测器软件计算空间驱动要素的作用力大小。

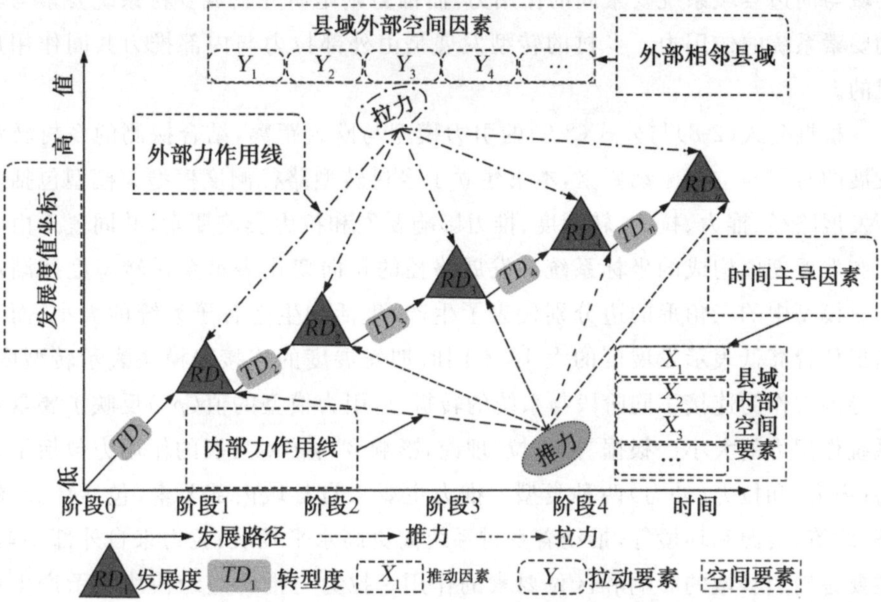

图 4.1 乡村转型发展路径测度模型

4.1.3 乡村转型发展路径测度模型

近几十年,大量的学者陆续开展了关于路径测度的研究[264～267],但是对于乡村转型发展的路径未能进行深度定量分析。本书在进行探测影响乡村转型发展的主导因素后提出了乡村转型发展路径测度模型。在"推—拉"理论的基础上,通过借鉴欧氏距离测算与引力模型构建路径测度模型[268～269]。20 世纪 60 年代,美国学者李(E. S. Lee)提出了系统的人口迁移理论,即"推—拉"理论,原始的"推力"是指促使居民离开居住地的因素,而"拉力"是指吸引居民迁移到新的居住地的因素[270～273]。但是,本书引入"推—拉"理论中的推力与拉力表示影响县域乡村转型发展的内部、外部主导驱动因素作用力[274～275]。推力表示区域内部自身影响乡村转型发展主导驱动要素的作用力,推动乡村转型发展;而拉力表示来自周边县域和外部区位等主导驱动要素的作用力,拉动乡村转型发展。

本书中的研究将乡村转型发展的目标县域视为一个系统,而周边县域视为同质的系统,县域内驱动要素合集视为同环境内的系统。因此,拉力则是研究县域与周边县域系统要素间的作用力，而推力则是研究县域乡村系统要素与驱动要素系统的作用力。乡村的转型发展是由外部拉力与内部推力共同作用形成的。

根据公式(2-8)与公式(2-9)的引力模型与欧式距离，结合探测的乡村转型发展的时间与空间驱动要素，本书建立了乡村转型路径测度模型。模型包括转型发展路径、推力、拉力、转型度、推力影响要素和拉力影响要素，共同置于由时间和发展度值构成的坐标系统。发展路径的正向变化表示乡村转型度逐渐增加。模型中的三角形的边分别代表了生产、生活和生态各子系统的大小，而三角形位置高低表示发展度的大小，不同时期发展度的连接线模块表示转型度。主导因素作为连接不同阶段与系统的转折点，引力模型的值(p_j)反映了要素对系统作用力的大小。根据“推—拉”理论，影响乡村转型发展的作用力包括了推力(内力)和拉力(外力)两种类型。推力主要来自县域内部要素，包括社会、经济、政策、资源和环境等，推动着乡村系统向更高水平发展；拉力来自外部要素，主要是周边县域的影响和区位要素的作用。拉力与推力边缘模块表示产生作用力的因素来源。如果周边县域的乡村转型度高于研究区域，则周边县域会拉动研究区域的乡村向更好的方向发展，反之则研究区会拉动低水平县域增长。

路径测度模型通过定量的方法有效地分析了乡村转型发展的过程。根据获得乡村转型发展路径模型中推力与拉力的相对大小，可以将县域乡村转型发展模式划分为三种类型：当县域乡村转型发展的内部因素推力均值高于外部因素拉力均值 0.1 时，为内生发展模式；当县域乡村转型发展的外部因素拉力均值高于内部因素推力均值 0.1 时，为城市带动发展模式；当县域乡村转型发展的内部因素推力与外部因素推力均值的差值小于 0.1 时，属于内外结合发展模式。通过划分县域乡村转型发展模式，可为典型县域的选取与不同类型县域科学优化村域转型发展模式框架提供参考。

4.2 驱动因素探测结果

本书对京津冀地区 147 个县域进行了乡村转型发展时空演变特征评价，对于乡村转型发展的影响从时间尺度需考虑 147 个县域 1990～2015 年变化的主导因素，空间尺度需要考虑京津冀地区的县域乡村转型发展存在空间分异的主导因素。因此，得到了 147 个县域的多元回归模型表示时间主导因素的探测结果,而京津冀地区乡村转型发展空间主导因素作为环境变量。

结果显示,人均财政收入、人均固定资产投入、人口密度、城镇化率和主要公路密度在 147 个县域的回归分析模型中作为主导元素比重较高,比例分别为 38.8%、50.3%、35.4%、52.3%和 100%(见图 4.2),其中主要公路密度为京津冀地区所有县域的主导驱动因素。因此,本书确定导致 147 个县域乡村转型发展时间驱动因素主要为人均财政收入、人均固定资产投入、人口密度和城镇化率。利用通径分析模型,对 147 个县多元回归模型进行检验,结果显示剩余通径系数均小于 0.1(见附录 1),说明回归模型质量较好,选取的自变量对乡村转型发展度的影响较大。

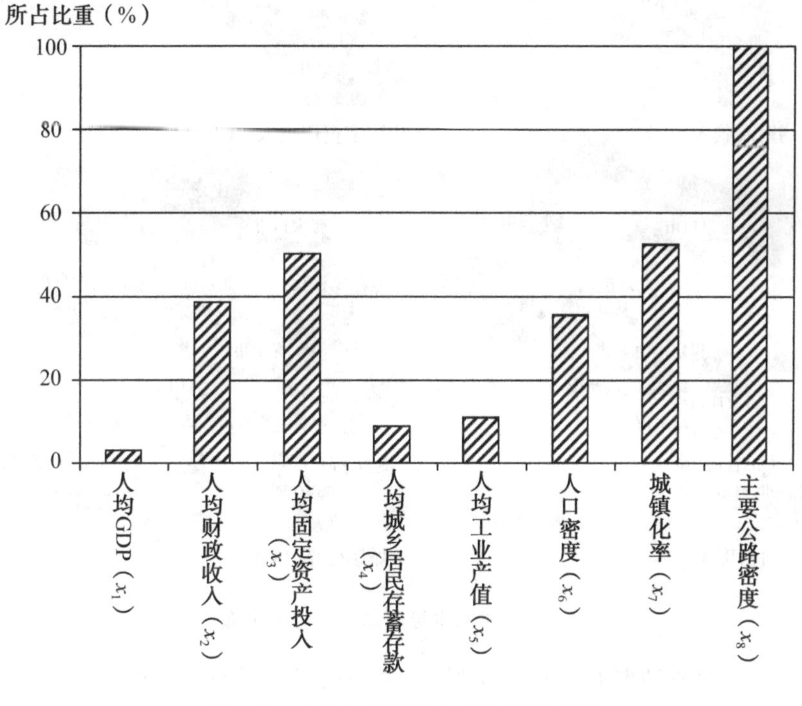

图 4.2 时间主导驱动因素的县域比重

将确定的时间主导驱动因素按照县域分布在京津冀地区空间上,结果显示,人均财政收入、人均固定资产投入、人口密度、城镇化率四项主导因素的空间分布具有明显的规律:人均财政收入主要分布在京津冀地区的西部地区,人均固定资产投入主要分布在京津地区的南部和东北地区,人口密度集中分布在各大城市城区的周边县域,而城镇化率则分布比较均匀,大部分县域均涉及,共有 77 个县区(见图 4.3)。因此,通过京津冀地区主导驱动因素的空间分布格局发现，社会经济条件是乡村转型发展的必备因素，也是维持乡村转型稳定可持续发展的重要支撑。

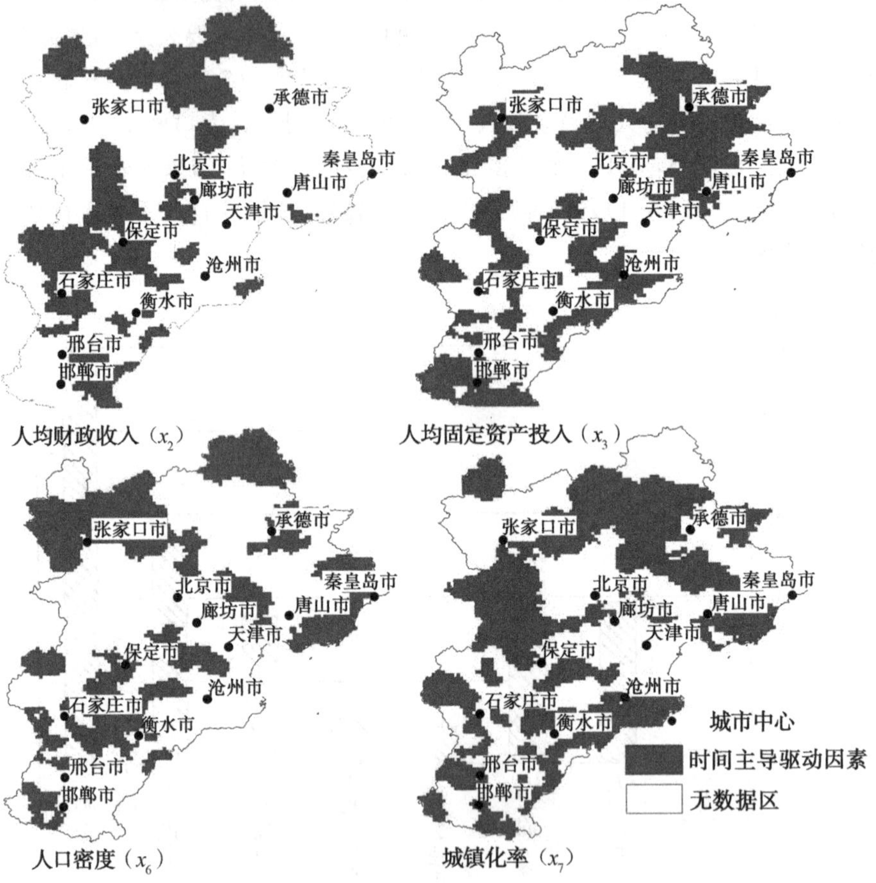

图 4.3　时间主导驱动因素空间分布

分析空间驱动要素分布图发现，耕地密度指数具有明显的南北差异性，南部县域的耕地密度指数高于北部地区；水域用地指数与到主要河流距离的分布具有一致性，呈现明显的纹理状，东部地区尤其是天津等的密度明显高于其他县域；坡度与高程指数也具有南北差异特征，南部地区的坡度与高程明显低于北部地区；到城市中心距离呈现网状结构，以城市中心点同心圆模式向周边扩散，越远离城市中心分类指数越大；到主要公路距离与到主要铁路距离空间分布特征相似，在北部边缘地区交通网密度低，距离分类指数大，南部地区道路交通密度高，距离分类指数小(见图 4.4 和图 4.5)。

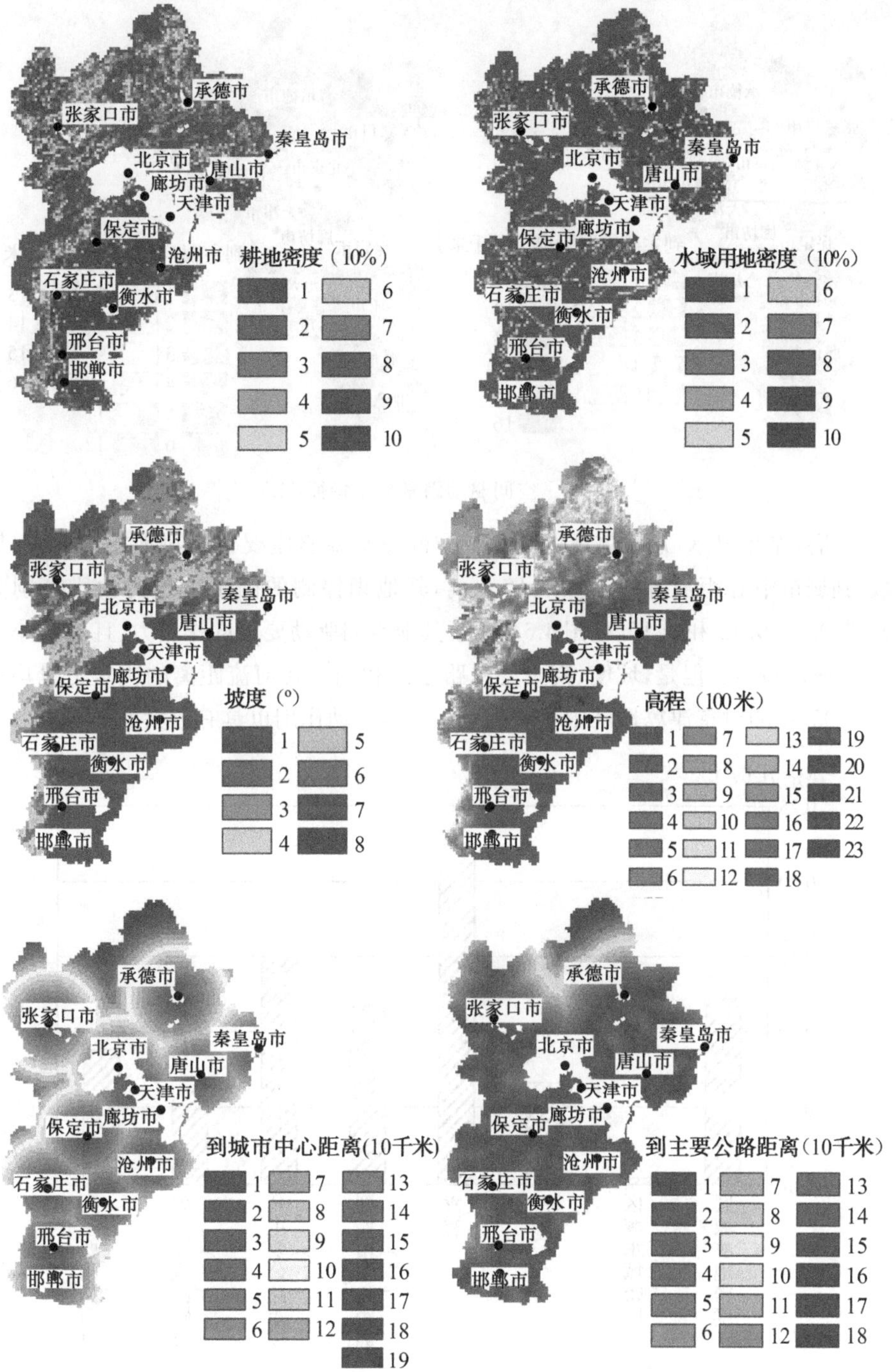

图 4.4 空间驱动因素分布特征(一)

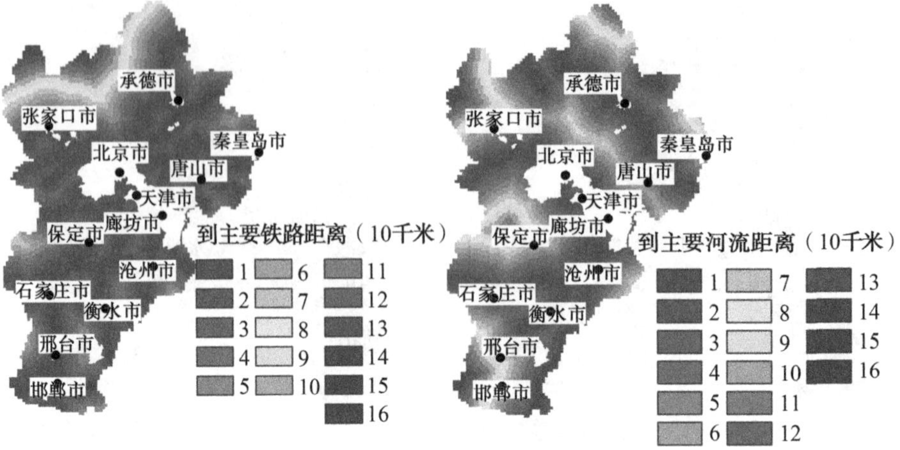

图 4.5　空间驱动因素分布特征(二)

研究结果显示，京津冀地区的主导空间驱动要素主要包括耕地密度、高程指数、到城市中心距离和到主要公路距离，其地理探测的因子决定力大小分别为0.12、0.23、0.12和0.15(见图4.6)，高于其他空间驱动要素的作用力，且p均小于0.01，通过检验。但是，坡度、到主要铁路距离和到主要河流距离的决定力也均高于0.05，说明对京津冀地区中县域的空间分异驱动作用也具有较大的影响。

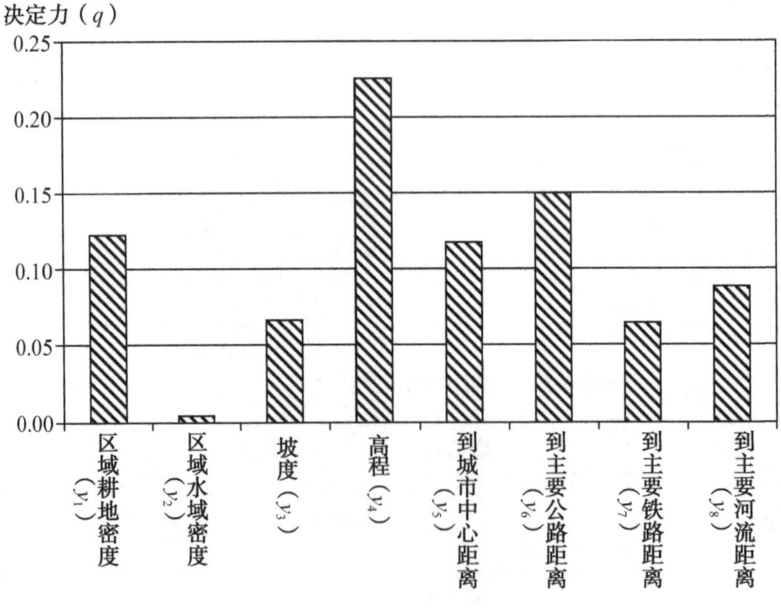

图 4.6　空间主导驱动因素作用力

通过多元回归分析与地理探测器，综合得到了对乡村转型发展的时间与空间的主导因素，分别为：人均财政收入、人均固定资产投入、人口密度、城镇化率与耕地密度、高程指数、到城市中心距离、到主要公路距离。但是，影响县域乡村转型发展除了定量因素外，还有更多的定性因素，因此，本书在分析时空主导因素的驱动机制过程中，考虑了政策、市场和县域周边来自他县域的外向力的影响。

4.3 主导因素驱动作用机制

总结乡村转型发展时间演化与空间演变的驱动因素结果发现，京津冀地区的县域乡村转型主导因子主要包括人均财政收入、人均固定资产投入、人口密度、城镇化率等社会经济因素和耕地密度、高程指数、到城市中心距离、到主要公路距离等自然条件与空间区位要素（见图 4.7）。进一步分析主导驱动因子的作用机制，能够为京津冀地区城市发展功能定位与乡村转型发展模式优化提供参考。

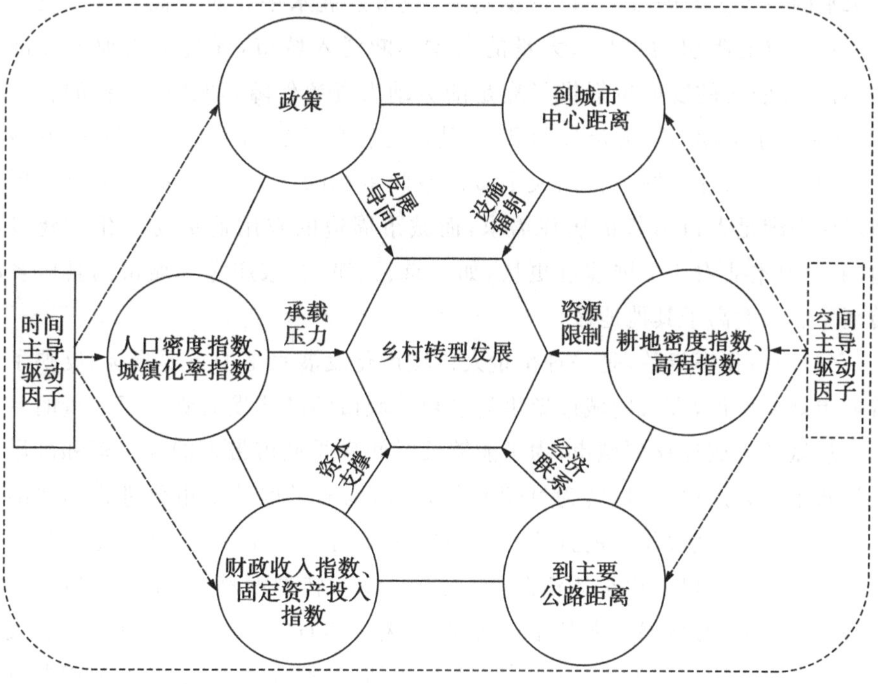

图 4.7　主导因子驱动作用机制

(1)财政收入指数,是衡量一个区域政府财力的重要指标,也反映了一个地区的发展实力。财政收入水平越高,表示地区经济发展实力越强,对经济建设、区域发展的投入会越大,对乡村基础设施的投入力度也会加大,能够加快乡村转型发展速度[41,179]。1990～2015年,衡水市、张家口市、保定市等京津冀地区的西北部地区县域财政收入水平较弱,对乡村转型发展的投入力度远不如北京、天津、石家庄等地区的县域,其县域乡村转型度便较低。若财政收入指数较低,则城镇化进程发展缓慢,乡村转型过程中人口、土地、产业等要素变化速度降低。因此,财政收入是促进乡村转型发展变化的一项重要因素。

(2)固定资产投入指数,是衡量一个区域经济发展水平的重要标志,是国民经济核算的主要指标之一。固定资产投入是推动区域城镇化发展的重要措施,投入力度越大,地区的设施建设越完善,城镇化进程发展就越迅速。当固定资产对农村投入指数加大时,农业基础和农村生活水平均不断提升,乡村发展状况便得到改善。因此,京津冀地区中的北京、天津两个核心城市的县域固定资产投入指数较高,其县域的乡村转型发展水平较高[41,179]。

(3)人口密度指数,是表示地区人口密集程度的重要指标,也是反映城市发展水平的一个主要因素,人口密度越大,城市发展水平相对越高。城市发展加强了对人口的吸引力[41,179],大量的人才不断涌入城市,促进了当地的经济发展,对农业农村的发展也提供了充足的劳动力资源保障,加快了乡村的转型发展;但是对于劳动力资源流失的县域,其乡村转型发展则受到严重制约,发展缓慢。同时,人口迁入城市也加大了城市空间承载的压力,城市必须通过扩展空间规模来满足人口增长的居住需求,而城市周边的农用地更易转化为建设用地,农村要素非农化发展速度更快,如北京、天津、石家庄等大城市的县区乡村转型发展速度高于其他地区。

(4)城镇化率指数,是一种衡量人口城市化发展水平的重要指标,反映了随着城市规模增加,人口向城市聚集的过程。城市的经济发展吸引了大量的乡村人口进城务工或迁移到城市,为了能够长时间享受城市带来的高工资和高质量生活水平,部分乡村人口转为城镇常住人口,也成了推动城市化进程加快的重要力量。同时,城镇化率的提高也就意味着乡村人口比重的下降,尤其是年轻劳动力占乡村人口的比重逐渐降低,而对于乡村转型而言,缺少了人口要素的支撑,其发展势必缓慢。尤其是远离北京、天津和石家庄等大城市的县域,大量农村劳动力被吸引到城市就业,远离乡村生活,县域人才外流加剧,形成严重的虹吸效应,虽然进一步促进了大城市的发展,也极大地限制了边缘县域乡村的产业经济发展。如“环首都贫困带”的形成，主要原因就是人才与资源的外流，阻碍了贫困县乡村的经济发展。

(5)耕地密度指数，是反映资源要素的重要指标，也是促进乡村转型发展的关键因素。耕地是农民赖以生产的物质基础，也是一个地区农业生产与粮食安全的重要保障。2008 年，国家出台了保护 18 亿亩(1.2 亿公顷)耕地红线的重要政策，目的就是要确保地区的粮食安全。京津冀地区耕地资源具有明显的南北差异，南部地区的耕地资源比北部地区丰富，与坡度等自然条件具有明显的关系。因此，耕地资源丰富的县域，具有促进乡村转型发展的资源优势，其转型度也略高于其他地区。但是，由于承担过多的粮食生产任务，尤其是东南部，其县域乡村转型度比中部县域低。因此，耕地资源是促进乡村转型发展的必要条件。

(6)高程指数，是反映自然环境要素的重要指标，也是影响区域农业生产的重要因素。高程不仅反映了一个区域的海拔，也对区域的地形、地面、气候、坡度、坡向等具有重要影响。在平原地区，易于发展大规模农业种植，山地丘陵地区适于发展林果业，而高原山区不适宜发展农业生产。京津冀地区的东南部地区大部分县域高程低于 10 米，而西北部地区高于 500 米，尤其是北部山区，其大部分高于 1000 米，多为生态林区，不适宜进行农业生产种植，南北海拔差异明显。因此，南部地区的乡村转型度也明显高于北部地区。

(7)到城市中心距离，表示乡村转型发展的经济地理区位，反映了其受城市政策与公共服务辐射的难易程度。距离城市中心越近，辐射程度越高，对乡村要素的转变发展作用力越强，乡村越容易加快转型。因此，到城市中心距离形成了以城市为中心的同心圆辐射状[41,179]，并且研究发现城市周边的县域乡村转型也是呈现出以同心圆状向四周扩散的发展模式。因此，距离城市中心越近，乡村转型程度越大，发展速度也越快。

(8)到主要公路距离，反映了乡村转型发展区域的交通地理区位。交通是连接农村内部与外界城市的纽带，是促进乡村产业经济发展和人口流动的重要桥梁。便利的交通能够改变地区的经济发展结构，加快乡村产业的发展速度。京津冀地区具有丰富的公路交通网，以北京市为中心向各个方向辐射，连接区域内其他城市[41,179]，加强了各县域的联系。对于乡村而言，便利的交通不仅能够加快运输农产品，而且便于了解外界的发展信息，是招商引资、人才引进的必要条件。因此，距离主要公路越近，乡村转型发展速度越快，变异程度越大。京津冀地区南部的廊坊市[41,179]、邢台市等县域道路交通密度大，乡村转型受到主要公路距离驱动作用明显。

(9)政策是一种非量化的影响因素,但是在乡村转型发展过程中是必不可少的,对乡村的发展规划和功能设定具有导向作用。1990～2015 年,中国越来越重视乡村的转型发展,为了解决"三农"问题,缩小城乡差距,实现城乡等值化,先后制定了农村土地制度改革、空心村整治、新农村建设、美丽乡村建设、精准扶贫和乡村振兴等一系列重大战略。同时,耕地资源保护、人才引进等区域内部的政策实施,也是保证地区能够快速实现乡村转型的必要条件。如京津冀地区中部地区的政策辐射性较强,其发展迅速,而南部地区受制于粮食生产任务的制约,其发展相对较缓,北部地区则受制于生态保育的政策,大部分县域乡村转型变化较低,有的县域甚至出现了转型负向变化。因此,政策作为乡村发展的导向因素,是促使乡村转型的重要支撑。

京津冀地区的乡村转型发展是受社会、经济、环境、资源、政策、区位等多要素综合作用的,各类要素对不同县域乡村转型发展的主导影响不同,因而产生了不同程度、发展速度的乡村转型模式。科学合理地分析乡村转型发展驱动机制,能够便于更好地理解京津冀地区 1990～2015 年 25 年来乡村的发展机理与模式。除去上述因素外,还有来自县域周边地区乡村系统的影响。根据物理学引力论,同质系统之间存在相互作用力,尤其是存在明显差异的两个系统。因此,研究需要充分考虑外部力量对县域乡村转型发展的作用,而每个县域系统可以受到来自多个周边县域的外向力作用。

4.4 县域乡村转型发展路径模式

根据乡村转型发展路径测度模型,分别对 147 个县的 1990 年、2000 年、2010 年、2015 年四个阶段内部和外部主导驱动因素的作用力进行计算。由于县域数量规模较大,本书利用表格的形式表示各县域乡村转型发展路径模型,主要包括不同阶段乡村发展度、转型度、内部与外部影响因素和推力与拉力的大小等(见附录 2)。根据区域邻近分析发现,71.2%的县域与 57 个县相邻,邻县数量为 2 个和 8 个的县域均为 4.1%(见图 4.8)。因此,可以推断京津冀地区的县域邻县数量相对集中,分布比较稳定。

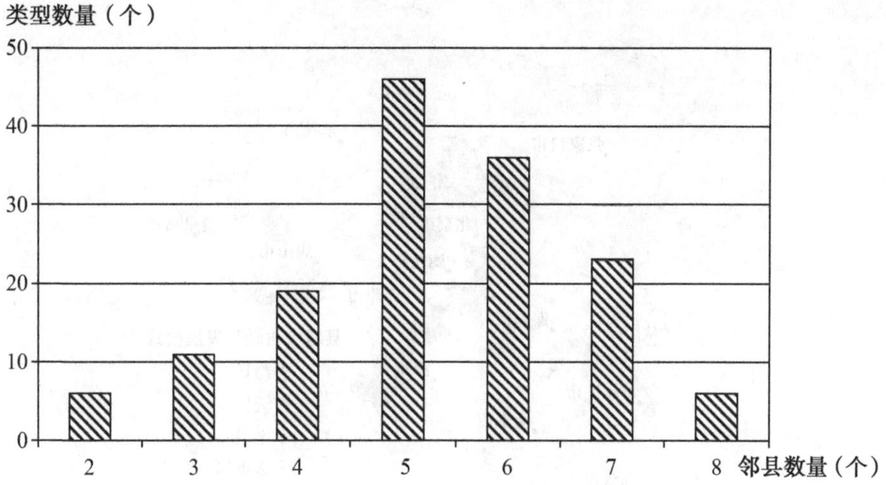

图 4.8　县域邻县数量分布

京津冀地区 147 个县域乡村转型发展路径模型中，内生发展模式、城市带动发展模式和内外结合发展模式的数量分别为 20 个、103 个和 24 个，比重分别为 13.6％、70.1％和 16.3％(见图 4.9)。内生发展模式主要是依靠县域内自身的经济发展条件、自然资源等因素，农民的生活、农业生产等与自身的县域经济发展息息相关，此种类型的县域自身具有较为发达的产业经济，能够促进乡村转型稳定性发展，但是可持续性较低。城市带动发展模式属于周边县域城市带动发展类型，主要依靠周边县域的市场、区位和国家政策等因素作用，其本身经济条件比较落后，由于自身发展动力不足，其县域乡村转型发展稳定性较差，可持续性低。内外结合发展模式是由内部因素与外部因素综合作用形成的，其具有较为丰厚的经济条件、自然资源和交通区位，能够借助区位优势将自身的资源优势转化为最大的经济效益，从而促进乡村转型发展。此类型属于均衡发展类型，在引入城市外部力量的同时，能发挥自身优势条件，稳定持续地发展，也是能够加速实现城乡融合的发展模式。

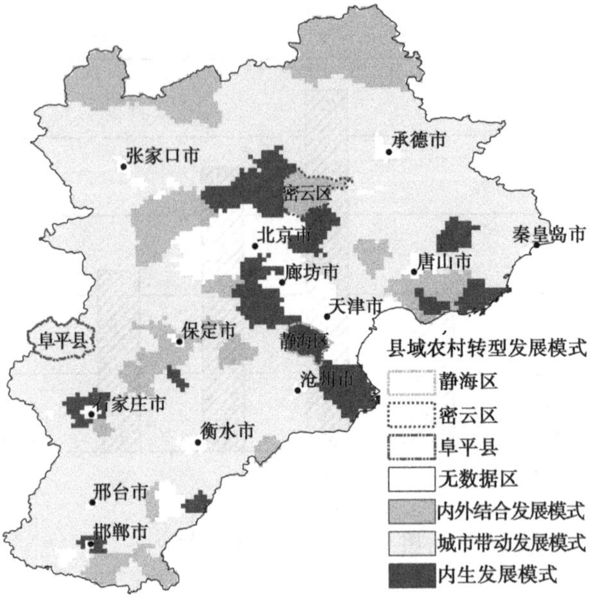

图 4.9　县域乡村转型发展模式与典型案例区

4.5　小结

本章主要介绍了县域乡村转型发展路径的测度模型，利用多元回归分析与通径分析模型探测了乡村转型发展时间演变的主导驱动因子，包含人均财政收入、人均固定资产投入、人口密度、城镇化率，利用地理探测器确定了乡村转型发展空间分异的主导驱动因子，包括耕地密度、高程指数、到城市中心距离、到主要公路距离，此外还包括政策、市场等因素。同时，根据物理学的系统作用原理，将一个县域的乡村转型发展视为单一系统，将周边的县域视为对其发展具有明显影响的外部系统。因此，本书结合欧式距离与引力模型，在"推—拉"理论的基础上，提出了乡村转型发展路径测度模型。

根据模型的要求，分别求出了影响县域乡村转型发展的推力和拉力，结合时间与空间主导驱动因素和外部因素的作用机理，构建 147 个县域的乡村转型发展路径模型。按照推力与拉力的大小，将 147 个县分为内生发展模式、城市带动发展模式、内外结合发展模式，并对这三种县域尺度发展模式的内涵进行界定：内生发展模式以县域内自身社会经济优势、自然资源禀赋为带动力，发展能够维持稳定，但可持续性差；城市带动发展模式属于外部因素主导型，具有较大的发展空间，但是受市场、政策等要素影响，波动性较大；内外结合发展模式是由县域的内部与外部因素综合作用的，拉力与推力均衡发展，县域乡村转型发展具有稳定、可持续的发展态势，是实现城乡融合发展的重要模式。乡村转型发展路径模型的提出，为后续乡村转型发展典型县域的选择奠定了基础，也对村域尺度的转型发展模式的优化具有重要的借鉴意义。

第5章 京津冀地区典型县域乡村转型发展模式研究

根据县域乡村转型发展路径测度结果，本书选取了三种县域乡村转型发展模式对应的典型地区（天津市静海区、河北省阜平县和北京市密云区），分别表示内生发展模式、城市带动发展模式和内外结合发展模式，对三个典型案例区的县域概况、产业经济发展、农村基础设施和农民生活等方面开展问卷调研。通过对乡村转型发展概况及主导驱动因素的作用机理、村域尺度的乡村转型发展特征分析，结合调研问卷获取的农民发展意愿结果，提炼了不同村域的乡村转型发展模式和当前乡村发展存在的主要问题，为县域乡村人口、土地和产业等要素的发展预测、模拟提供参考，对提出科学合理的乡村转型发展模式优化与保障机制具有启示意义。

5.1 典型县域概况

静海区位于天津市西南部，属于华北平原的东北部（见图4.9），是天津市重要的经济发展区。全区总面积为1476平方千米。2015年，常住人口为78.2万人，占天津市总人口的5.06%，城镇化率为48.8%；全年GDP为626.7亿元，占天津市的3.79%，人均GDP为80140.70元；全区共有18个镇（乡、街道办事处）、384个行政村。静海区属于平原地区，全区平均海拔低于10米；耕地面积为105万亩（7万公顷），占总面积的47.43%；全区的农业生产资源优势明显，工业较发达。静海区具有丰富的交通路网，是北上京津、南下华东的重要交通要道。

阜平县位于河北省的西部（见图4.9），地处太行山东麓。全县总面积为

2496 平方千米。2015 年，常住人口为 21.8 万人，占河北省总人口的 0.29%，城镇化率为 34.8%；全年 GDP 为 33.5 亿元，占河北省的 0.11%，人均 GDP 为 15379.90 元；全县共有 14 个镇(乡、街道办事处)、209 个行政村。阜平县属于全山区县，耕地面积为 21.9 万亩(1.46 万公顷)，占总面积的 5.85%，森林覆盖率为 41.07%；全县具有山区、老区、贫困地区“三区合一”的特点，是国家重点贫困县。阜平县耕地资源短缺，县域内交通区位条件差，远离北京、天津、石家庄等大城市。

密云区位于北京市东北部(见图 4.9)，地处燕山山地与华北平原的交接地，属于北京市重要的生态涵养发展区。全区总面积为 2229.45 平方千米。2015 年，全区的常住人口为 47.9 万人，占北京市总人口的 2.21%，城镇化率为 54.7%；全年 GDP 为 226.7 亿元，占北京市的 0.99%，人均 GDP 为 47328.10 元；全区共有 20 个镇(乡、街道办事处)、334 个行政村。密云区属于山区，森林覆盖率达到 72.5%，耕地面积为 26.2 万亩(1.75 万公顷)，占总面积的 7.84%；具有丰富的生态旅游资源和水资源，密云水库也是北京市重要饮用水基地。同时，密云区具有明显的区位优势，距离铁路、公路、机场等交通设施较近，为地区经济发展提供了便利。

5.2　典型县域驱动因素对乡村转型发展作用机理

5.2.1　静海区主导因素驱动作用

天津市静海区的县域乡村转型发展路径属于内生发展模式，对乡村转型发展产生推动作用的要素包括人口密度、人均工业产值、主要公路密度等县域内部的社会经济要素，拉力则来自青县、大城县、文安县、霸州市和黄骅市等县域乡村转型发展系统，空间要素主要有到主要公路距离、到城市中心距离、高程指数与耕地密度指数等(见图 5.1)。

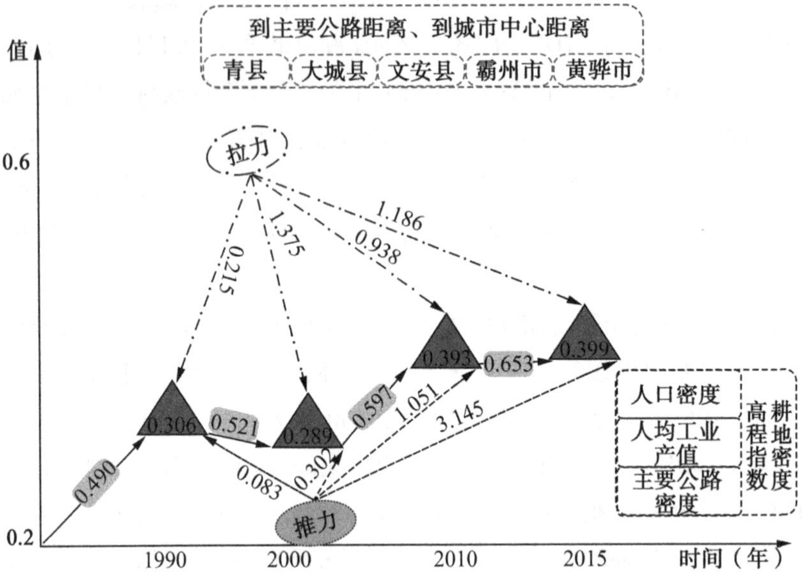

图 5.1　静海区乡村转型发展路径模型

静海区乡村转型度处于中、高等水平，而发展度仍然处于中、低等水平：1990～2015 年，乡村转型度长期处于中等水平，转型度增加的幅度比较稳定(0.490～0.653)；乡村发展度由低等水平转向较低等水平，变化幅度比较平缓，到 2015 年，仍为较低等发展水平。1990～2000 年，静海区的乡村转型发展外部拉力明显高于内部推力，乡村转型发展的外部影响力较大；2010～2015 年，内部推力明显高于外部拉力，对乡村转型发展内生作用加大。拉力的大小呈波动性变化，而推力的大小在逐渐增加(见图 5.1)。由此可以推断，静海区的乡村转型发展是由外力作用转向内力作用，后期内力的作用大小明显高于外力，说明其乡村转型主要依靠内生力作用发展，虽然乡村转型度在提高，但是发展度变化缓慢。静海区同时期的乡村发展度仅低于黄骅市，高于青县、大城县、文安县和霸州市等(见图 5.2)；转型度高于青县、大城县、文安县等，而低于霸州市和黄骅市(见图 5.3)。由此可以发现，静海区的县域乡村转型发展水平明显高于其他地区，外部拉力主要起到了带动作用，对于静海区自身的拉动较弱。最终结果表明，1990～2015 年静海区内部推力均值比外部拉力高 0.217(见附录 2)，属于内生力为主的发展模式。

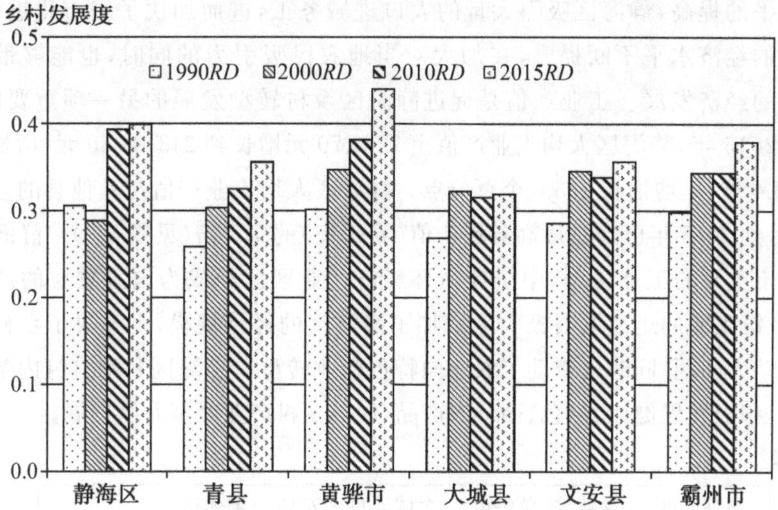

图 5.2 静海区及周边县域乡村发展度

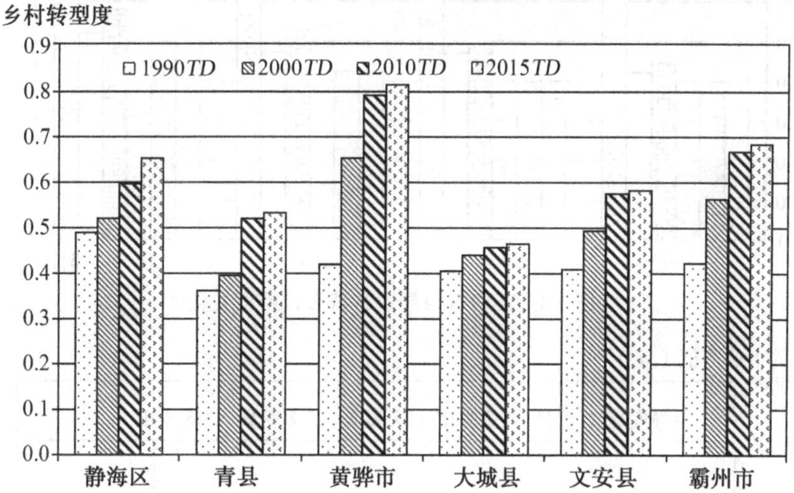

图 5.3 静海区及周边县域乡村转型度

静海区乡村转型发展的时间主导驱动因素为人口密度、人均工业产值和主要公路密度。1990～2015 年，静海区的人口密度由 329.0 人/平方千米增长到 529.9 人/平方千米，人口增长了 61.1%，年均增长 2.4 个百分点(见图 5.4)；2015 年，静海区常住总人口为 78.2 万人，外来人口为 19.4 万人，占总数的 24.8%。与周边县域相比，静海区的人口密度始终处于中等水平，比青县和黄骅市高，比大城县、文安县和霸州市低，但是其增长速度明显高于其他县。随着社会经济发展水平的提高，静海区吸引大量的人口进城务工，进而加快了城市化进程，促进区域的经济水平不断提升，在加大对当地农民吸引力的同时，也能够带动区域农村的经济发展。工业产值是促进静海区乡村转型发展的另一项重要因素。1990～2015 年，静海区人均工业产值由 7282.70 元增长到 243184.30 元，增长为原来的 33.4 倍，年均增长 133.6 个百分点。静海区人均工业产值与其他县的差异逐渐拉大，到 2015 年已经是最高县域产值(霸州市)的 7.6 倍(见图 5.5)。静海区也是天津市重要的工业区，其中子牙循环经济产业区已经成为国家重要的产业园区，其乡镇工业的迅速发展极大地增加了静海区的经济规模，也解决了乡村地区剩余劳动力问题，同时也带动了农业向特色产业转型。静海区利用自身内部的耕地资源，积极发展健康、绿色、循环农产品，促进乡村产业经济升级发展。

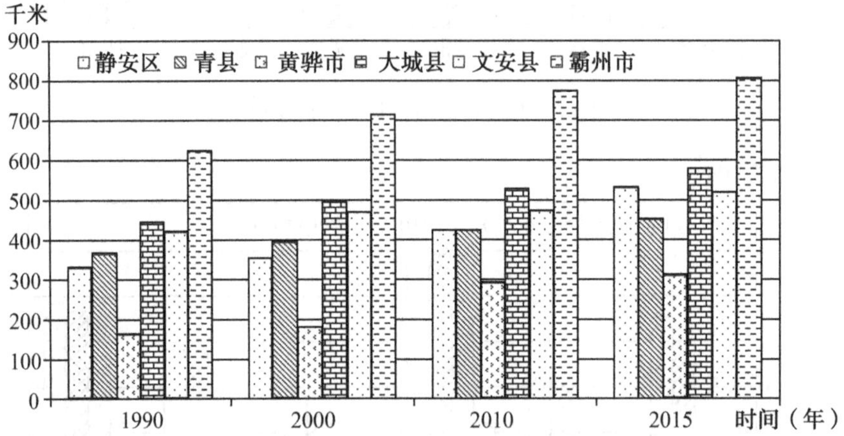

图 5.4　静海区与周边县域人口密度变化

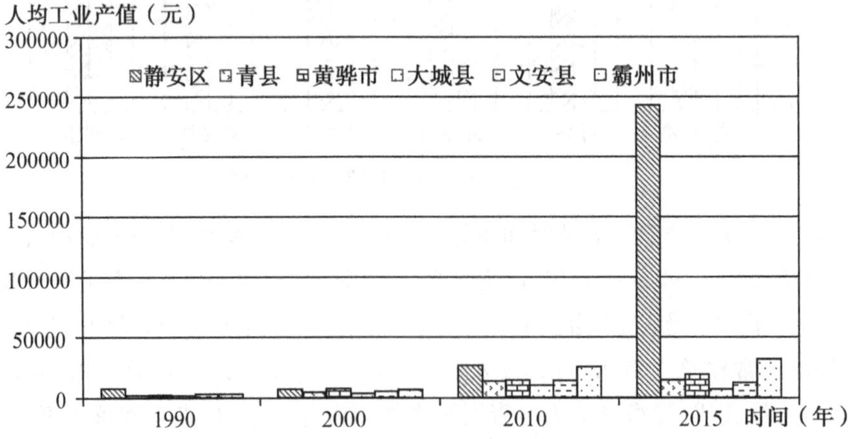

图 5.5　静海区与周边县域人均工业产值变化

从静海区的空间驱动因素分布发现，耕地密度指数包含了 1～10 共十类，由东向西耕地密度指数逐渐增加，且静海区中 66.4％的村域耕地密度指数超过了 80％，东西部的耕地空间分布具有明显差异。静海区的高程指数只包含一类，所有村庄的高程低于 100 米，整个区域属于平原区，海拔较低；到城市中心距离的类型分为 3～6 共四类，由西南部向东北部呈逐级递减状态，其中距离城市中心最近的为 20 千米。从空间上可以看出，静海区所有村庄在不同类型中的分布比较均匀，比重分别为 16.1％、34.4％、45.4％ 和 4.2％。到主要公路距离主要包括 1、2 两类，区域内 97.1％的村庄属于 10 千米范围内。静海区内具有丰富的道路交通网，使得各个村庄能够便于与外界联系（见图 5.6）。因此，通过静海区的空间主导驱动因素分析发现，高程指数与到主要公路距离的空间分异程度较低，而耕地密度指数与到城市中心距离具有明显的差异，这也是促使静海区村域乡村转型发展不同的主导因素。

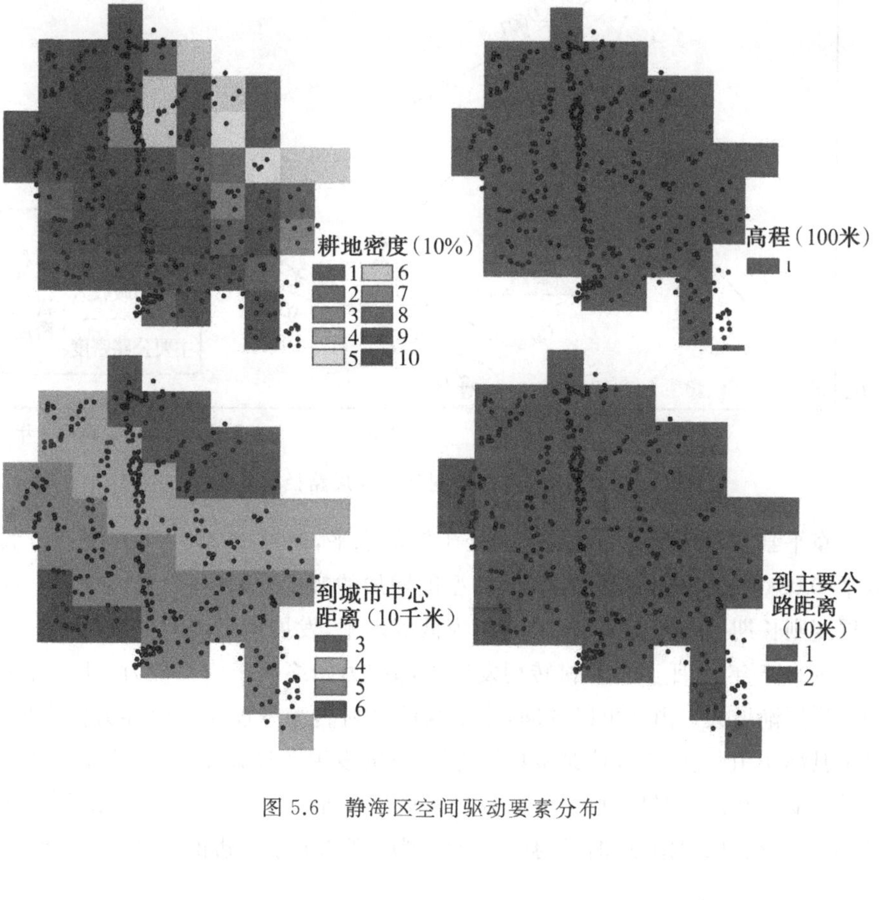

图 5.6　静海区空间驱动要素分布

5.2.2 阜平县主导因素驱动作用

河北省阜平县的县域乡村转型发展路径属于城市带动发展模式，对乡村转型发展产生推动作用的社会经济要素包括县域内部的城人口密度、人均财政收入、主要公路密度等，拉力则来自涞源县、唐县、曲阳县、平山县、灵寿县和行唐县等县域乡村转型发展系统，空间要素主要有到主要公路距离、到城市中心距离、高程指数与耕地密度指数等(见图 5.7)。

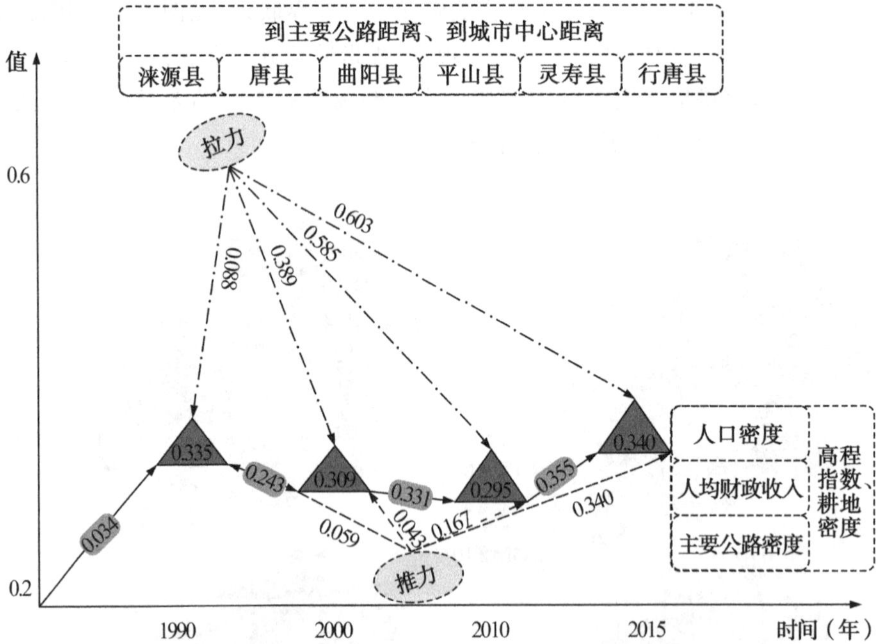

图 5.7　阜平县乡村转型发展路径模型

阜平县乡村转型度与发展度均处于较低水平，1990～2015 年，转型度由低等水平(0.034)转向较低水平(0.355)，转型度增加的幅度逐渐下降(见图 5.8)。乡村发展度则长期处于较低水平，2010 年为低等水平，发展度呈波动变化(见图 5.9)。1990～2015 年，阜平县的乡村转型发展外部拉力始终高于内部推力，且二者之间的差异逐渐增大。由此可以推断，阜平县的乡村转型发展主要由外力作用形成。阜平县属于山区县，与其他典型县相比，自身的发展条件较差，必须依靠外部力量带动发展。在同一时期，阜平县的乡村发展度低于周边的灵寿县、平山县和涞源县，而高于唐县、曲阳县和行唐县；乡村转型度则均低于周边的县域。研究结果显示，1990～2015 年，阜平县乡村转型发展的外部拉力均值比内部推力高 0.233（见附录 2），属于外援力为主的发展模式。因此，1990～2015 年，阜平县的乡村转型主要依靠周边县域的市场带动和国家政策扶持，发展缓慢。

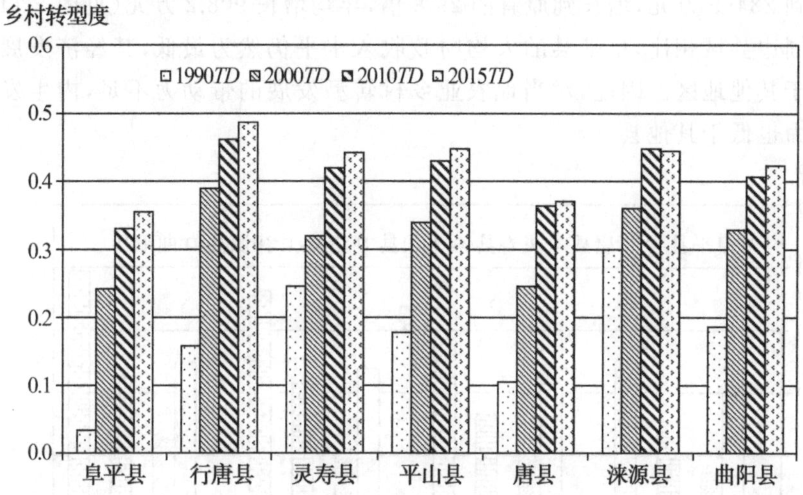

图 5.8　阜平县及周边县域乡村转型度

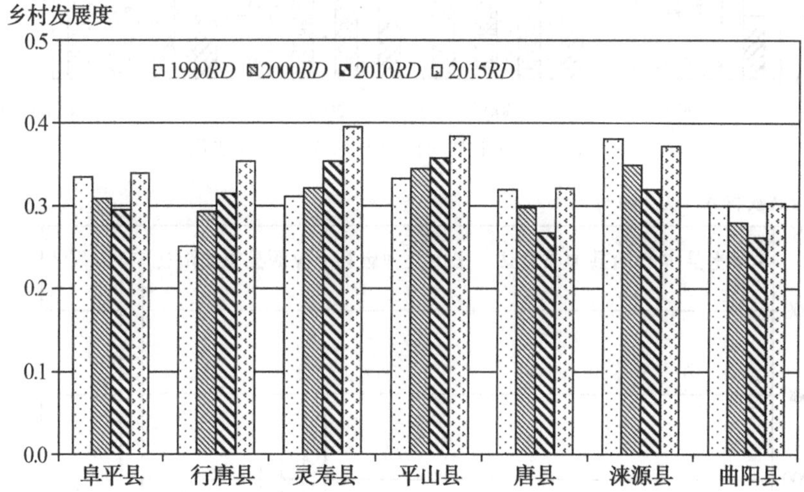

图 5.9　阜平县及周边县域乡村发展度

阜平县的时间主导驱动因素包含人口密度、人均财政收入和主要公路密度，与密云区和静海区相比，乡村转型与发展度水平较低。1990～2015 年，人口密度由 80.1 人/平方千米增长到 92.3 人/平方千米，增长了 15.2%，年均增长 0.6 个百分点，但是人口密度指数依然低于其他县域（见图 5.10）。据初步统计，

2015年阜平县户籍人口为23.05万人，常住人口为21.76万人，外迁人口为1.29万人。主要原因是阜平县区域内经济发展相对落后，大多数农村青年劳动力外出到周边城市务工。阜平县的财政收入水平在1990～2015年由789万元增长到23495万元，增长到原有的29.8倍，年均增长908.2万元(见图5.11)，但是与周边县域相比，阜平县的人均财政收入水平仍然为最低，其经济发展能力落后于其他地区。因此，对当地农业乡村转型发展的带动力不足，内生发展的推动力也低于其他县。

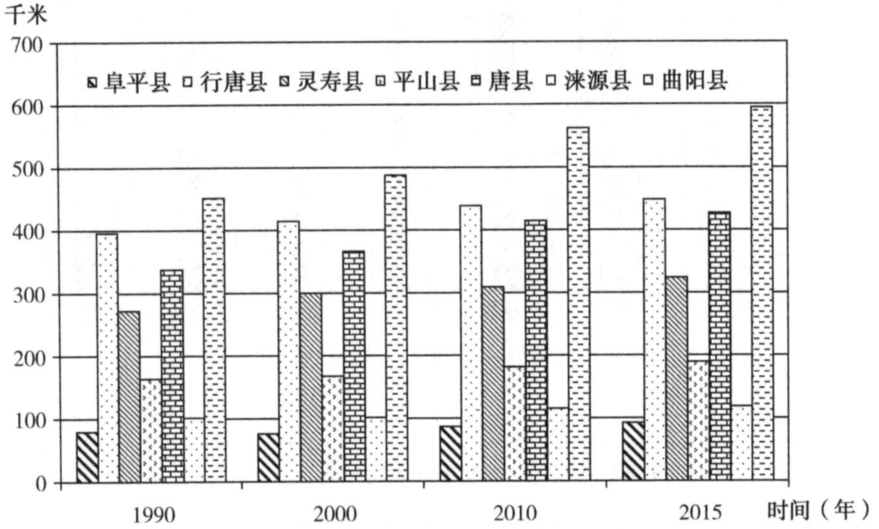

图5.10　阜平县与周边县域人口密度变化

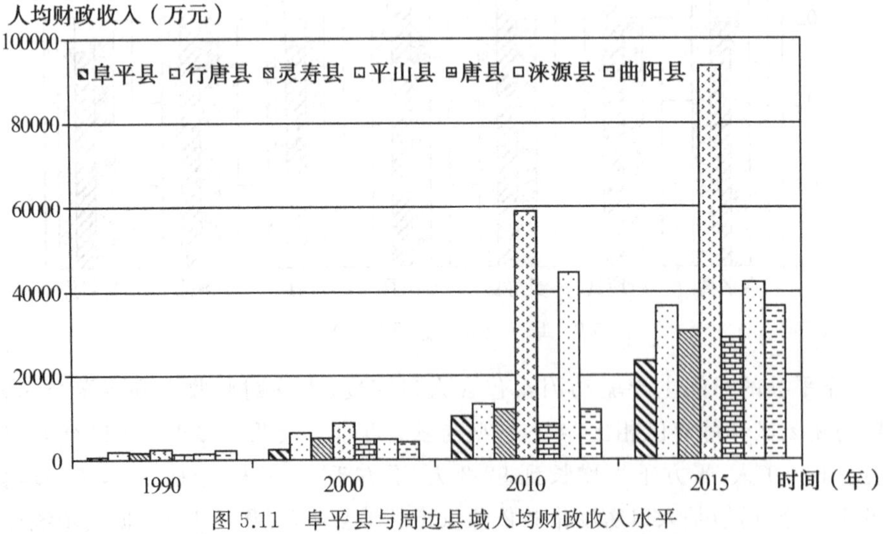

图5.11　阜平县与周边县域人均财政收入水平

在阜平县的空间主导驱动因素中，耕地密度指数主要包括 1～6 共六类，78.7％村庄的耕地密度指数低于 20％，而高于 50％耕地密度指数的村庄主要集中在阜平县的东南地区。高程指数则包含了 3～17 共 15 类，由东向西呈逐渐递减规律分布，最低为 231.2 米，最高为 1641.0 米，东西高程差超过 1000 米，且 66.2％的村庄位于高程低于 600 米的地区。到城市中心距离由东南地区向西北地区逐渐递增，共跨越 6 级类型，但是阜平县依然远离城市中心，最近的距离为 80 千米，最远的距离超过了 120 千米，村庄在县域内的所有等级均匀分布。到主要公路距离由中间地区向两边地区呈逐渐递增规律，共分为 3 种类型（1、2、3），有 61.4％的村庄到公路的距离低于 10 千米，阜平县村庄的交通区位比较便利（见图 5.12）。因此，可以推断出阜平县的空间主导驱动因素包括高程、到城市中心距离和到主要公路距离。同时，虽然耕地密度指数在区域内空间差异性小，但是其资源性短缺也是导致地区与其他县域乡村转型发展差异的重要因素。

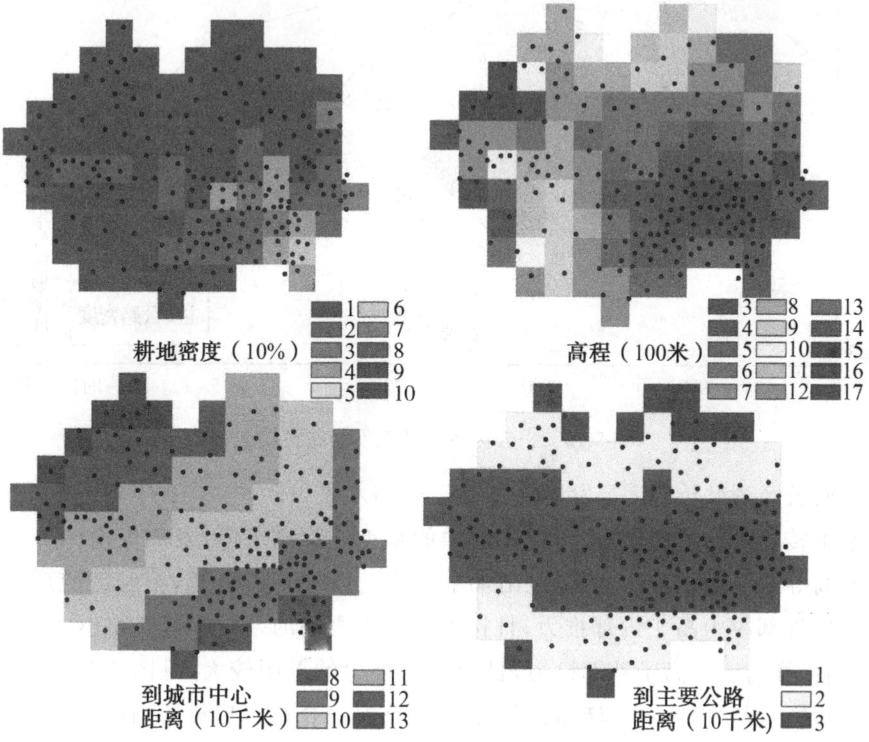

图 5.12　阜平县空间驱动要素分布

5.2.3 密云区主导因素驱动作用

北京市密云区的县域乡村转型发展路径属于内外结合发展模式，对乡村转型发展产生推动作用的社会经济要素包括县域内部的城镇化率、人均财政收入、主要公路密度等，拉力则来自怀柔区、平谷区、滦平县和兴隆县等县域乡村转型发展系统，空间要素主要有到主要公路距离、到城市中心距离、高程指数与耕地密度指数等(见图 5.13)。

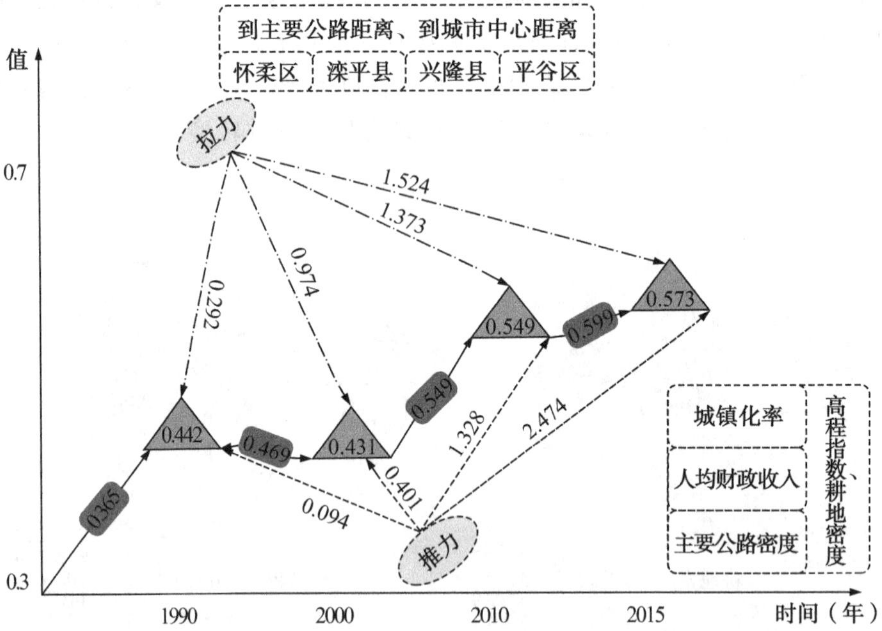

图 5.13 密云区乡村转型发展路径模型

密云区乡村转型度与发展度均处于较高水平，1990～2015 年，转型度由较低水平转向中等水平，但是转型度增加的幅度在逐渐下降；发展度由中等水平转向高等水平，但发展的幅度也出现了下降。1990～2010 年，密云区的乡村转型发展外部拉力高于内部推力，且拉力与推力之间的差距在逐渐缩小，到 2015 年，内部推力明显高于外部拉力，且拉力与推力的差距较大(见图 5.13)。由此可以推断，密云区的乡村转型发展是由内外力综合作用形成的，且内力的作用效果逐渐高于外力。同时，与周边县域的转型度和发展度相比，密云区同时期的乡村发展度低于怀柔区，高于平谷区、兴隆县和滦平县(见图 5.14)；转型度低于怀柔区和平谷区，而远高于兴隆县和滦平县（见图 5.15）。密云区的乡村发展依靠高度发达的县域带动，也能够带动其他低水平县域的发展，其外部拉力具有双向作用。根据研究结果发现，1990～2015 年密云区乡村转型发展的内部推力均值比外部拉力均值高 0.033，低于 0.1，属于内生力与外援力结合的发展模式。

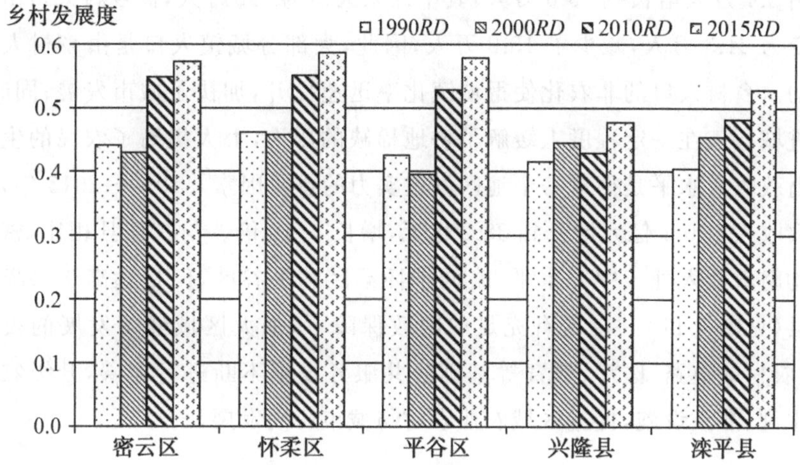

图 5.14　密云区及周边县域乡村发展度

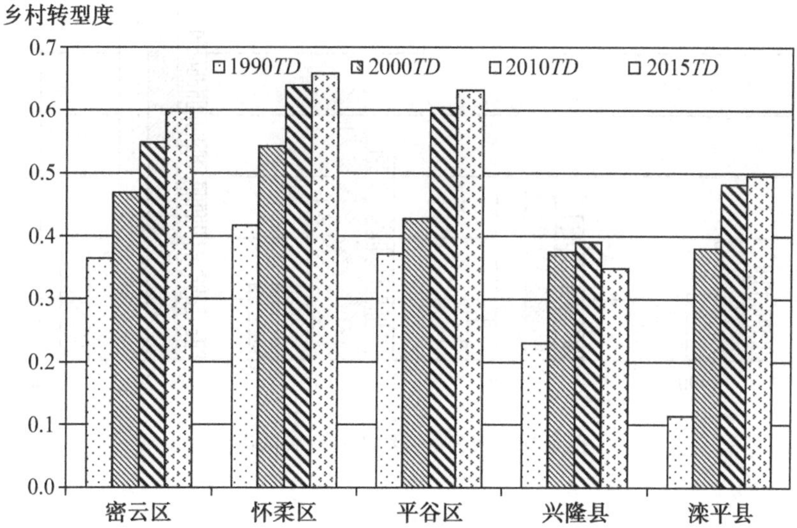

图 5.15　密云区及周边县域乡村转型度

密云区乡村转型发展的时间主导驱动因素为城镇化率、人均财政收入和主要公路密度等。1990～2015年,密云区的城镇化率由15.6%提高到55.5%,人口城镇化快速增长,年均增长了1.6个百分点。与周边县域相比,城镇化率仅低于怀柔区,高于平谷区、兴隆县和滦平县(见图5.16)。其中,城镇人口的主要来源是密云区农村的青壮年劳动力和外来人口。1990～2015年,密云区常住城镇人口由5.4万人增长到26.6万人,其中外来人口为7.1万人,而乡村人口由36.5万人变为21.3万人,减少了15.2万人,因此,大部分城镇人口是由乡村人口转移来的。乡村人口的非农化使得城镇化率迅速提升,加快了城市发展;同时,劳动力进城务工在一定程度上缓解了耕地稀缺的压力,大大提高了农民的生活水平。财政收入水平是衡量一个地区发展实力的重要因素。1990～2015年,密云区财政收入由0.8亿元增长到38.2亿元,增长了48倍。与其他县相比,密云区的人均财政收入处于中等水平,略低于怀柔区和平谷区,但是远高于兴隆县和滦平县(见图5.17)。在具有充足的财政保障下,加大区域经济发展的投入力度,对农村的道路、医疗、教育等基础公共服务设施不断进行完善,升级农业生产的水利、灌溉设施,促进区域农业农村与城市协同发展。

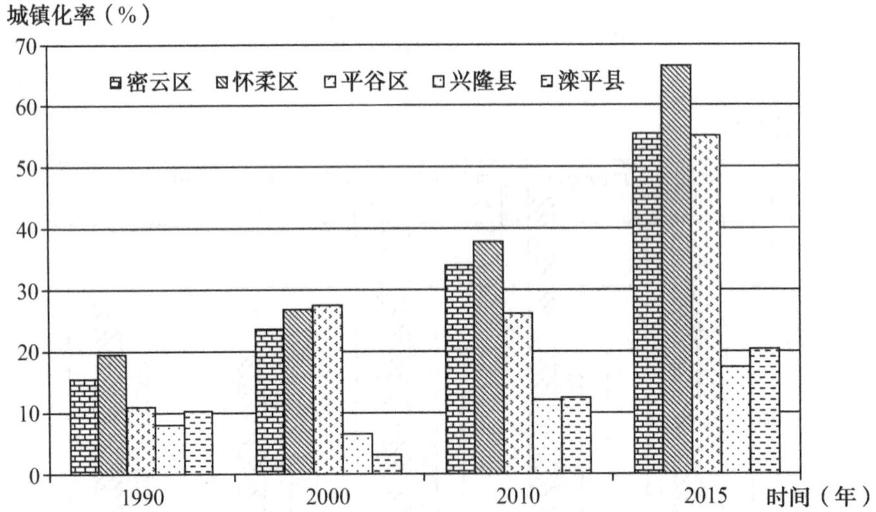

图5.16　密云区及周边县域城镇化率

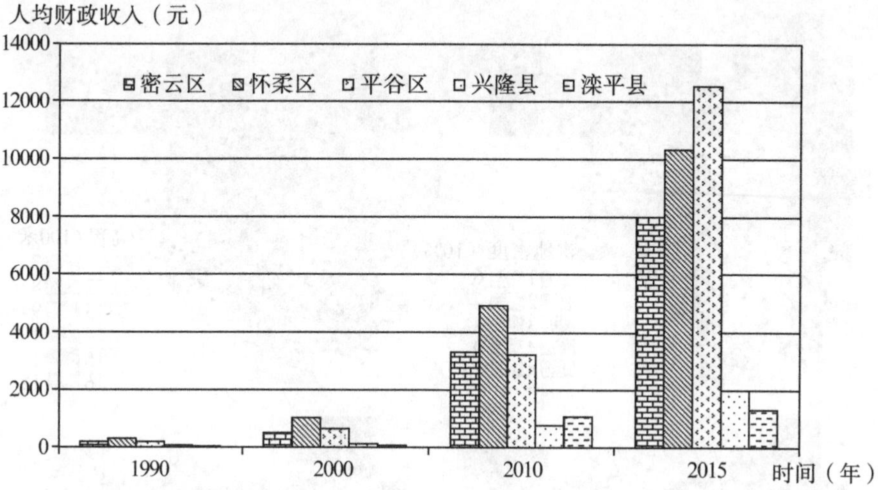

图 5.17　密云区及周边县域人均财政收入

在密云区的空间驱动因素中，耕地密度指数包括 1～10 共十类，40.1%村庄的耕地密度低于 20%，而高于 50%的主要集中在密云区的西南部。高程指数呈现东北、西北两边高、中间低的特性，65.6%的村庄位于高程为 100～400 米的地区。到城市中心的距离呈西南地区向东北地区由中间高向两边阶梯式递减(6—7—8—9—10—9—8—7—6)，各类型中村庄空间分布相对均匀，6、7、8、9 和 10 类村庄的比重分别为 17.1%、25.4%、25.4%、29.0%和 3.0%，说明密云区边缘的村庄距离城市中心更近，实际距离依然较远，最近为 50 千米。到主要公路距离呈西北向东南递减，主要包括 1～4 共四类，73.4%的农村位于到主要公路 10 千米的范围内(见图 5.18)。因此，密云区村庄的高程、到城市中心距离、到主要公路距离等空间要素分布差异性较大，为影响县域内乡村转型发展的空间主导驱动力。

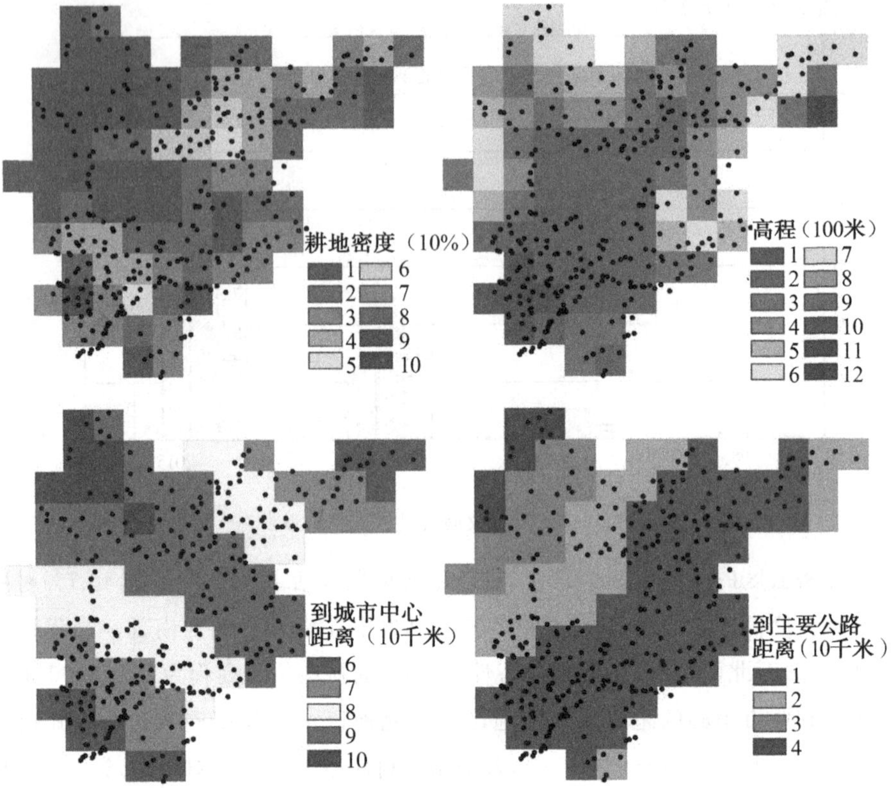

图 5.18　密云区空间驱动要素分布

5.3　不同类型的乡村转型村域发展模式

5.3.1　村域转型发展模式划分依据

本书通过对获取的典型县域乡镇的社会经济数据中农村劳动力的非农就业比重(PT)、城镇工矿建设用地占土地面积的比重(LT)、非农业产值占GDP的比重(IT)，根据区位理论中远离中心城镇的经济发展水平相对较低，进行反距离加权(IDW)插值法，获取分辨率为100米的社会经济栅格数据，并根据转型度测算模型[公式(3-4)]得到了不同栅格乡村转型度，然后利用乡村空间位置获取对应村庄的转型度、空间驱动要素值。

通过将乡村转型度、乡村空间驱动要素与农村的人口、土地和产业置于同一坐标系统中，以乡村转型度进行排序，分析不同转型发展程度的农村的空间驱动要素与人口、土地和产业的波动变化。根据各要素变化，通过聚类分析，划分乡村转型发展类型，按照“人口、土地或产业变化＋转型发展度”的形式命名。结合调研不同区域的乡村中人口、土地、产业发展状况与主导要素的驱动作用，提炼不同类型村域尺度的乡村转型发展模式，从村域尺度分析不同要素作用下的乡村转型发展中当前存在的主要模式和主要问题，为新时期乡村转型发展模式优化与保障体系构建提供科学决策支撑。

5.3.2 内生发展模式——静海区

静海区的行政村共有 384 个。根据静海区县域的乡村转型发展时空驱动因素分析结果，人口密度、人均工业产值、耕地指数和到城市中心距离是影响静海区 1990～2015 年乡村转型发展的主导驱动因素。静海区的乡村转型度变化范围为 0.01～0.83。按照空间聚类分析，将静海区当前乡村转型发展类型划分为：快速产业与人口—低水平转型发展(A)，波动产业与人口—低水平转型发展(B)，快速产业—低水平转型发展(C)，快速产业—较低水平转型发展(D)，快速土地与人口—中、高等水平转型发展(E)等五种类型(见图 5.19)。

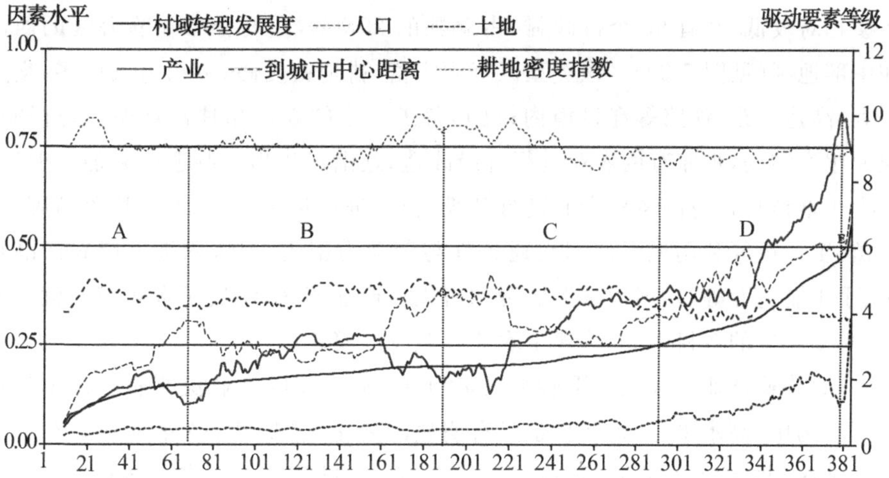

图 5.19　静海区村域发展模式

(1)快速产业与人口—低水平转型发展(A)。该类型的乡村人口与产业转型水平较低,随着人口与产业要素水平的增加,转型度也在提高,说明产业与人口是乡村转型度变化的主要推动要素,共有66个行政村,占总数的17.2%,主要集中在静海区的南北周边地区(见图5.20)。区域内耕地资源丰富,海拔低,适宜农业生产发展。到城市中心距离较远,城市带来的经济区位和公共设施辐射程度较低。区域内的交通道路网分布广泛,便于农产品的运输。区域内人口与产业的非农化水平较低,乡村以农业生产种植为主。如台头镇的西瓜、棉花和中旺镇的蔬菜大棚等已经形成了当地独具特色的农产品市场,通过发展特色农业极大地发挥了该区域资源优势,促进了区域农业经济发展,形成了特色农业发展模式。

(2)波动产业与人口—低水平转型发展(B)。此类型的人口与产业转型有一定提升,但是二者交替变化,即产业转型增长,而人口转型降低,导致乡村转型度增长缓慢,共有124个行政村,占总数的32.3%,主要集中在静海区的南部地区(见图5.20)。该区域交通便利,设施配套齐全,耕地资源丰富。同时乡村远离城市中心,属于远郊区,生态环境条件较好,具有丰富的水资源。区域内产业与人口非农转型处于较低水平,乡村仍以农业种植为主,但是部分人口外出务工,同时利用地区特色发展第二产业和第三产业。如唐官屯镇、杨成庄乡等充分利用地域优势发展休闲观光产业,将农业、旅游业和服务业结合起来,带动了当地农村经济发展,形成了休闲农业发展模式。

(3)快速产业—低水平转型发展(C)。此类型产业转型水平不断提升,人口转型相对较低,共有98个行政村,占总数的25.5%,主要分布在静海区的西部和中部地区(见图5.20)。该类型区资源丰富,耕地密度高,劳动力人口多;交通便利,高速公路、铁路等穿过境内;已具备了一定的农产品种植规模,通过调整农业生产结构,将原有的农业进行升级改造,逐渐衍生出了制造业和加工业等。如大丰堆镇将自身的冬枣产业进行升级调整,进一步深加工,形成特色品牌;子牙镇、王口镇等利用地区便利交通条件与劳动力密集优势,积极发展农产品加工、手工制造业等,发展地区形成劳动密集型产业园区,解决了青年劳动就业问题,带动区域的乡村发展,构建了农业升级发展模式。

(4)快速产业—较低水平转型发展(D)。此类型的产业快速非农化由较低水平转为中、高水平,土地转型也具有明显的变化,主要集中在静海区的东部和北部地区,共有90个行政村,占总数的23.4%(见图5.20)。借助便利的交通区位、地理区位和丰富的耕地资源、水资源优势,该类型区重点发展规模企业,建立大型工业园区，带动区域内农民就业的同时也吸引了大量的外来人口就业。该区域也是静海区的科技核心区，建设了大量的生态园区，发展现代农业，本地农民也逐渐由农业人口转为城镇人口。静海镇有静海经济开发区、团泊风景区、天宇科技园、恒泰科技园、子牙环保产业园、城区商贸住宅区、天马方舟都市生态农业观光园等 7 个县级重点区域和 12 个乡镇工业小区；大邱庄镇则主要以钢管产业集群名镇而闻名全国，通过乡镇工业的发展加快了农村人口、产业和土地的非农化速率，形成了乡镇工业发展模式。

(5)快速土地与人口—中、高等水平转型发展(E)。此类型产业非农化转型降低，但人口和土地要素的非农化程度较高，主要包含团泊镇的 6 个行政村，占总数的 1.6%(见图 5.20)。该类型区为新型城镇化综合试点地区，受国家政策影响，结合自身自然环境与资源优势，大力构建新型城镇区；开发团泊湖旅游景区，建立生态环境保护区，打造特色旅游景区，同时区域内建设完善的教育、医疗、文化等设施，形成了新型的城镇发展模式。

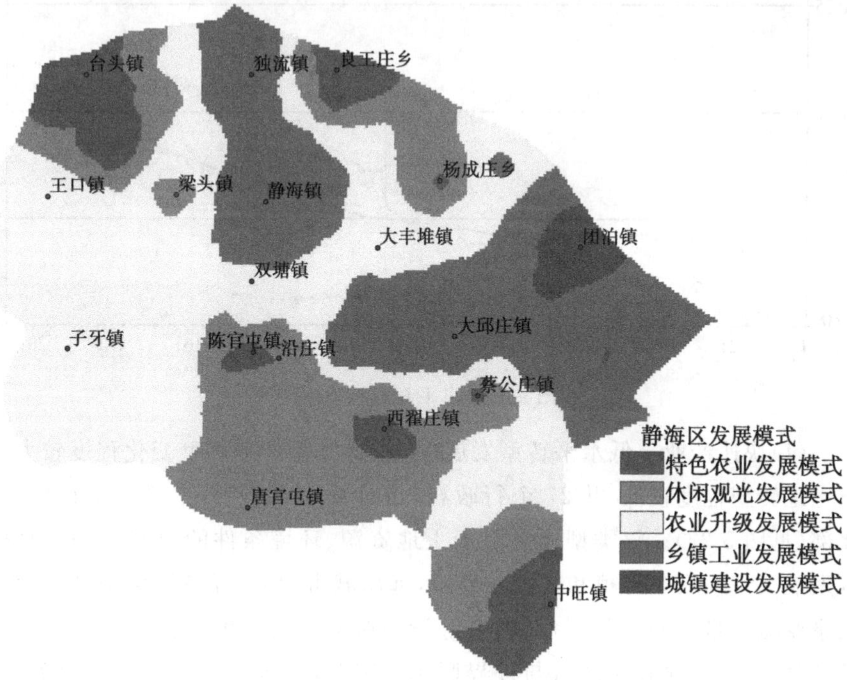

图 5.20 静海区村域发展模式空间分布

5.3.3 外部城市带动发展模式——阜平县

阜平县的行政村共有209个，根据阜平县乡村转型发展的时空驱动因素分析结果，人口密度、人均财政收入、高程指数、到主要公路距离和到城市中心距离是影响阜平县1990～2015年乡村转型发展的主导驱动因素。阜平县的乡村转型度变化范围为0.02～0.66。根据以上驱动因素，按照空间聚类分析，将阜平县当前乡村转型发展划分为：快速产业—低水平转型发展(A)、快速人口与产业—低水平转型发展(B)快速人口、产业与土地—较低水平发展(C)、快速土地—中等水平转型发展(D)等四种类型(见图5.21)。

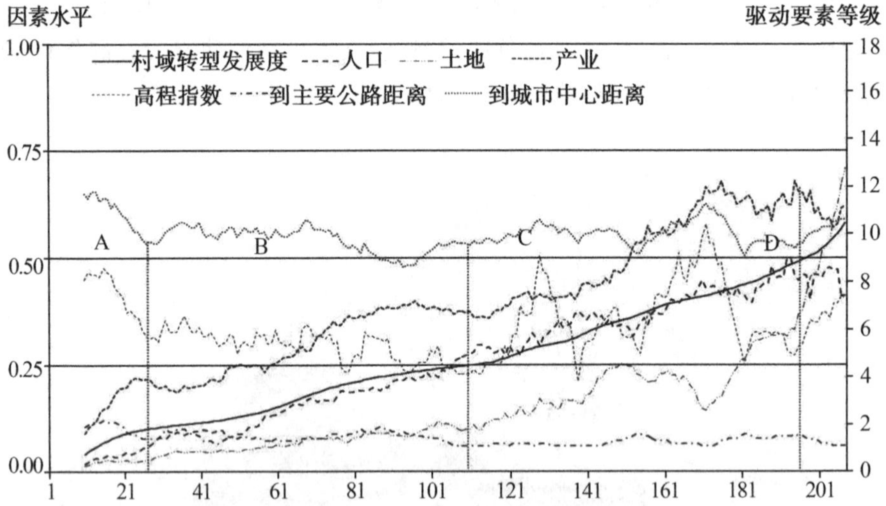

图5.21 阜平县村域发展模式

(1)快速产业—低水平转型发展(A)。此类型产业转型变化程度较大，人口与土地转型程度较低，共27个行政村，占总数的12.9%，主要集中在阜平县的北部(见图5.22)。该类型区受限于土地资源、环境条件的限制，原有的农村难以发展大规模农业种植和畜牧业养殖，远离城市中心，经济区位条件差，乡村居民享受城市带来的公共医疗、教育等设施服务辐射程度较低。但是，其交通地理条件较好，方便农村区域与外界联系。因此，该区域以劳动力外出务工发展为主，如吴王口乡、史家寨乡、大台乡等，多数年轻劳动力可以借助便利的交通到县城或者周边城市务工，形成了劳务输出发展模式。

(2)快速人口与产业—低水平转型发展(B)。此类型的人口与产业转型同步增加，土地转型依然处于低水平，主要集中在阜平县的东部和东北地区（见图 5.22），共 82 个行政村，占总数的 39.2%。该类型的海拔相对较低，耕地资源相对丰富，适于农作物种植；在低丘陵地区，具有良好的光照条件，水源充足，适宜水果产业发展；具有较好的交通区位条件，便于农产品的运输。此类型区的乡村主要以种植特色农产品为主，辅以小型加工业，解决了农民的就业问题。如北果园乡、夏庄乡、平阳镇等地区，主要种植香菇、苹果、大枣等，逐渐形成了特色农产品发展模式。

图 5.22　阜平县村域发展模式空间分布

(3)快速人口、产业与土地—较低水平发展（C）。此类型的产业、人口和土地非农转型均呈现为波动性增长，主要集中在阜平县的西部和中部地区（见图 5.22），共有 87 个行政村，占总数的 41.6%。该区域多为丘陵山区，耕地资源稀缺，具有良好的生态环境。由于阜平县为老革命区，山水秀丽，易于发展旅游产业。同时，便捷的交通环境促使阜平县成为沟通山西、河北、山东等地区的重要通道，可为过往车辆提供便利服务，这也吸引了大量的游客。该区域乡村发展主要以借助自身丰富的资源发展特色旅游产业，同时衍生出农家乐等休闲产业为主。如城南庄镇的晋察冀边区革命纪念馆和天生桥镇的瀑布群等建设了大量的旅游景区和农家乐，推动了土地快速非农化，由此形成了休闲旅游发展模式。

(4)快速土地—中等水平转型发展(D)。此类型的产业与人口转型程度较高,变化缓慢,土地转型程度变化较大,主要集中在阜平中部地区(见图 5.22),共有 13 个行政村,占总数的 6.2%。乡镇具有发达的第二产业和第三产业,促使大量的农村人口进城务工并迁入城镇居住。同时,经济的快速发展促使乡镇建设用地规模增大,也带动周边乡村地区的经济发展。由于距离县域或乡镇中心较近,道路交通条件发达,乡村地区享受的公共服务更加便利。由此,该类型区形成了阜平镇、城南庄镇和天生桥镇 3 个中心城镇区,属于城镇扩张发展模式。

5.3.4 内外结合发展模式——密云区

密云区的行政村共有 334 个,根据密云区域乡村转型发展的时空驱动因素分析结果,城镇化率、人均财政收入、高程指数、耕地密度指数、到主要公路距离和到城市中心距离是影响密云区 1990～2015 年乡村转型发展的主导驱动因素。密云区的乡村转型度变化范围为 0.01～0.89。按照空间聚类分析将密云区当前乡村转型发展划分为:快速人口、产业与土地—低水平转型发展(A),快速人口—较低水平转型发展(B),快速产业与人口—较低水平转型发展(C),快速人口、产业与土地—中等水平转型发展(D),快速人口与产业—中、高等水平转型发展(E)等五种类型(见图 5.23)。

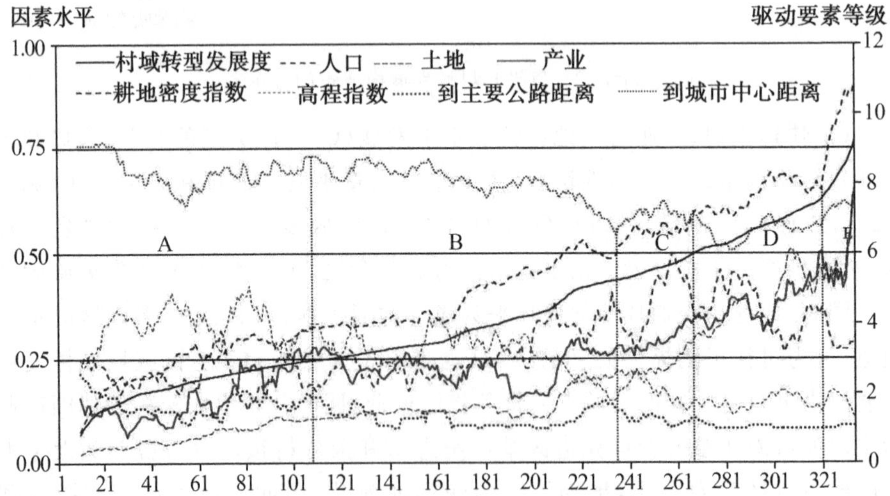

图 5.23 密云区村域发展模式

(1)快速人口、产业与土地—低水平转型发展(A)。该类型乡村的人口、土地、产业转型发展程度均呈现稳定增长趋势,但是主要处于低水平状态,共有110个行政村,占总数的32.9%,主要集中在密云区的北部、东部和南部边缘地区(见图5.24)。该区域远离城市中心,但是具有发达的道路交通网。大部分区域位于海拔较高的地方,以山地为主,耕地资源稀缺,具有良好的生态环境和旅游资源,适于发展生态旅游产业。如冯家峪镇、不老屯镇和石城镇等均位于密云水库的周边,被密云区规划为水域生态保护区,生态环境优美,森林覆盖率高,可充分利用自然资源大力发展旅游业,带动周边乡村的绿色食品观光园同步发展;密云区南部边缘区的大城子镇具有较多的文化遗址,以此为契机逐步开展特色文化旅游,也促使水果产业进一步发展。因此,该类型区主要以生态旅游发展模式为主。

(2)快速人口—较低水平转型发展(B)。该类型乡村非农产值比重较低,以农业生产为主,土地非农化程度较低,人口非农化程度较高,共有123个行政村,占总数的36.8%,主要集中在密云区的中部地区(见图5.24)。该区域耕地资源较少,海拔较高,以丘陵为主;具有丰富的交通道路网,是连接北京与内蒙古的重要通道,便于运输。该区域以发展水果、养殖业为主,部分农民也通过外出打工,增加收入。如太师屯镇红薯种植业和奶牛、肉羊养殖产业,政府积极调整产业结构,推广绿色生态农业发展,通过加强技术与管理投入,对农产品深加工,形成自身优势品牌,成为绿色农业发展模式。

(3)快速产业与人口—较低水平转型发展(C)。该类型乡村产业转型度略有提高,但是仍以人口转型为主,已经达到了中、高等水平,主要集中在密云区城中心的周边地区(见图5.24),包括31个行政村,占总数的9.3%。该类区域的海拔较低,地势平坦,耕地资源相对丰富,适于发展传统农业;交通便利,距离城市中心较近,可以对农产品进行深加工,以推广到更广阔的城市消费市场,提高农民收入。该类型区利用科学技术以生产高端农产品为主,打造现代都市农业发展模式。如西田各庄镇主要通过引进先进技术,对核桃、食用菌、中草药等农产品进行改造提升,形成精品农业、科技农业、商品农业,产品主要运输到北京、天津等城市中心销售。

(4)快速人口、产业与土地—中等水平转型发展(D)。该类型乡村土地、产业、人口的非农转型程度较高,尤其是土地变化幅度较大,共有53个行政村,占总数的15.9%(见图5.24)。该类区域耕地密度指数较低,海拔较低,地势平坦,适于产业发展;位于中心城镇周边,具有便利的交通资源,利于投资发展。该类型区是一种新型乡村发展模式:以新农村建设为主,在政策支持下,积极引进外资,建设新型现代化农村,全面提升乡村的教育、文化、医疗卫生等服务设施,发展绿色环保产业,构建了和谐协调发展的乡村。如密云区的溪翁庄镇和河南寨镇通过新型农村的建设,使得农民生活、农业生产和农村生态的三生空间得到了极大的改善。

(5)快速人口与产业—中、高等水平转型发展(E)。该类型乡村的人口、产业和土地非农化转型程度已达到中、高水平,共有 17 个行政村,占总数的5.1%。该类型区的交通与经济区位优势明显,地势平坦;人口、产业密集程度较高,城镇化率较高。与阜平县的中心城镇发展相似,不断扩张占用周边乡村地区土地,促使农用地转为建设用地;同时,快速城镇化也促进了产业的发展,城镇地区的工业转移到周边乡村[249],为乡村劳动力提供了大量的临近就业机会,也吸引大量的外来人口就业。由此,形成了以溪翁庄镇和古北口镇等为中心城镇的两极城镇扩张发展模式(见图 5.24)。

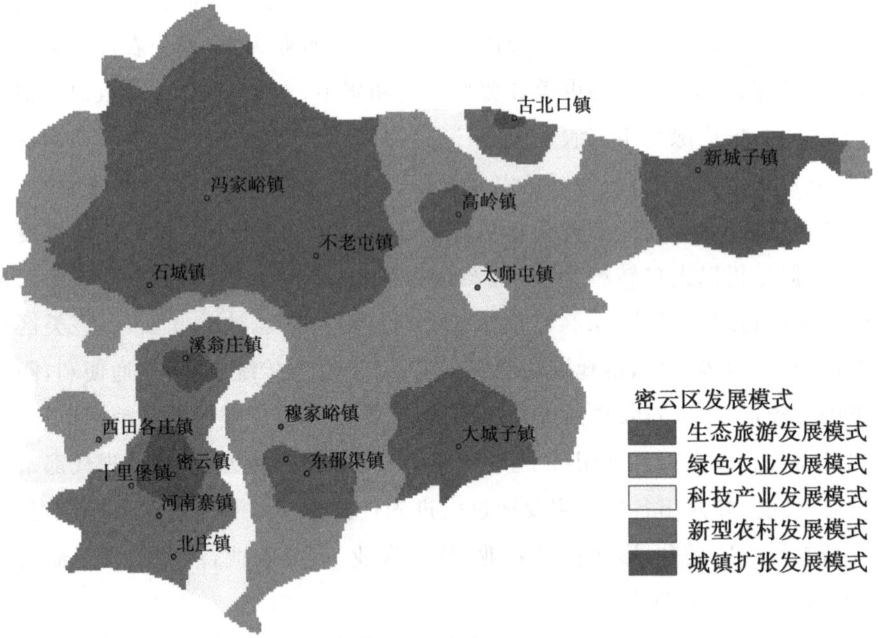

图 5.24　密云区村域发展模式空间分布

5.4 典型县域农户发展意愿调查分析

根据问卷调研，对阜平县、静海区和密云区三个典型案例区农民的生产发展、生活需求等意愿分析发现，县域经济水平的巨大差异导致农户对现有生活水平的满意程度具有较大的差异：阜平县的调研农户中，有14.3%的农户对目前生活状况不满意，而静海区和密云区的比重分别为1.4%和1.2%（见图5.25）；阜平县对生活状况不满意的农户主要集中在住宅和就业工作方面，而静海区和密云区则主要为就业工作方面。因此可以看出，调研农户对就业的需求力度较大。

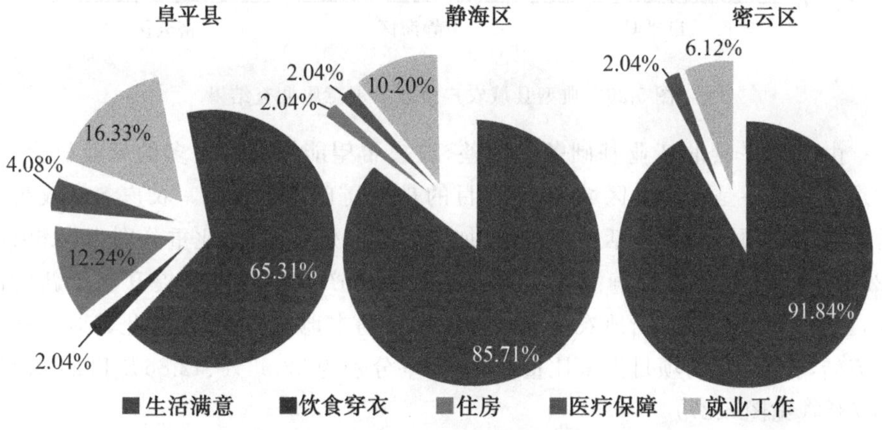

图5.25 典型县域农户生活满意状况调查结果

三个典型案例区的农户对未来生产就业发展的需求意愿调研的结果也存在较大的差异。阜平县的农户更加偏向于资金扶持和加工制造业的引进，比重分别为44.90%和38.78%（见图5.26），希望能够通过提供更多的就业机会来增加收入水平；静海区的农户则主要倾向于由生产制造业转向深层次的技术产业发展，比重为67.35%，希望拓宽销售渠道，扩大发展规模，来实现产业稳定、持续的发展；密云区的农户则希望能够加强旅游服务业的发展和政策引导，比重为51.02%，通过进一步升级非农产业比重，来实现农民稳定增收，同时可以就地就业，避免外出务工。

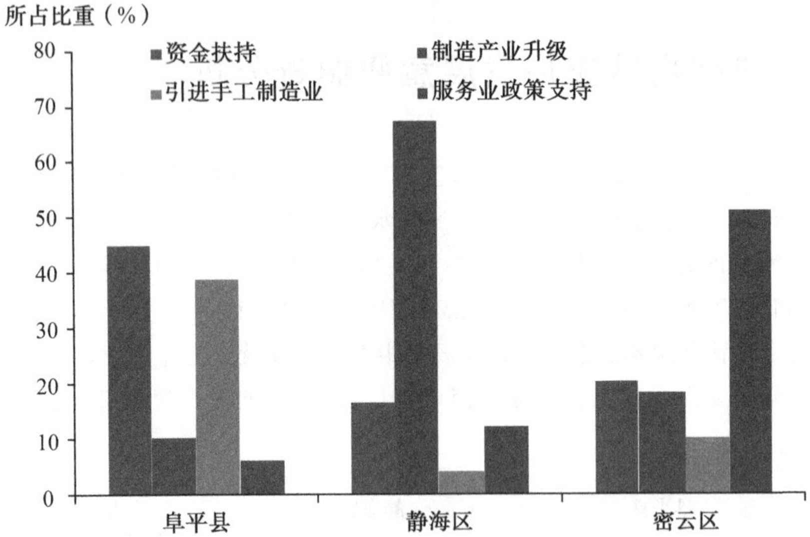

图 5.26 典型县域农户就业发展意愿调查结果

由于阜平县的产业基础条件较差,农户希望能够获取更多的就业机会,无论是在外地还是在本县区域内,主要目的是提高自身的收入。农户希望改善生活而参与的项目主要包括外出就业、加工厂和养殖合作社,比重分别为34.69%、22.45%和20.41%。而静海区与密云区的县域产业发展已经提升到了新的高度,工商业发展迅速,当地农民能够得到充足的本地就业保障,因此其对加强土地流转与加工厂的项目需求比重较高,比重分别为32.65%、42.86%和24.49%、36.73%(见图5.27)。

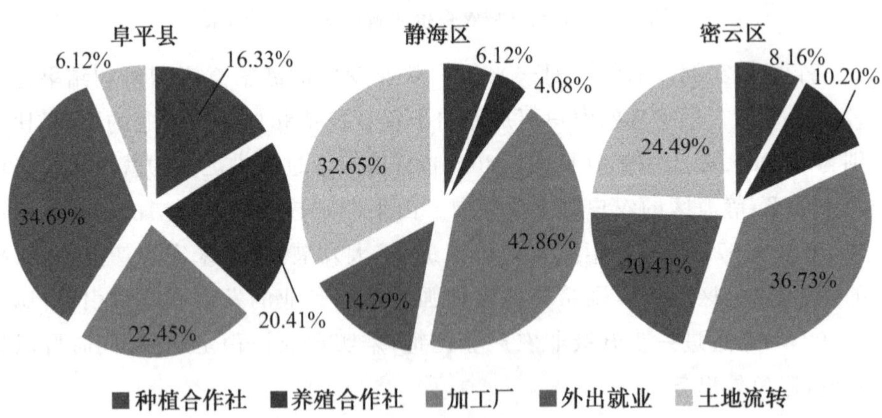

图 5.27 典型县域农户意愿参加就业项目类型调查

总结调研分析结果可以发现，三个案例区对当前的生活状态满意状况存在较大的差异，县域经济发展较差的地区不能满足农民在生活方面的需求，主要原因是农民无法得到充足的就业机会，收入水平与城市居民差距较大；对于农村第二产业、第三产业的发展意愿较强，同时希望能够提供更多的就业机会，这也从侧面反映了该区域内存在剩余劳动力问题。而经济较为发展的县域对生活状态的满意度较高，主要从工作和生产环境角度出发，希望获取更多便利的工作机遇，提高生活、工作质量。在不同类型区的农户、乡村发展状况进行调研，同时提出农民发展意愿诉求分析，能够为后期京津冀地区乡村转型发展模式优化提供参考和启发。

5.5 小结

通过对京津冀地区的静海区、阜平县和密云区等三个典型县区的乡村转型发展特征、驱动因素的作用机理及其空间分布分析，进一步阐释了村尺度的乡村转型发展模式。静海区、阜平县和密云区分别表示县域乡村转型发展中的内生发展模式、城市带动发展模式和内外结合发展模式。静海区耕地资源丰富，自身具有丰富的交通道路网，其社会经济发展条件成熟，区域可以充分发挥自身优势带动乡村转型发展，促使当地农村的产业经济发展水平加快提升；阜平县耕地资源稀缺，主要以山地为主，远离主要城市，政策辐射度低，内部资源优势未能充分发挥，乡村的转型发展主要依靠国家政策扶持与外部市场带动；而密云区虽然处于山区，与阜平县自然条件相似，耕地资源短缺，但是充分利用区位优势与旅游资源发展服务旅游业，带动当地乡村转型发展。

比较三种不同的县域乡村转型发展模式发现，以人口、土地、产业为主要素形成的村域发展模式，受制于环境与政策等而存在明显差异。人口要素主导的为劳务输出发展模式，土地要素主导的为城镇扩张发展模式，产业要素主导的为特色农业发展模式、农业升级发展模式和科技产业发展模式等；产业、土地要素主导的为休闲旅游发展模式和乡镇工业发展模式；人口、土地、产业综合要素主导的为城镇建设发展模式和新型乡村发展模式（见表5.1）。但是，单要素主导的乡村发展模式不稳定，缺乏可持续性。劳务输出发展模式受制于就业市场的需求，外出务工人员的人权分类、权益无法得到充分保障；农产品为主的发展模式则受制于消费市场，当缺乏政策导向后，农民的销售利益无法得到保障；土地要素为主的发展模式具有偏向性，主要适于城市郊区乡村，但是其征地产生的巨额利益对于农民仅是一时利益,无法保障发展的可持续性。同时,由于部分乡村转型发展模式的人口、土地和产业要素的空间、组织结构不完善,产生了严重“乡村病”:劳务输出模式致使乡村空心化程度加重、农业生产主体老弱化;以传统农业发展模式为主的乡村逐渐落后其他地区,转向贫困化;大规模的工业、企业引入乡村,导致了土地要素的快速非农化,同时由于缺乏科学的生态环境安全防护措施,导致更多的乡村环境受到严重污染,出现水源富营养化、土壤酸碱化等。因此,优化乡村转型发展模式,建立适宜不同类型区乡村发展的综合模式是实现乡村振兴、促进城乡融合发展的重要途径。

表 5.1　典型县域乡村转型发展模式比较

内容		阜平县	静海区	密云区
县域乡村转型发展模式		城市带动发展模式	内生发展模式	内外结合发展模式
外力来源		涞源县、唐县、曲阳县、平山县、灵寿县、行唐县	青县、大城县、文安县、霸州市和黄骅市	怀柔区、平谷区、滦平县、兴隆县
主要特征		耕地资源稀缺、生态环境优美,政策带动性弱	耕地资源丰富、交通便利,地势平坦	耕地资源稀缺,山区为主,旅游资源丰富,政策带动性强
内力来源	时间驱动要素	人口密度、人均财政收入	人口密度、人均工业产值	城镇化率、人均财政收入
	空间驱动要素	高程指数、到主要公路的距离、到城市中心距离	耕地指数、到城市中心距离	高程指数、耕地密度指数、到主要公路距离、到城市中心距离
村域转型发展模式		劳务输出发展模式、特色农业发展模式、休闲旅游发展模式、城镇扩张发展模式	特色农业发展模式、休闲观光发展模式、农业升级发展模式、乡镇工业发展模式、城镇建设发展模式	生态旅游发展模式、绿色农业发展模式、科技产业发展模式、新型乡村发展模式、城镇扩张发展模式
主导产业		种植业、手工业	制造业、重工业	绿色农业、旅游业、信息服务业

第6章　基于功能区划的乡村转型发展要素模拟预测

研究发现，2015年京津冀地区县域乡村高等水平发展度的比重为37.4%，而县域高等水平转型度的比重仅为2.0%，92.5%的县域乡村转型发展仍然处于磨合耦合阶段。因此，大部分县域的乡村转型发展依然处于低水平阶段，未来五年乃至十年仍然是京津冀地区县域乡村转型发展的重要时期。利用乡村发展度、转型度与耦合度划定京津冀地区的县域乡村发展功能区，并基于划定的功能区对乡村转型发展过程中人口、土地和产业等核心要素进行模拟预测，可为不同类型区乡村转型发展模式优化提供决策依据。

6.1　乡村转型发展功能区划与模拟预测模型

6.1.1　乡村转型发展功能区划模型

根据京津冀地区1990～2015年乡村发展度、乡村转型度及转型发展耦合度，按照分类标准，将低等水平、较低等水平、中等水平和高等水平分别赋予1、3、5、7四个等级分值(见表6.1)，然后对四个时期的水平值平均求和，最终获取147个县域乡村转型发展功能区划分的综合得分(GD_n)。

表6.1　功能区划指标得分

指标水平	发展度(RD)	转型度(TD)	耦合度(OD)	得分
低等水平	[0,0.3)	[0,0.25)	[0,0.4)	1
较低等水平	[0.3,0.4)	[0.25,0.5)	[0.4,0.6)	3

续表

指标水平	发展度(*RD*)	转型度(*TD*)	耦合度(*OD*)	得分
中等水平	[0.4,0.5)	[0.5,0.75)	[0.6,0.8)	5
高等水平	[0.5,1.0)	[0.75,1.0)	[0.8,1.0)	7

$$GD_n = \frac{1}{4} \times \left(\sum_{i=1}^{4} RD_i + \sum_{i=1}^{4} TD_i + \sum_{i=1}^{4} OD_i\right) \tag{6-1}$$

式中,GD_n 表示不同县域功能区划综合得分,n 表示不同的县域;RD_i、TD_i、OD_i 分别表示乡村发展度、转型度和转型发展耦合度在1990～2015年四个时期的得分,i 为1、2、3、4,分别表示1990年、2000年、2010年和2015年四个时期。

根据县域的综合得分($GD_n \in [3,21]$),结合不同县域时空驱动因素及内外作用力影响的县域乡村转型发展模式,对京津冀地区147个县域进行乡村转型发展功能区划。当 $GD_n \in [3,10]$ 时,县域为稳定涵养区;当 $GD_n \in (10,13]$ 时,县域为重点拓展区,当 $GD_n \in (13,21]$ 时,县域为核心引领区。

6.1.2 人口预测模型

目前,人口预测的模型有Logistics模型、凯非茨矩阵模型、莱斯利矩阵、自回归滑动平均模型、马尔可夫链模型、BP神经网路和灰色模型,各类预测模型具有各自优缺点[276～282](见表6.2)。考虑到研究是基于1990年、2000年、2010年和2015年四期人口数据来预测近期(2020年)和远期(2030年)人口的变化,数据属于离散型,所以最终选择了马尔可夫链模型。

表6.2 人口预测模型统计

模型	指标	模型优点	模型缺点
Logistics模型	基期年人口、人口增长率	考虑了环境对人口的承载力	考虑影响因素少,人口承载力难获取
凯非茨矩阵模型	性别、年龄、出生率	考虑因素较多,能够预测年龄结构	数据要求比较复杂,社会经济、环境因素未考虑

续表

模型	指标	模型优点	模型缺点
莱斯利矩阵	性别、年龄、出生率、人口迁移率	增加了人口迁移因素	数据要求精度高，社会经济、环境因素未考虑
自回归滑动平均模型	不同年期人口	计算简单，适宜短期预测	长期数据预测误差较大
马尔可夫链模型	预测前一期的人口数据	随机事件概率，不需要多期复杂数据	转移概率难以计算，并且不断变化
BP神经网路	基期人口、人口增长率、性别、年龄、出生率、人口迁移率、社会经济因素等	能够准确预测各类人口，数据精度要求低	考虑因素较多，操作复杂
灰色模型	基期人口、人口增长率	不要求全数据，操作简单，适于短期预测	长期预测误差较大

根据公式(2-10)，本书引入了马尔可夫链模型预测京津冀地区短期人口变化，根据划分的功能区划，需对核心引领区、重点拓展区和稳定涵养区设定不同的权重比例，从而控制京津冀地区人口的空间分布。由此，本书提出了改进的马尔可夫模型为，即：

$$P=(X_{n+1}=x\,|\,X_1=x_1,X_2=x_2,\cdots,X_n=x_n)\times W_i=P(X_{n+1}=x\,|\,X_n=x_n)\times W_i \tag{6-2}$$

式中，W_i 表示不同功能区划的权重比例。

模糊权重马尔可夫链预测模型是改进的马尔可夫模型，通过获取阶数、状态划分对人口进行预测，并可以检测预测数据的准确性。

6.1.2.1　获取马尔可夫链的权重

首先，计算不同县域人口指标数据的各阶自相关系数。

$$\gamma_k=\frac{\sum_{i=1}^{n-k}(x_i-\overline{x})(x_{i+k}-\overline{x})}{\sum_{i=1}^{n-k}(x_i-\overline{x})^2} \tag{6-3}$$

式中，x_i 表示变量数据。

其次，将人口指标相关系数 γ_k 规范化，并将其作为马尔可夫链的权重。

$$\omega_k = \frac{|\gamma_k|}{\sum_{k=1}^{m} |\gamma_k|} \tag{6-4}$$

式中，k 表示阶数；γ_k 表示自相关系数；m 表示时滞数。

6.1.2.2 状态划分

第一，选择统计指标和标定方法。

设 $U=\{u_1,u_2,\cdots,u_n\}$，为人口指标分类的全体，u_i 表示第 i 个指标，r_{ij} 表示 u_i 和 u_j 的相似系数，$0\leqslant r_{ij}\leqslant 1(i,j=1,2,\cdots,n)$。$r_{ij}$ 用绝对值减法获取，c 为常数，使得 r_{ij} 的值在[0,1]中随机分布。获取模糊系数矩阵 $R=(r_{ij})$。

$$r_{ij}=l-c\,|x_i-x_j| \tag{6-5}$$

第二，模糊聚类。

对于人口指标的模糊矩阵 R，利用逐次平方法获取模糊等价矩阵 $\overline{R}$，再选择阀值 λ 对 U 进行分类。在选择一个阀值 λ 后，对传递封闭包做如下处理：

$$(r_\lambda)_{ij}=\begin{cases}1,\overline{r_{ij}}\geqslant\lambda \\ 0,\overline{r_{ij}}<\lambda\end{cases} \tag{6-6}$$

由此，得到一个只包含元素 0 和 1 的模糊矩阵 $\overline{R_\lambda}$。选择不同的阀值 λ 时，就会得到不同的分类结果，比较这些分类结果后选择合适的阀值 λ 及分类。

第三，状态划分。

U 的分类数就是马氏链的状态数，同时还得到各指标所对应的状态及具体划分范围[52]。

第四，计算转移概率矩阵。

利用各指标所对应的状态依次统计，并计算出转移概率矩阵[52]。

第五，预测和检验。

利用马尔可夫链权重 ω_k，结合 k 转移概率矩阵，预测某年处于状态 i 的概率值 p_i，取 $\max\{p_i\}$ 的状态 i 作为某年预测状态。通过对已知样本进行预测检验。

$$p_i=\sum_{k=1}^{m}\omega_k p_i^{(k)} \tag{6-7}$$

6.1.3 土地预测模型

CLUE-S 模型利用 Dyna-CLUE 软件进行土地类型模拟，共分为土地利用现状文件、土地需求文件、限制区域文件、土地利用转移矩阵文件、驱动因子文件、回归方程文件和主要参数文件[283~284]（见表 6.3）。各类文件必须严格按照要求准备，才能够准确计算并预测模拟出未来土地利用类型。

表 6.3　CLUE-S 模型所需参数文件[234]

参数文件	具体说明	详细内容
cov_all.0	起始年份的土地利用现状图文件	—
demand.in*	土地需求量文件（*表示不同的土地需求方案）	第一行为模拟年数；第二行开始为逐年的土地需求量[218,285]
region_park*.fil	限制区域文件（*表示不同的限制区域）	0 表示可以发生转化的区域，−9998 表示不能发生地类转化的区域[218,285]
allow.txt	各地类转移矩阵文件	矩阵由 0 和 1 两个数字组成，0 表示不能转化，1 表示能转化[218,285]
Sc1gr*.fil	驱动因素文件（*表示不同的驱动因素）	—
allocl.reg	二元 Logistic 回归方程文件	第一行为土地利用类型数字序号；第二行为回归方程常量；第三行为土地利用类型与驱动因子之间的关系系数（β 值）以及驱动因子数字序号[218,285]
main.1	模型参数文件	—

将城镇建设用地、农村居民点、其他建设用地等作为生活型用地，耕地、草地等作为生产型用地，林地、水域用地、未利用土地等作为生态型用地。利用 CLUE-S 模型对京津冀地区土地利用的生产、生活、生态三生形态用地进行规

模模拟,并根据不同时期的驱动因素影响,预测 2020 年、2030 年土地利用类型的空间分布。

6.1.4 产业结构预测模型

将第一产业、第二产业和第三产业的产值比重分布作为产业结构预测的基础数据。利用灰色关联中的 GM(1,1)预测模型对县域的第一产业、第二产业进行预测模拟。将 1990 年、2000 年、2010 年和 2015 年分别赋予 x_{i1}、x_{i2}、x_{i3}、x_{i4},通过累加求和来预测模拟 2020 年和 2030 年的第一产业、第二产业结构比重,然后根据第一产业、第二产业比重,获取第三产业比重。通过对比 2020 年、2030 年产业比重变化和预测模型的关联度,分析各县域产业模型的合理性。

第一产业预测模型为:

$$\hat{X}_1^{(1)}(k+1)=\left[X_1^{(0)}(1)-\frac{\mu}{a}\right]e^{-ak}+\frac{\mu}{a},k=0,1,\cdots,5 \tag{6-8}$$

第二产业预测模型为:

$$\hat{X}_2^{(1)}(k+1)=\left[X_2^{(0)}(1)-\frac{\mu}{a}\right]e^{-ak}+\frac{\mu}{a},k=0,1,\cdots,5 \tag{6-9}$$

第三产业预测模型为:

$$\hat{X}_3^{(1)}(k+1)=1-\hat{X}_1^{(1)}(k+1)-\hat{X}_2^{(1)}(k+1) \tag{6-10}$$

式中,$\hat{X}_1^{(1)}$、$\hat{X}_2^{(1)}$、$\hat{X}_3^{(1)}$分别表示预测的第一产业、第二产业、第三产业的结构比重。

以京津冀地区第一产业、第二产业的结构规划模拟为主,核心引领区以发展第三产业为主,通过减少第一产业、第二产业的比重不断提高第三产业比重;重点拓展区则以发展第二产业为主,减少第一产业比重,同时加强第三产业比重;稳定涵养区中的粮食生产区需要保持稳定的第一产业产出,剩余农村劳动力可以逐渐迁移到重点拓展区,生态保护区则以发展旅游服务业为主,提升第三产业的比重。根据灰色关联预测模型 GM(1,1),对京津冀地区县域第一产业、第二产业比重进行模拟预测。

6.2　京津冀地区乡村转型发展功能区

6.2.1　核心引领区

核心引领区位于京津冀地区的中部地区，主要包括北京市、天津市、石家庄市等重大城市城区周边的县区，共计 18 个，占总数的 12.2%（见图 6.1）。该区域是京津冀地区人口最密集的地区之一，也是京津冀地区的文化、政治和经济中心。县区的乡村转型度与发展度均已达到中、高等水平，且二者之间的耦合协调性较高。城镇化与工业化加快了乡村土地转型发展，并吸引了大量的人口和资源，促使该区域经济发展。核心引领区的乡村转型发展水平已经比较完善：乡村产业发展以绿色、生态为主要理念，农民生活水平已经达到小康水平，乡村环境也在追逐生态环保建设中不断提高；具有更加完备的基础与公共服务设施，如典型案例区中的密云区。因此，该类型区应充当区域发展引领作用，将区域中部分经济产业与功能转移到周边县域；利用当地特色产业带动周边县域乡村发展，为其他区域的发展起到技术指导和示范作用；在城乡发展战略与区域功能方面统筹协调京津冀地区，协同其他县区形成京津冀一体化。

6.2.2　重点拓展区

重点拓展区主要包括两部分，一是位于京津冀地区北部地区的县域，二是位于京津冀地区西南部地区的县域，共有 64 个，占总数的 43.6%（见图 6.1）。该类型区的乡村发展度与转型度处于中等或较低等水平，耦合协调性较低，属于颉颃耦合阶段。该类型区面积最大，人口分布最多，也是重要工业区与交通枢纽区。按照区位与资源条件，该类型区具有两种发展方向。一类是京津冀地区的北部县域。该区域属于山地丘陵区，耕地资源较少，但具有充足的水源，适于发展果蔬业；生态环境良好，具有丰富的旅游资源，为休闲旅游观光业的发展提供了充足的条件；同时也具有完善的道路交通设施，远离大城市中心，适宜发展具有区域特色的产业和休闲服务业。另一类是京津冀地区的西南地区和东部沿海地区。该区域内地势平坦，耕地资源丰富，适宜发展大规模农业生产；同时，交通便利，四通八达，是连接京津冀地区与全国各区域的重要门户，其制造业、加工业生产发展具有极大优势。因此，该类型区也是京津冀地区重要的产业园区，典型案例中的静海区就属于该类型。重点拓展区的经济实力较高，但乡村的发展程度仍然落后于核心引领区，应当借鉴核心引领区的发展模式，在推动城市经济发展的同时，带动区域内乡村转型快速发展，这也是京津冀地区实现城乡融合发展的重要一环。

6.2.3 稳定涵养区

稳定涵养区主要位于京津冀地区的北部、西部和东南部，共有 65 个县区，占总数的 44.2%（见图 6.1）。该区域的乡村转型度与发展度均属于低等水平，且耦合协调性较差。区域内资源禀赋存在较大差异，交通区位较差，其发展方向也存在两种类型。一种类型位于京津冀地区的北部和西部县域，海拔较高，耕地资源稀缺，具有良好的生态环境和自然资源；在京津冀地区承担了重要的生态保育功能，因而限制了发展，主要以传统农业和生态旅游业发展为主。另一种类型具有充足的耕地资源，位于南部传统平原农区，是重要的粮食生产基地，区域内的农村因承担了重要的粮食安全功能而限制发展，大部分区域内的农民主要依靠外出打工提高收入水平，而县域自身的乡村转型发展速度较慢。因此，稳定涵养区应当追求稳定、协调的区域乡村转型发展模式，在保护生态环境与保证国家粮食安全的同时，结合自身优势在核心与重点城市的带动下，发展服务产业，避免污染产业进入，形成具有生态、旅游功能的生态保育区和现代农业园区。

核心引领区、重点拓展区和稳定涵养区共同构成了京津冀地区县域乡村转型发展的功能区划。在未来发展中，需要各功能区协调发展，充分发挥各自的作用，才能促使京津冀地区城乡融合发展。核心引领区为重点拓展区发展提供科学技术指导和市场引导，为稳定涵养区提供政策和资金帮扶；重点拓展区为核心引领区第二产业拓展提供充足的空间和减缓严重的人口密度压力，为稳定涵养区提供更多的就业机会，缓解稳定涵养区的农村剩余劳动力问题和为其农村和产业发展提供资金支持；稳定涵养区为核心引领区和重点拓展区提供水资源等后备资源和粮食物质储备安全保障。

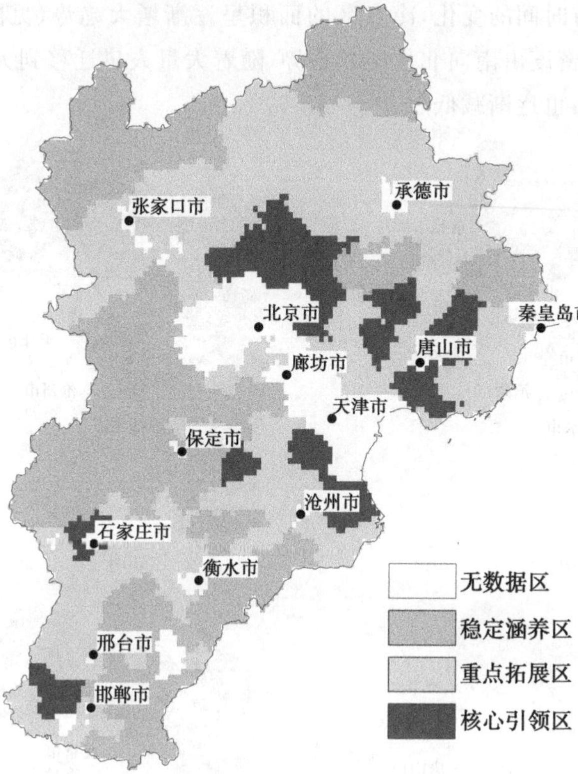

图 6.1　京津冀地区乡村发展功能定位

6.3　乡村转型发展核心要素模拟预测

6.3.1　基于改进的 Markov 模型的人口规模变化预测

6.3.1.1　区域人口概况

首先利用热点分析对京津冀地区人口密度和人口城镇化率进行热点与冷点分析，结果发现 1990～2015 年京津冀地区的人口密度与城镇化率的热点区与冷点区变化较小，分布相对集中。人口密度的热点区主要分布在京津冀地区的南部平原地区，包括保定、石家庄、邢台和邯郸等，随着时间的变化，热点区的面积呈逐渐减少趋势；而冷点区主要分布在京津冀地区的北部山区，包括张家口、承德等，随着时间的变化，冷点区的面积呈逐渐增大趋势(见图 6.2)。由此可见，县域人口密度由南向北呈递减趋势，随着大量人口迁移到大的城区，县域人口的密度分布也逐渐减低。

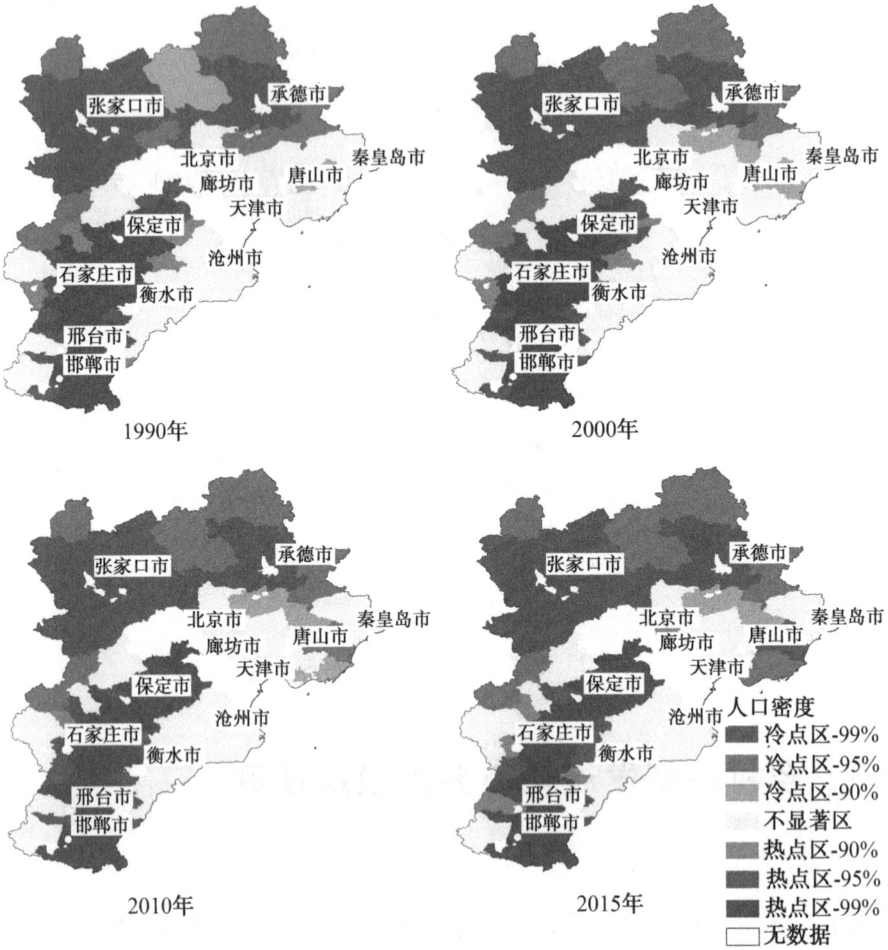

图 6.2　人口密度热点分析

京津冀地区人口城镇化率的热点分析结果与人口密度呈现相反规律，人口城镇化率的热点区主要分布在北京、天津等地区，且随着时间的变化，热点区面积增大，逐渐向北扩展；而冷点区主要分布在京津冀地区的南部地区，随着时间的变化，冷点区面积逐渐减小，并向北迁移(见图 6.3)。由此可见，1990～2015 年京津冀地区人口城镇化率的热点与冷点分布规律变化比较明显，冷点、热点区呈现一致的北移变化趋势。

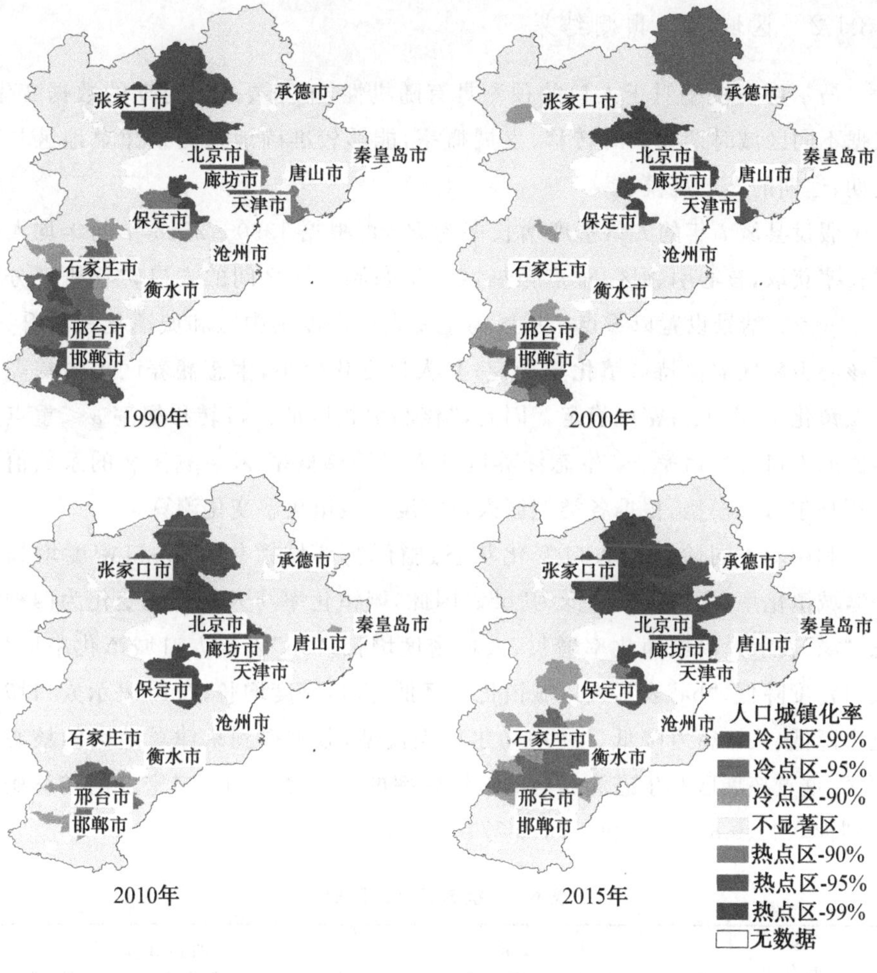

图 6.3　人口城镇化率热点分析

根据京津冀地区人口密度与人口城镇化率 1990～2015 年的热点对比分析发现，虽然南部地区人口密度较高，但是其城镇化率较低；人口密度低的地区主要属于稳定涵养区，密度高的地区属于重点拓展区；城镇化率高的地区属于核心引领区，城镇化率低的地区则属于重点拓展区。因此，对于近期和远期人口规模的预测，需要综合考虑各功能区的分布。近期目标是需要提高重点拓展区的人口城镇化率，而降低核心引领区的人口压力；远期目标是在提升稳定涵养区的人口城镇化率和人口密度的同时，降低重点发展区的人口密度。

6.3.1.2 区域人口预测结果

马尔可夫模型对于人口的预测具有随机性，不需要连续时期的数据变化，根据不同区域时期人口的转移、发展概率，能够较准确地预测京津冀地区县域近期、远期的人口规模。

假设县域 i 年的人口密度增长率为 P_i，可根据 1990～2015 年的年均人口增长率获取，核心引领区、重点拓展区和生态涵养区之间的人口转移概率分别为 α、β、γ。情景设置以重点拓展区为主要人口密度集中区和城镇化率提升区，而核心引领区需保持城镇化率稳定，其人口变化较小，生态涵养区也需提高人口城镇化率，但人口密度稳定。因此，“核心引领区的人口转移概率 α＜重点拓展区的人口转移概率 β＜生态涵养区的人口转移概率 γ”。α、β、γ 的系数值则利用马尔可夫模型，根据各类型区人口密度与城镇化率变化测算。

利用对不同阶段的人口变化状态进行划分，城镇化率、人口密度增长为“a”，城镇化率、人口密度降低为“b”。因此，城镇化率与人口密度变化为四种状态：“aa”表示人口城镇化率增长、人口密度增长；“ab”表示人口城镇化率增长、人口密度降低；“ba”表示人口城镇化率降低、人口密度增长；“bb”表示人口城镇化率降低、人口密度降低。利用马尔可夫模型，分别得到京津冀地区的核心引领区、重点拓展区和生态涵养区的城镇化率的转移概率和人口密度的转移概率分别为 0.80、0.83、0.91 和 0.76、0.77、0.81（见表 6.4）。

表 6.4 状态转移矩阵概率

时间(年)	县域数量				所占比重			
	Aa	ab	ba	bb	aa	ab	ba	bb
1990～2000	41	14	4	6	0.63	0.22	0.06	0.09
	44	10	5	5	0.69	0.16	0.08	0.08
	13	1	3	1	0.72	0.06	0.17	0.06
2000～2010	56	9	0	0	0.86	0.14	0.00	0.00
	50	8	2	4	0.78	0.13	0.03	0.06
	12	2	2	2	0.67	0.11	0.11	0.11

续表

时间(年)	县域数量				所占比重			
	Aa	ab	ba	bb	aa	ab	ba	bb
2010～2015	44	13	4	4	0.68	0.20	0.06	0.06
	37	11	9	7	0.58	0.17	0.14	0.11
	11	4	3	0	0.61	0.22	0.17	0.00

然后通过趋势预测方法发现，人口密度主要呈现指数方式增长，而人口城镇化率则呈现线性增长，利用均值法分别获取人口密度增长率和城镇化率的增长系数。以前一期数据为基础进行后期数据预测，研究结果显示，2000年、2010年和2015年数据检测相似比系数平均值分别为90.52％、91.32％和90.67％，均超过了90％，满足了预测要求。

以2015年为基期数据，预测的2020年与2030年的数据结果显示：总体上，京津冀地区2020年和2030年的人口密度逐渐增加，高于500人/平方千米的县域分别为72个和76个，占总数的49.0％和51.7％；人口密度的热点区仍然以中部平原为主，但大部分南部县域的人口密度逐渐增加，转为热点区，北部县域人口密度更加呈现为冷点区，东部沿海的人口密度也相对较小。由此可见，经过人口模拟优化，京津冀地区的人口在逐渐由生态涵养区和核心引领区向重点拓展区转移，使得中部县域成了人口重点集中区(见图6.4)，说明中部地区仍为重要的劳动力集聚地，即京津冀地区乡村劳务输出的主要来源。

与2015年相比，2020年、2030年除去北京市、天津市周边县域城镇化率为核心热点区外，其他县域的城镇化率也逐渐提升，各县域的城镇化率平均值分别提升了2.37个和6.35个百分点；中部重点拓展区的县域城镇化率由低水平向中、高水平转变，15.6％的县域的城镇化率高于30％；北部区域的城镇化率虽然发展缓慢，但是其城镇化水平按照区域发展规划在不断提升，10.7％县域的城镇化率高于30％。由此可见，在县域人口密度增加的基础上，城镇化水平也在不断提升。城镇人口规模增加，主要来源之一是各县域的乡村人口。

人是区域乡村转型发展的主体，是促使社会经济发展的行为人。通过对京津冀地区县域人口城镇化率与人口密度的预测模拟，刻画人口的空间分布特征，也能侧面反映乡村人口的转移规律。以重点拓展区为发展核心的人口规划预测，将人口转移到中部人口承载力较大的县域，同时提升该区域的人口城镇化率，能够减轻核心引领区的人口压力，为稳定涵养区剩余劳动力的就业发展提供了更加广阔的空间。

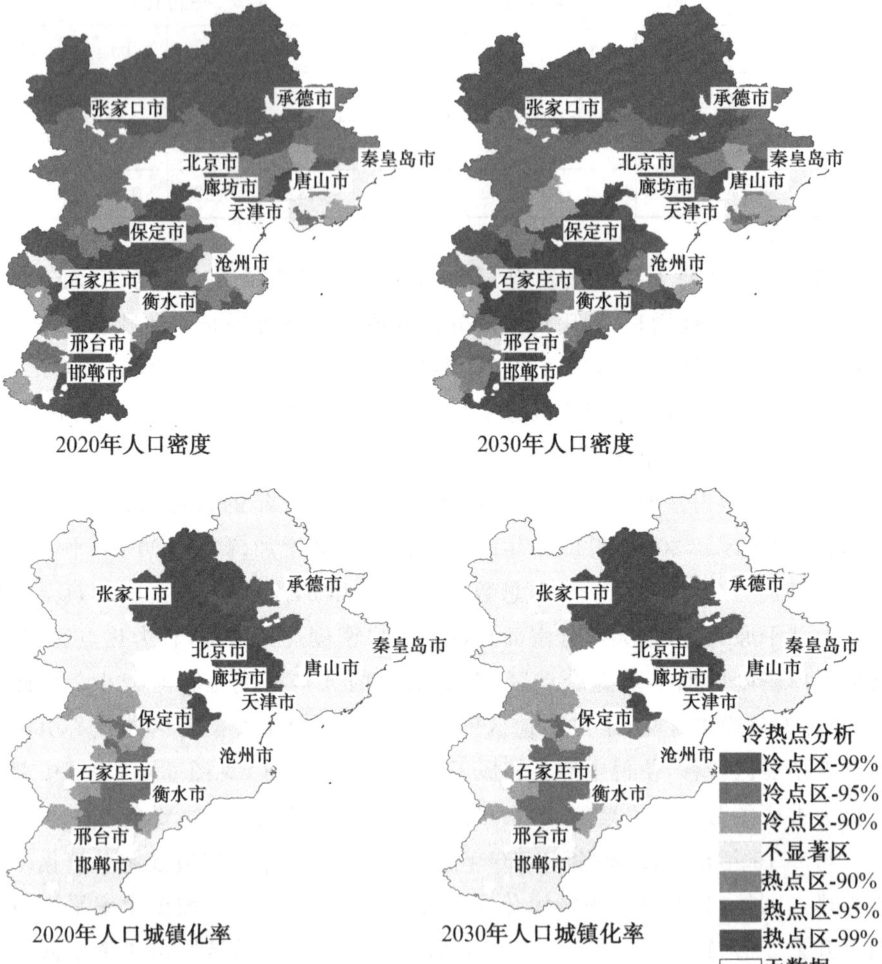

图 6.4　京津冀地区人口密度与城镇化率的预测结果(2020～2030 年)

6.3.2　基于 CLUE-S 模型的土地利用演变模拟

6.3.2.1　区域土地利用概况

1990～2015 年,京津冀地区的土地利用三生形态在数量与空间上发生了比较明显的变化。在数量方面,生产型用地占土地总面积的比重逐渐减少,由

68.63%降到 65.99%，下降了 2.64 个百分点；生活型用地占土地总面积的比重逐渐增加，由 6.76%升到 9.52%，提升了 2.76 个百分点；生态型用地占土地总面积的比重变化比较稳定，由 24.61%降到 24.49%，仅下降了 0.12 个百分点（见图 6.5）。由此可以推断，1990～2015 年，京津冀地区的三生型用地动态变化主要是由土地利用的生产型用地向生活型用地的转化。随着城镇化进程的加快和工业的发展，城市人口密度增加，建设用地需求加大，农用地被占用，逐渐转变为建设用地，尤其是耕地面积下降明显。

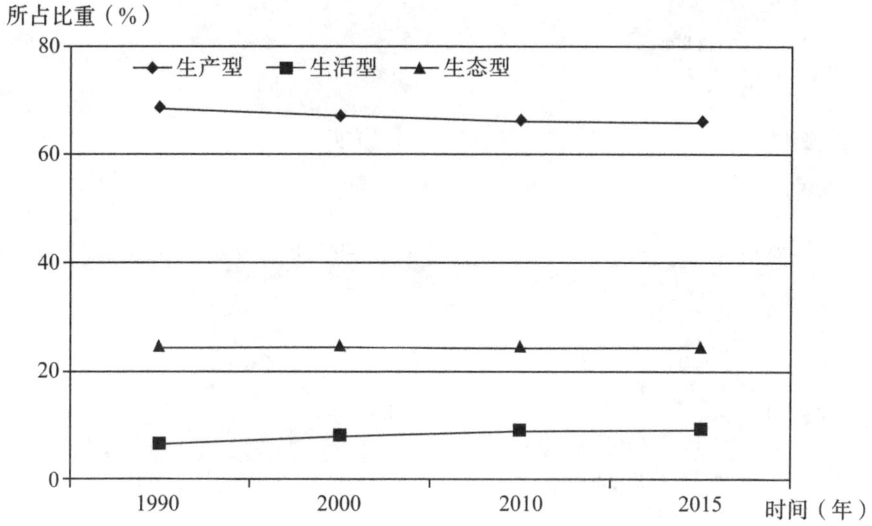

图 6.5 京津冀地区土地利用三生形态用地数量变化

京津冀地区三生形态的土地利用具有明显的空间分异性。生产型用地主要分布在南部平原区，集中在邯郸市、邢台市、衡水市、沧州市、廊坊市、天津市、唐山市等；生活型用地主要分布在北京、天津等城市的周边和东部沿海地区；生态型用地则主要分布在北部山区和西部边缘地区，集中在承德市、张家口市、秦皇岛市等（见图 6.6）。1990～2015 年，京津冀地区的生产型用地与生活型用地的转化也主要集中在城区的周边。随着经济的发展，大量人口涌入城市，居住用地与商业用地规模扩大，城区边界向外围扩展，城市近郊区的农用地更易转为城市建设用地，进一步促进了城市的发展，从而带动了区域经济水平不断提升，用地需求也进一步增加，进而形成了一个城市规模扩张的循环。

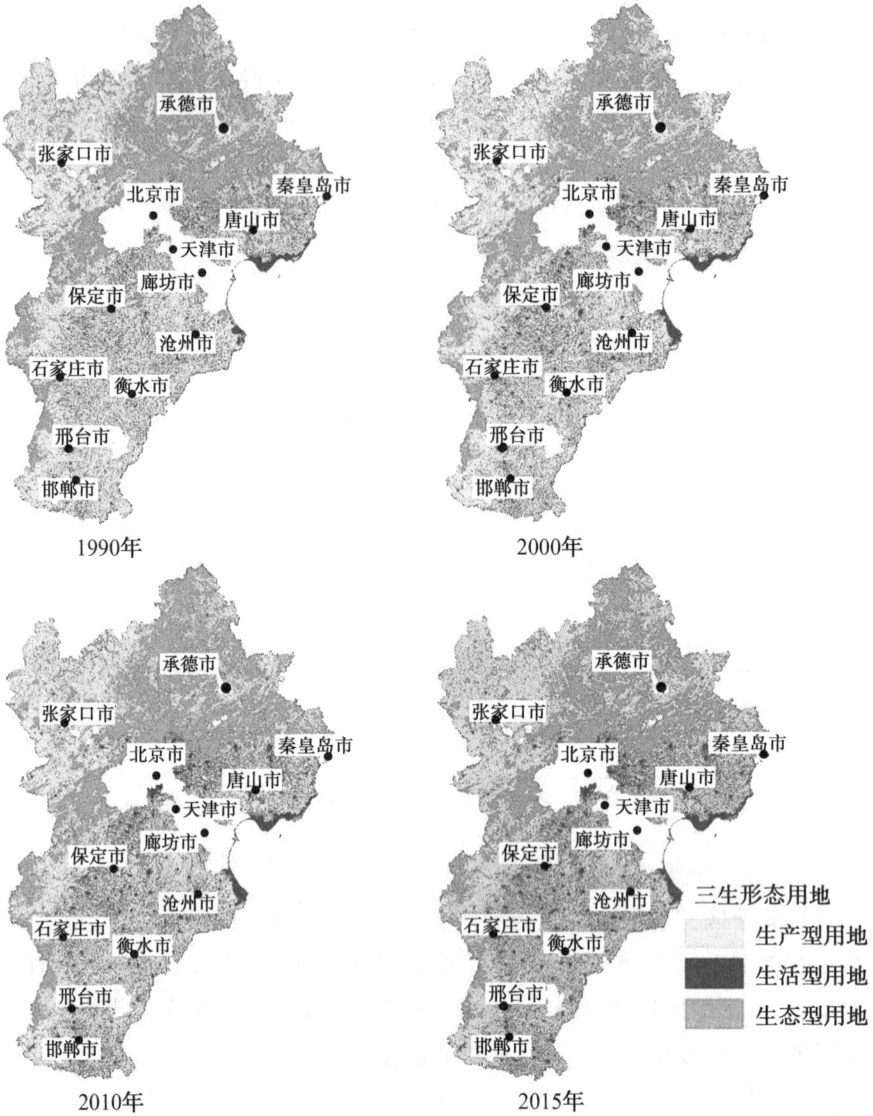

图 6.6　京津冀地区土地利用三生形态空间分布

6.3.2.2　区域土地利用模拟过程

(1)土地需求文件获取。本书根据稳定涵养区、重点拓展区和核心引领区的发展目标与规划,确定不同县域的建设用地需求规模,设定建设用地量,同时根据区域内人口规模的粮食安全保障，设置耕地规模最低需求(见表 6.5)。以 1990 年土地利用数据为基期，分别预测 2000 年、2010 年、2015 年、2020 年和 2030 年共 5 期数据，地类包括了耕地、林地、草地、水域用地、建设用地和未利用地。预测结果显示，1990～2030 年京津冀地区的耕地面积逐渐降低，由 52.09% 降到 48.66%，下降了 3.43 个百分点；林地面积增加幅度较小，由 20.66%升到 20.68%，提高了 0.02 个百分点；草地面积略有降低，由 16.54%降到 16.10%，下降了 0.44 个百分点；水域用地作为限制发展区域，面积比重未发生变化；建设用地面积比重增加较大，由 6.76%升到 10.77%，提高了 4.01 个百分点；未利用地面积比重也在逐渐降低，由 1.03%降到 0.86%，下降了 0.17 个百分点。由此可以看出，1990～2030 年京津冀地区城市建设用地的主要增长来源为耕地、草地和未利用地，而水域用地作为限制区用地，面积比重不变。

表 6.5 京津冀地区土地利用类型预测

项目		1990 年	2000 年	2010 年	2015 年	2020 年	2030 年
耕地	面积(公顷)	112312.35	110467.51	108622.66	107700.24	106777.82	104932.98
	比重(%)	52.09	51.23	50.37	49.95	49.52	48.66
林地	面积(公顷)	44551.86	44563.84	44575.83	44581.82	44587.81	44599.79
	比重(%)	20.66	20.67	20.67	20.67	20.68	20.68
草地	面积(公顷)	35665.70	35427.10	35188.50	35069.20	34949.90	34711.30
	比重(%)	16.54	16.43	16.32	16.26	16.21	16.10
水域用地	面积(公顷)	6298.92	6298.92	6298.92	6298.92	6298.92	6298.92
	比重(%)	2.92	2.92	2.92	2.92	2.92	2.92
建设用地	面积(公顷)	14579.48	16740.81	18902.14	19982.81	21063.47	23224.80
	比重(%)	6.76	7.76	8.77	9.27	9.77	10.77
未利用地	面积(公顷)	2223.69	2133.82	2043.95	1999.02	1954.08	1864.21
	比重(%)	1.03	0.99	0.95	0.93	0.91	0.86

(2)限制区域文件获取(见图 6.7)。水域用地作为限制区,不能发生地类转化;同时,在稳定涵养区中,基本农田作为粮食生产安全的最低要求,南部地区耕地不能转化。水域用地作为主要限制区用地类型,初始年份的比重为2.92%,其中水域用地面积比重保持不变。可以看出,限制区主要集中在中部和东部沿海地区。

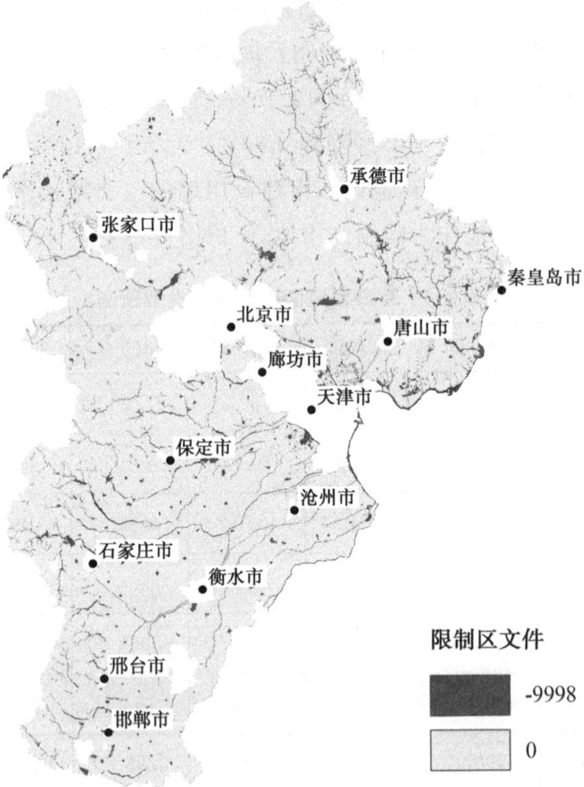

图 6.7 京津冀地区限制区域文件

(3)地类转移矩阵文件获取。根据土地利用类型分类体系,本书对二级土地类型进行地类合并,主要包括耕地、林地、草地、水域用地、建设用地和未利用地。具体土地利用转移矩阵如表 6.6 所示。其中水域用地作为限制区不能进行转化,而建设用地的面积不能减少,只能由其他土地类型转化而来,而不能转化为其他土地类型。

表 6.6　土地利用转化类型表

项目	耕地	林地	草地	水域用地	建设用地	未利用地
耕地	1	1	1	0	0	1
林地	1	1	1	0	0	1
草地	1	1	1	0	0	1
水域用地	1	1	1	1	0	1
建设用地	1	0	0	0	1	1
未利用地	1	1	1	0	0	1

(4)驱动因素文件主要指各个驱动因子的空间分布栅格图，主要包括行数、列数、X 坐标、Y 坐标、栅格分辨率和无值数据，研究县域的到主要铁路距离、到主要河流距离、到主要公路距离等交通区位要素，高程、坡度等自然区位要素，到城市中心距离等经济区位要素等“点—轴—区”三级体系驱动因素，共计 6 个文件(见表 6.7)。

表 6.7　驱动因素指标

区位驱动因素	具体指标
区域要素(自然条件)	高程(y_1)
	坡度(y_2)
轴要素(交通区位)	到主要铁路距离(y_3)
	到主要河流距离(y_4)
	到主要公路距离(y_5)
点要素(经济区位)	到城市中心距离(y_6)

(5)二元 Logistic 回归方程文件根据公式(6-11)获取(见表 6.8)。

$$\lg\left(\frac{P_i}{1-P_i}\right)=\beta_0+\beta_1 x_{1i}+\beta_2 x_{2i}+\cdots+\beta_n x_{ni} \tag{6-11}$$

式中，P_i 表示每个栅格单元可能出现某一地类 i 的概率；x_{ni} 表示促使地类转变的驱动要素；β_n 表示各驱动因素的回归系数[261,270]。

表 6.8　土地利用类型与驱动因素回归系数

土地利用类型序号	回归方程常量	驱动因子回归系数与序号					
0	1.221114	−1.098069 y_1	−0.006347 y_2	−0.017546 y_3	—	−0.018566 y_5	−0.055103 y_6
1	−3.150621	1.249816 y_1	—	0.010140 y_3	−0.092414 y_4	−0.065089 y_5	0.156071 y_6
2	−2.829047	0.343303 y_1	0.073605 y_2	0.019759 y_3	0.030748 y_4	0.086052 y_5	−0.046612 y_6
3	−3.084355	−0.460159 y_1	−0.071258 y_2	0.042604 y_3	−0.062686 y_4	—	—
4	−1.613148	−0.960743 y_1	−0.097677 y_2	−0.053533 y_3	−0.045189 y_4	0.014712 y_5	−0.079213 y_6
5	−4.850247	−1.486658 y_1	0.137557 y_2	0.085841 y_3	—	−0.099204 y_5	0.023739 y_6

然后在 SPSS 软件中，对 Logistic 回归模型进行 ROC 曲线检验(见图 6.8)，得到耕地、林地、草地、水域用地、建设用地和未利用地的系数分别为 0.804、0.887、0.743、0.706、0.770 和 0.804，均高于 0.7，说明回归模型中的驱动因子选择合理，可以进行土地利用模拟预测。

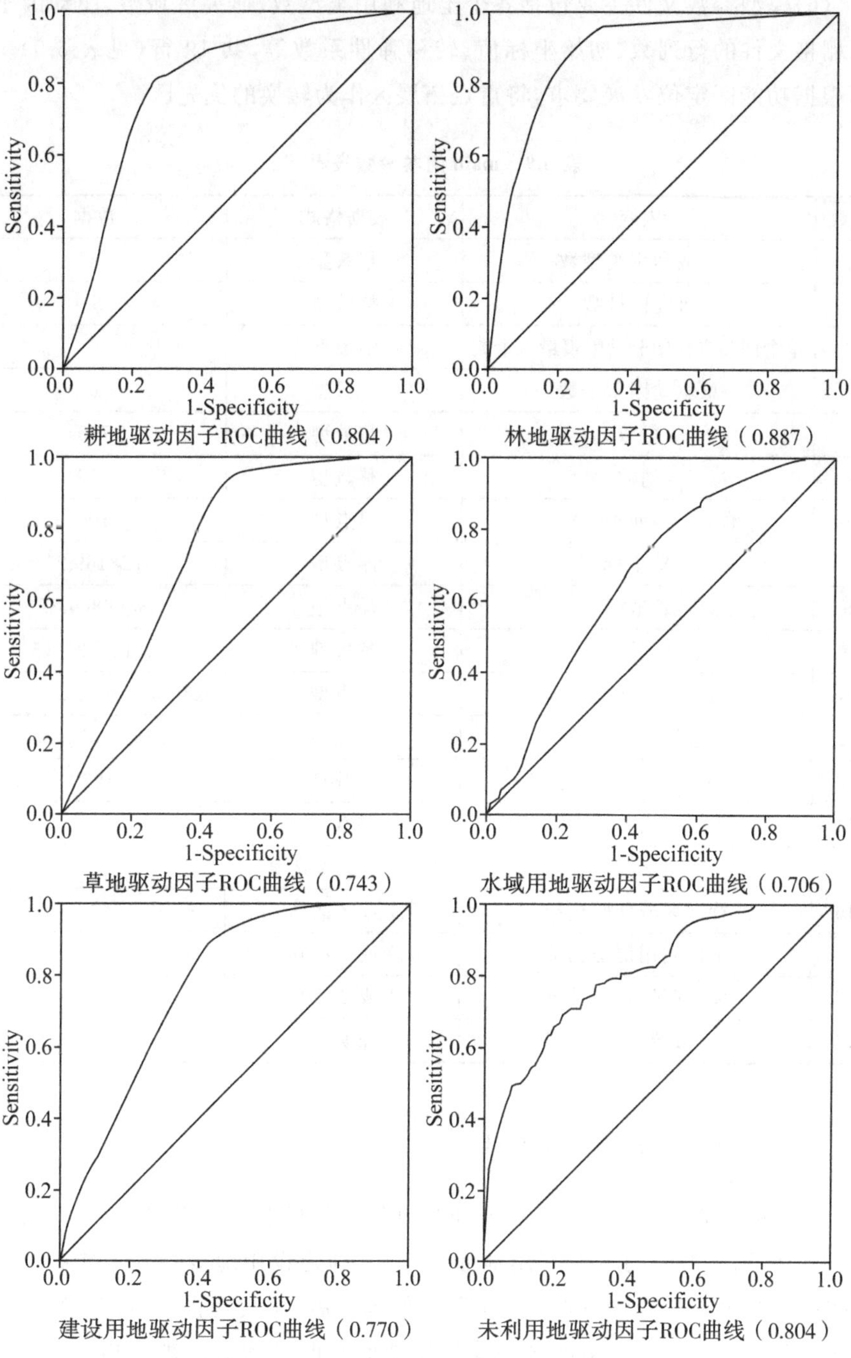

图 6.8　土地利用驱动因子 ROC 曲线

(6)模型参数文件主要包括各个土地利用类型数、研究区域数、驱动因子个数、栅格文件的行列数、初始坐标值、转移弹性系数等,共 19 行(见表 6.9)。同时,根据功能区定位发展要求,将重点拓展区作为转换的优先区。

表 6.9 main 问卷参数表[218,285]

行数	内容	数据格式	数据
1	土地利用类型数	整数型	6
2	研究区域数	整数型	1
3	单个回归方程中驱动因素最大个数	整数型	6
4	总驱动因素个数	整数型	6
5	行数	整数型	765
6	列数	整数型	513
7	单个栅格面积(公顷)	浮点型	100
8	X 坐标	浮点型	728469.25
9	Y 坐标	浮点型	3896866.75
10	土地利用类型序号	整数型	0、1、2、3、4、5
11	转移弹性系数(ELAS)	浮点型	0.85、0.78、0.7、0.2、0.2、0.8
12	迭代变量系数	浮点型	0、0.30、1.0
13	模拟的起始年份	整数型	1990
14	动态驱动因素数目以及序号	整数型	0
15	输出文件选择	0、1、−2 或 2 选其一	1
16	特定区域回归选择	0、1 或 2 选其一	1
17	土地利用历史初值	0、1 或 2 选其一	1
18	邻近区域选择计算	0、1 或 2 选其一	1
19	区域特定优先值	整数型	2

6.3.2.3 区域土地利用模拟结果

根据预测的 2020 年与 2030 年土地利用三生形态的结果(见图 6.9)可以发现,土地利用类型中的生活型用地面积增加,即建设用地规模在不断扩大。在空间上主要集中在城市中心周边不断向外围扩展,尤其是张家口市、唐山市、石家庄市和承德市等重点拓展区的建设用地面积明显增加。耕地和草地等生产型用地的面积不断减少,但是位于京津冀地区南部地区的耕地空间分布保持不变。为了城市的发展，主要是将北部地区的部分生产性用地逐步转为建设用地，2020 年和 2030 年的比重分别为 5.4%和 9.1%，部分生产型用地转换为生态型用地，2020 年和 2030 年的比重分别为 0.03%和 0.06%。林地、未利用地等生态型用地规模也在不断减少，主要集中在京津冀地区的北部地区，2020 年和 2030 年转换为建设用地的比重为 0.3%和 0.5%。水域用地作为限制发展区，其面积保持不变。

图 6.9　2020 年和 2030 年土地利用三生形态预测结果

土地是乡村转型发展的主要载体，生产型用地主要用于产业发展，提高区域的社会经济发展水平，生活型用地是人类生活居住的空间载体，为人类提高充足的居住保障，生态型用地是区域生态环境改善的重要有机体。本书的研究利用CLUE-S模型对京津冀地区的县域土地利用进行模拟预测，进一步明确了重点拓展区的新增生活型用地的空间分布：2020年和2030年，重点拓展区为人口主要转移地，也是城镇化率提高的重点区，其生活型用地增长比重也相对较高；核心引领区的人口变化相对较低，生活型和生产型土地需求量相对较低；稳定涵养区作为生态保护与粮食安全保障区，人口向外迁移比重较大，生活型土地需求也较低。

6.3.3 基于灰色关联模型的产业结构发展规划

6.3.3.1 区域产业概况

1990～2015年，第一产业的比重呈现大幅下降趋势，1990年比重高于30％的县域数量为99个，占总量的67.3％，2015年比重高于30％的县域数量为17个，占总量的11.6％，年均下降2.2个百分点；第一产业比重高于30％的县主要分布在京津冀地区的北部地区，且空间分布逐渐北移。第二产业的比重也缓慢下降，1990年比重高于50％的县有66个，占总量的44.9％，2015年比重高于50％的县有49个，占总量的33.3％，年均下降0.5个百分点；第二产业比重超过50％的县主要集中在京津冀地区的中部和南部地区，尤其是在北京市、天津市和石家庄市等大城市区。第三产业的比重呈现逐渐增加趋势，1990年比重超过40％的县域数量为0个，而2015年比重超过40％的县域数量为49个，占总量的33.3％，年均增长1.3个百分点；第三产业比重较高的地区主要集中在北京、天津和东部沿海地区（见图6.10和图6.11）。由此可以看出，京津冀地区第一产业、第二产业、第三产业的比重变化具有明显的差异性，随着城镇化进程的加快发展，第一产业的比重加速降低，第二产业的比重缓慢降低，而第三产业的比重逐渐增加；产业发展是由第一产业向第二产业过度发展，继而升级为第三产业，形成第一产业、第二产业、第三产业共融发展的格局变化。

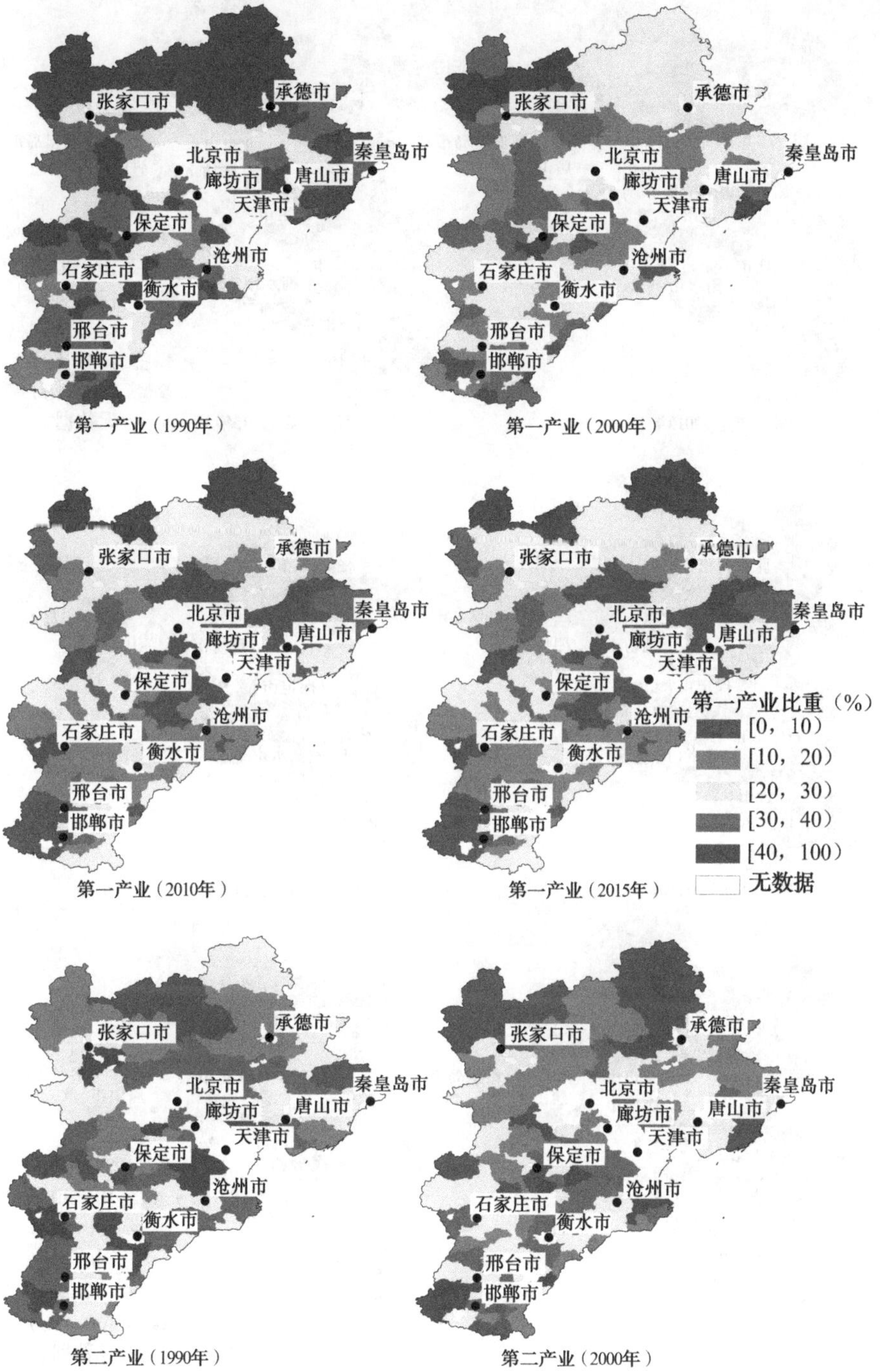

图 6.10　京津冀地区产业发展时空变化(一)

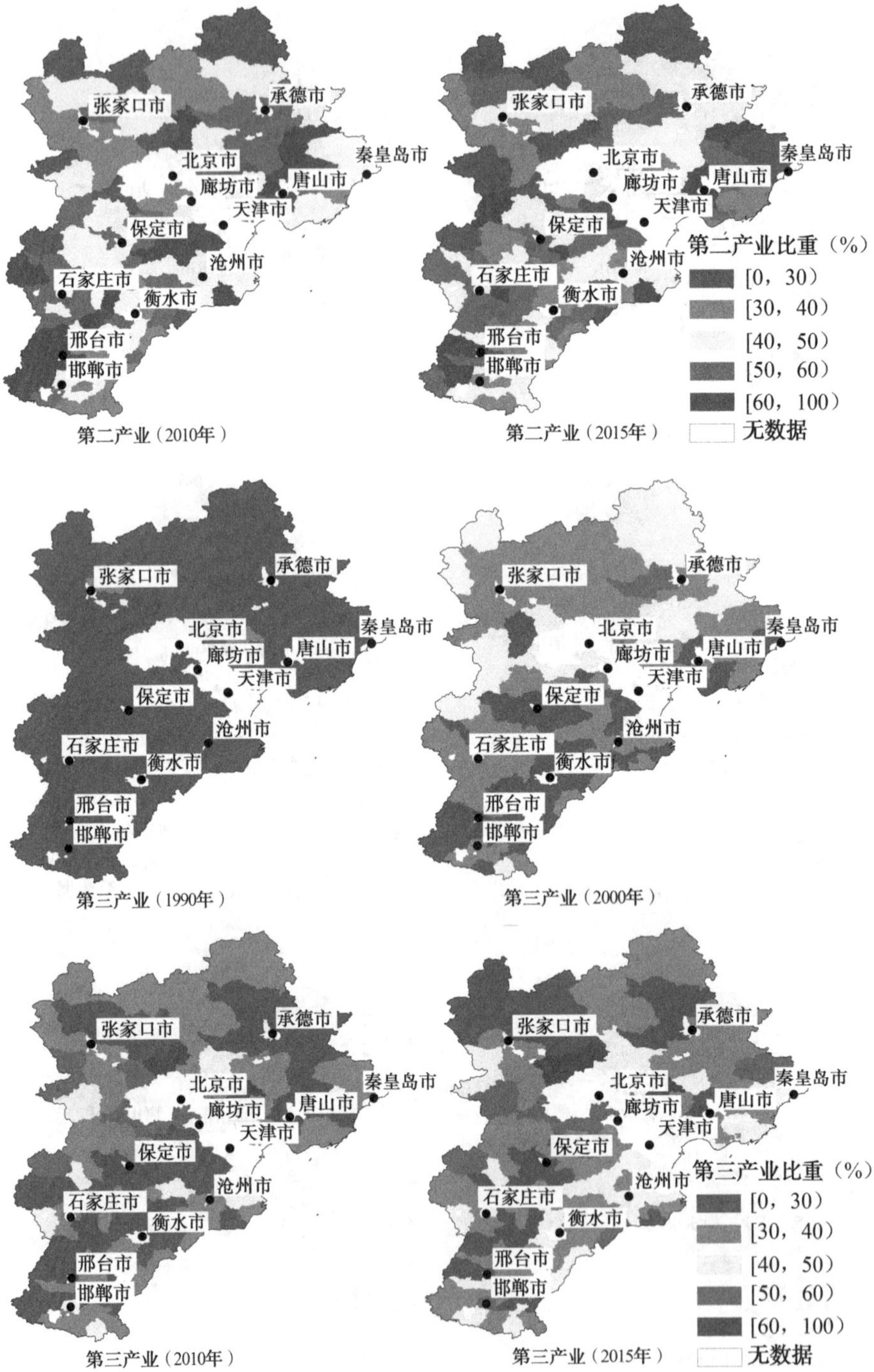

图 6.11　京津冀地区产业发展时空变化(二)

利用热点分析对京津冀地区县域产业结构的冷、热区进行分析发现，不同时期的第一产业、第二产业、第三产业的冷、热点区的差异明显(见图6.12至图6.15)。1990～2015年第一产业的冷点区主要集中在北京市、天津市的周边；1990～2000年热点区主要集中在京津冀地区的中西部地区和东北沿海地区，2010～2015年集中在京津冀地区的北部边缘与南北边缘区，且热点区由中部逐渐向两边转移。1990～2000年第二产业的冷点区主要集中在京津冀地区北部，2010～2015年则转移到京津冀地区的西部地区；1990～2015年热点区则是以北京市、天津市为中心逐渐向区域的南部地区转移，2015年主要集中在石家庄市和保定市等地区。第三产业的冷点区分布比较集中，1990～2015年始终位于京津冀地区的南部地区，位于衡水市、邢台市等，而热点区在1990～2000年位于京津冀地区的北部地区，即张家口市和承德市等，2010～2015年则主要集中在京津冀地区的中部地区，以北京市和天津市周边县域为主，第三产业的产值比重也出现向南迁移现象。

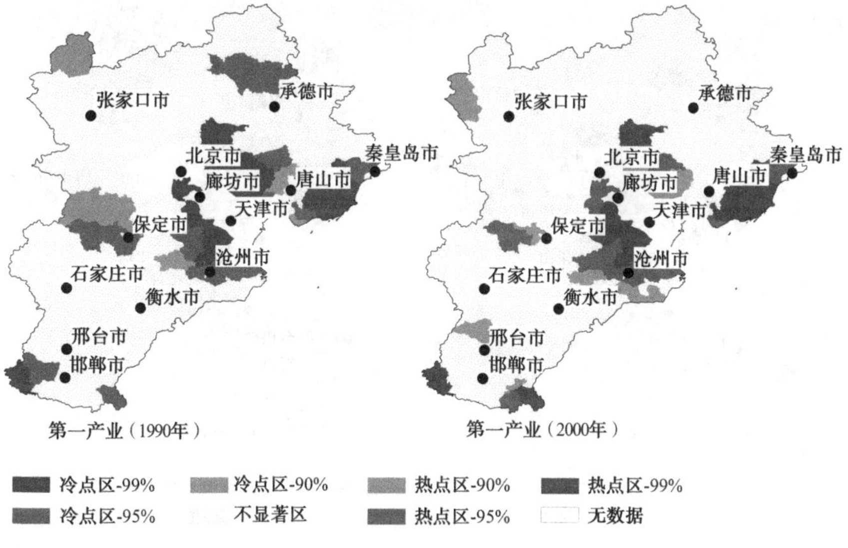

图6.12 京津冀地区县域产业热点分析(一)

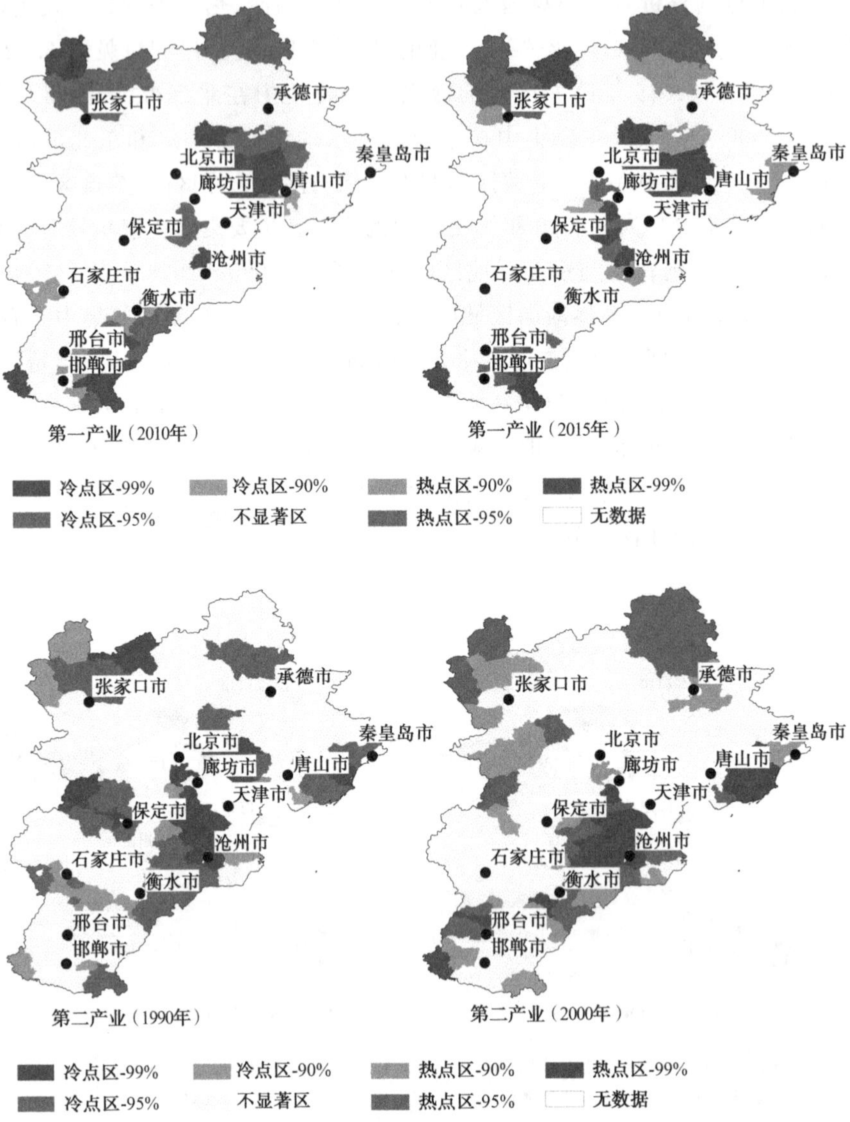

图 6.13　京津冀地区县域产业热点分析(二)

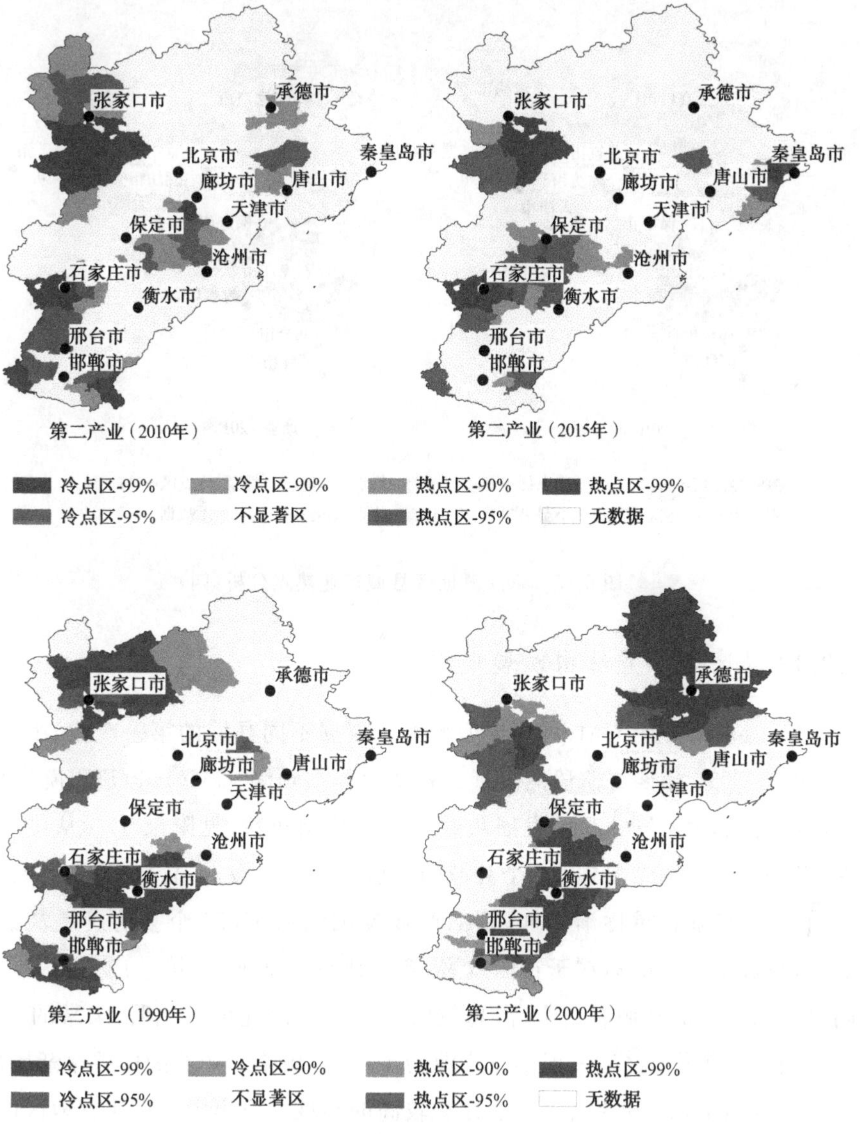

图 6.14　京津冀地区县域产业热点分析(三)

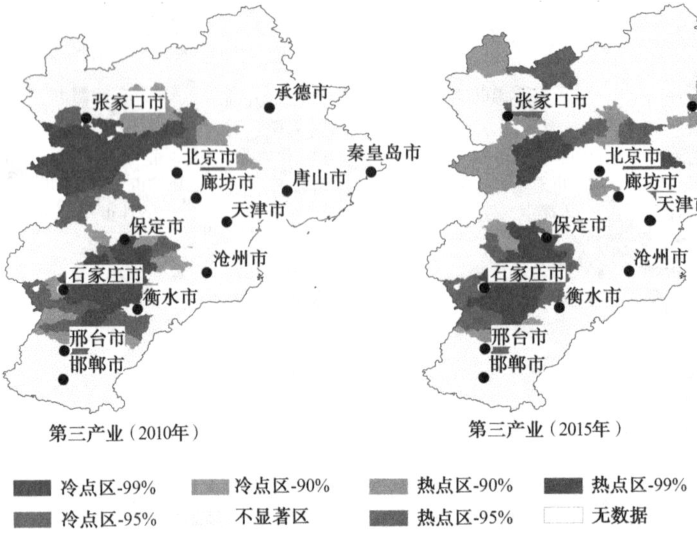

图 6.15　京津冀地区县域产业热点分析(四)

6.3.3.2　区域产业结构发展规划

(1)县域产业的GM(1,1)模型预测。根据不同县域的第一产业、第二产业在1990～2015年四个阶段的发展进行灰色模型预测,GM(1,1)预测模型共294个,分别得到了不同模型的发展灰数和内生控制灰数(见附录3)。从中可以发现,第一产业预测结果中,17个县域的发展灰数为负数,占总数的11.56%,属于正向发展,产业比重逐渐增加;第二产业预测结果中,73个县的发展灰数为负数,占总数的49.66%,属于正向发展,产业比重逐渐增加;第一产业与第二产业同时正向发展的县域有2个,占总数的1.36%。由此可以说明,未来的2020～2030年,京津冀地区以发展第三产业为主,各县域第三产业的比重逐渐增加。

在空间上,2020年第一产业比重较高的县域主要集中在京津冀地区的南北边缘,高于20%的县域共有51个,占总数的34.69%,2030年比重超过20%的县域数量下降,变为36个,占总数的24.48%,主要集中在京津冀地区的南部地区;2020年与2030年的第二产业分布相似,主要集中在京津冀地区的西南部和东北部地区,高于50%的县域数量均为59个,占总数的40.14%;2030年比2020年的第三产业比重具有较大的提升,高于50%的县域由19个变为34个,比例由12.92%变为23.13%,增加了10.21个百分点,2020年主要集中在北京、天津等城市周边县域，2030 年逐渐转向东部沿海县域（见图 6.16 和图 6.17）。因此，产业预测结果显示第一产业比重逐渐降低，第二产业比重变化逐渐稳定，第三产业比重逐渐增加；第一产业、第二产业、第三产业的区域划分愈加明显，第一产业集中偏向京津冀地区的东南部地区，第二产业集中分布于京津冀地区的中部和西南部地区，第三产业集中在京津冀地区的中部和东部沿海地区。

（2）产业预测关联度检验。在 147 个县的产业灰色预测模型中，关联度 0.6～0.7 的有 59 个，占总数的 40.14％；关联度 0.7～0.8 的有 77 个，占总数的 52.38％；关联度 0.8～0.9 的有 11 个，占总数的 7.28％（见图 6.18）。关联度均高于 0.6，说明预测模型通过检验，预测结果合理。灰色关联度较高，表明灰色模型效果较好。

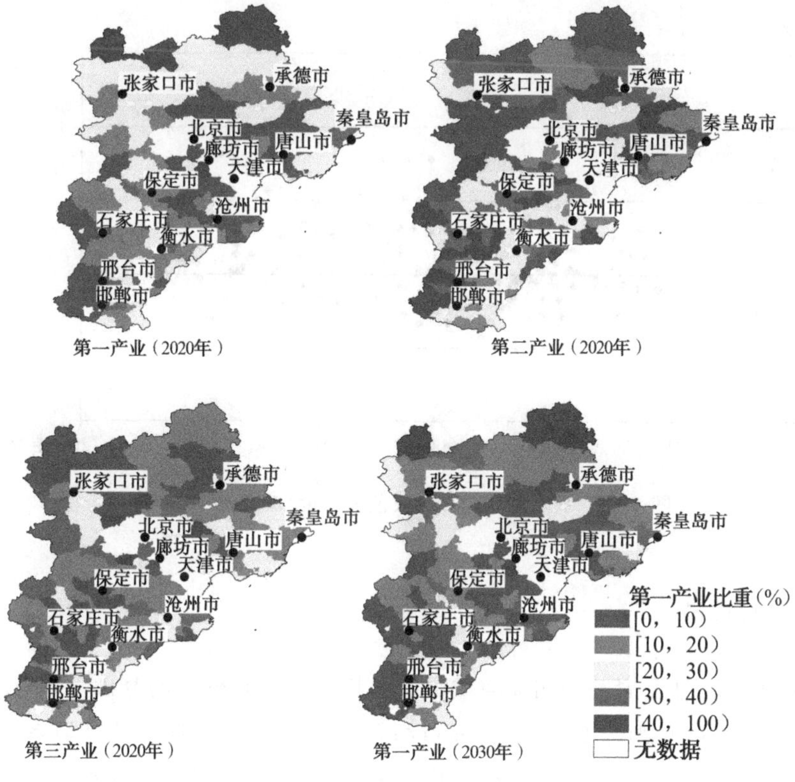

图 6.16　京津冀地区县域产业预测结果（2020～2030 年）（一）

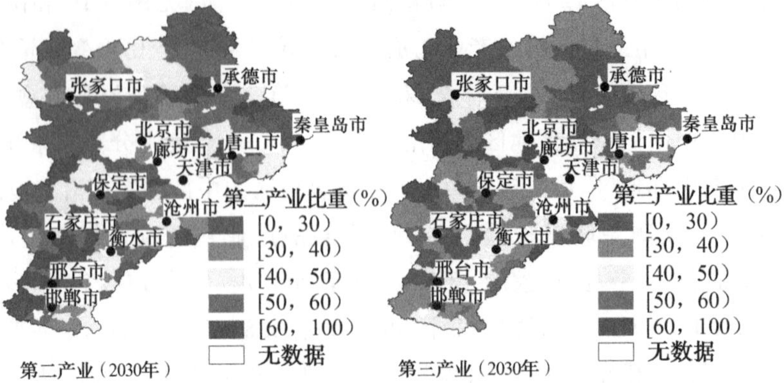

图 6.17　京津冀地区县域产业预测结果(2020～2030 年)(二)

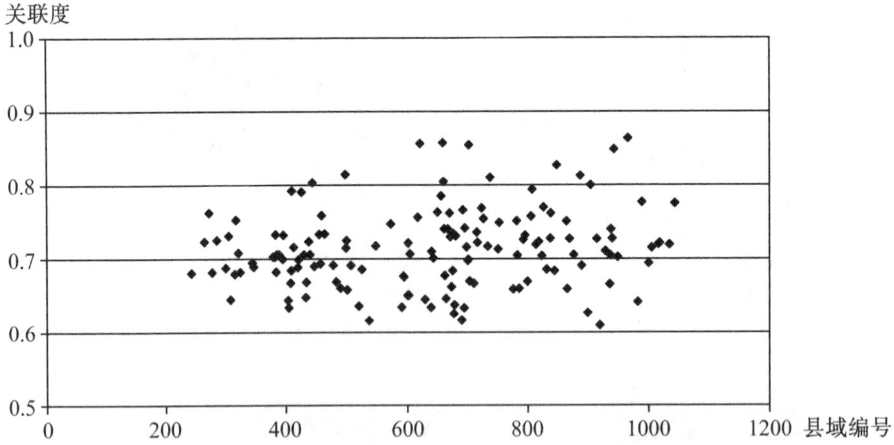

图 6.18　京津冀地区县域灰色关联度(2020～2030 年)

6.4　小结

在乡村转型发展路径测度与城镇化对其作用机制分析的基础上，利用乡村发展度、转型度和耦合度赋分法，通过综合求和对京津冀地区的县域乡村转型发展进行功能区定位。然后根据各功能区的发展要求，对京津冀地区县域的人口、土地、产业 2020 年(近期)和 2030 年(远期)的发展进行预测模拟，为促进京津冀地区乡村转型协调发展和实现城乡融合提供规划决策支撑，为新时期乡村转型发展模式优化和乡村转型发展保障体系搭建提供参考。

(1)本书的研究将京津冀地区的县域划分为核心引领区、重点拓展区和稳定涵养区。核心引领区县域占总数的12.2%,主要起到了乡村转型发展政策与科学技术指导作用;重点拓展区县域占总数的43.6%,属于乡村转型产业经济发展重点区,缓解核心区人口压力,为稳定涵养区提供就业机会;稳定涵养区县域占总数的44.2%,属于乡村转型发展的生态保育区和粮食安全区,为核心引领区和重点拓展区提供后备物质保障。功能区的划定为县域乡村转型发展要素发展规模与空间分布的预测模拟提供了参考依据,也对京津冀地区县域乡村发展的区域职能进行了划定。

(2)根据京津冀地区核心引领区、重点拓展区和稳定涵养区的县域乡村转型发展要求,对2020年和2030年人口密度、城镇化率、土地利用类型和第一产业、第二产业、第三产业结构比进行预测模拟。结果显示,人口密度的热点区集中在重点拓展区的平原区,城镇化率的热点区主要集中在环北京和天津等周边县域。土地利用类型中,建设用地规模增加,耕地、林地、草地和未利用地规模减小,而水域用地作为限制发展区其面积不变。在空间上,建设用地主要集中在城市中心周边不断向外围扩展,京津冀地区南部地区的耕地空间分布不变。产业预测结果显示,第一产业、第二产业、第三产业的区域划分愈加明显,第一产业集中在京津冀地区的东南部地区,第二产业集中在京津冀地区的中部和西南部地区,第三产业集中在京津冀地区的中部和东部沿海地区。乡村转型发展核心要素的模拟预测,能够更加清晰地刻画未来京津冀地区乡村发展的人口、土地和产业的空间分布与发展的重点区,为乡村转型模式优化和保障机制科学落实提供参考。

京津冀地区的县域乡村转型发展的功能区是基于社会经济、自然资源和区位等要素,综合测算乡村发展度、转型度和耦合度获取的,主要目的是划分乡村发展的功能区,借此以功能区为依据来为乡村发展要素的预测进行界定。本书的研究没有将政策和国家战略定位等因素作为划分依据,因此,与京津冀地区城市功能区存在一定的差异。如雄安新区未来应为核心引领区,而本书中的容城县属于重点拓展区,新安县和雄县为稳定涵养区,同时根据综合得分,京津冀地区北部地区的部分生态保育区也被划为了重点拓展区。但是,本书主要是针对县域的乡村发展,如北京市密云区和张家口市等北部乡村相对发达,其生态旅游和现代农业等乡村转型发展模式相对京津冀地区西部落后的县域具有重要的引领和指导作用;通过对比分析发现,京津冀地区中的国家级贫困县主要位于本书划定的稳定涵养区中,是需要外部力量重点支持发展的地区。

第7章 京津冀地区乡村转型发展模式优化与保障机制

分析京津冀地区乡村转型发展时空格局与典型县域的村域尺度乡村转型发展模式发现，京津冀地区县域乡村转型发展度存在区域差异大、耦合协调性低、可持续性差等问题。村域尺度发展模式中的人口、土地与产业要素转型发展不协调、模式不适宜，缺乏稳定性政策保障，而乡村空心化、农业生产主体老弱化、环境污损化等问题尚未得到有效解决，甚至不断加剧。根治转型过程中的“乡村病”，是加快实现乡村振兴和城乡融合的重要保障。本书基于京津冀地区县域乡村转型发展功能区定位与发展需求，结合人口、土地、产业等要素空间分布预测，在提炼不同典型案例区的乡村发展模式与问卷调研中农户发展意愿分析的基础上，通过要素组织、结构调整和功能提升，以解决当前各类模式中存在的乡村问题为主，构建科学合理的乡村转型发展框架图，优化乡村转型发展模式；为促使各类模式能够有效实施并具有可推广性，研究设定各要素功能，明确各类乡村转型发展模式的适用范围；为保证各类模式有效实施，提出科学的保障机制，为乡村振兴发展与城乡融合提供决策支撑。

7.1 区域乡村转型发展优化模式

7.1.1 核心引领区乡村转型发展模式

核心引领区是京津冀地区的经济、政治和文化中心区，以内外结合的乡村转型发展模式为主，主要集中在各城市中心的近郊县域。但是，该类型区耕地资源短缺，人口密度大，尤其是外来人口比重高，土地非农化速度过快，人地矛盾问题突出。如典型案例中密云区的城镇扩张发展模式主要占用了耕地资源，而绿色农业与科技产业发展模式因缺少土地使其发展规模受到限制。因此,核心引领区的乡村转型发展模式以控制土地扩张、限制人口规模为主,在控制人口密度的前提下,对重点拓展区、稳定涵养区的经济发展具有引导、带动作用,其必须发挥区域的先进示范作用,在产业发展的科学技术、方法形式方面始终走在前沿。

(1)依靠科学技术联合周边散村、散户集中,构建农业生产区;叠加农业生产空间,建设"立体式"种植(养殖)模式,如无土栽培;搭建深加工平台,提升农产品质量,增加就业机会,提高农民收入;由村委自组织负责高端农产品的收购、销售及组织推广,作为连接农户与农产品市场的桥梁,集中供应周边城市,保障农产品的销路。由此,形成了科技农业乡村发展模式(见图 7.1)。该模式需要投入大量的财政资金加强乡村道路、水利等基础设施建设,才能够得以实现,主要适用于耕地资源少、散户发展生产多的乡村。在原有绿色农业发展模式基础上,通过组织、财政与科学技术促使产业升级转型,主要解决核心区县域中偏远山区受资源限制、乡村人口与产业不协调和剩余劳动力就业难等问题。

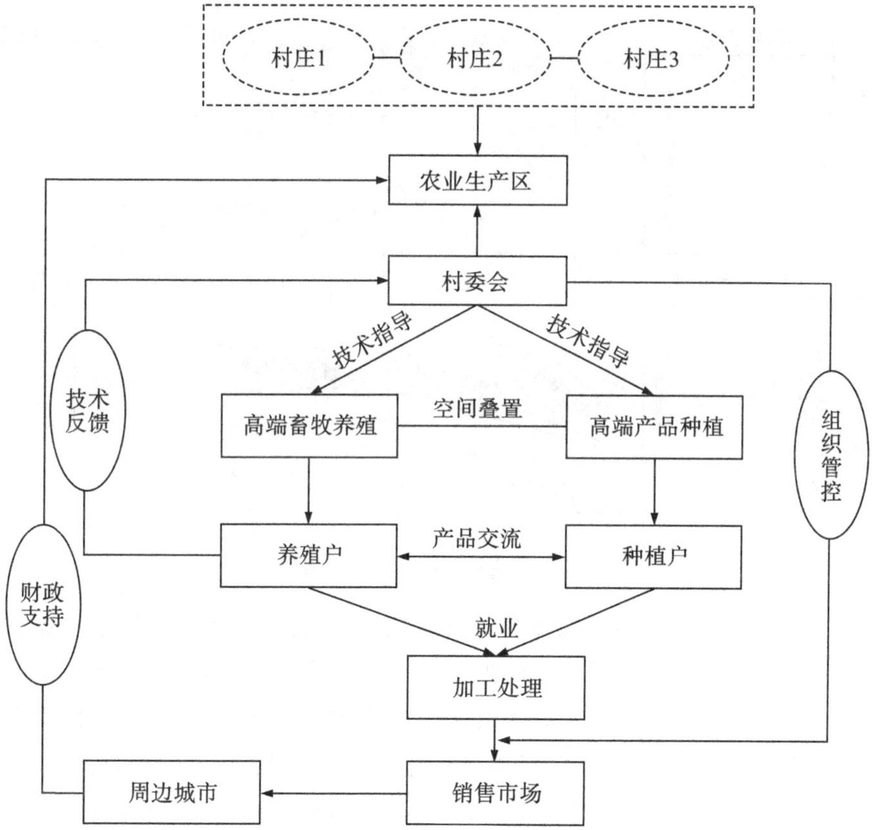

图 7.1　科技农业乡村发展模式

(2)集中各类产业,建设产业示范园区,严格控制工业占用土地与外来人口规模,减轻乡村承载压力;坚持以人为本,充分做好外来人口安置工作,将劳动力分为中老年、青年和高级知识分子等,合理安排各类人口从事适宜的产业工作;建设各类产业的污水、空气和固体污染物排放保障措施,保护区域的生态环境安全。同时,产业园区兼具地方学习考察、技术推广等功能。联合土地供给村委,构建园区产业管理协会,协调、组织、管理园区内劳动力、产品供销与推广宣传等。由此,形成产业示范园区发展模式(见图 7.2)。该类型模式要充分在原有工业用地基础上扩大规模,减少对耕地的占用,同时开发复垦空废闲置建设用地为耕地,保障基本耕地数量。该类型模式主要适用于人口密度大,以制造业、手工业为主的工业乡村,和地形地貌平坦、小规模企业众多的乡村。该模式主要用于解决小产业用地闲置、浪费,产业转型产生的人口就业压力过高而利益无法保障和环境污损等问题。

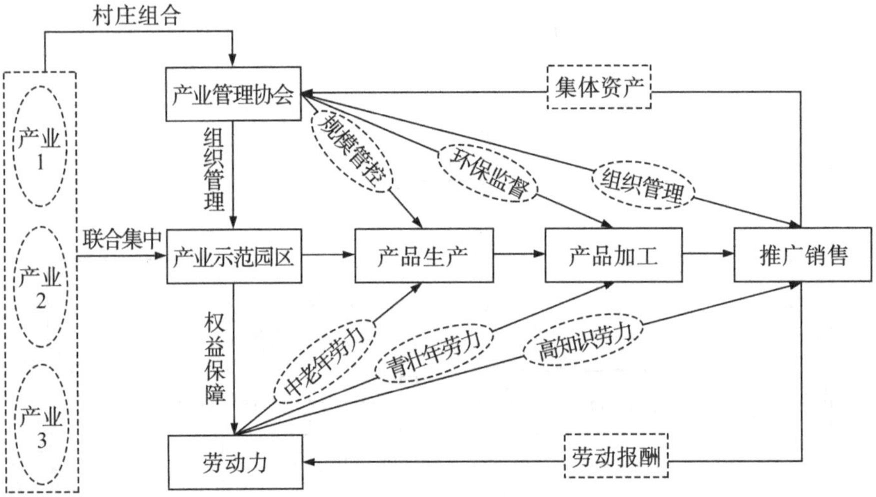

图 7.2 产业示范园区乡村发展模式

(3)加强乡村基础与公共服务设施建设,着力打造服务业与特色农业相结合的产业结构;通过土地流转、土地整治工程,整合小规模乡村,构建新型旅游乡村(中心社区),打破原有的村委组织管理,形成一个社区居委会管理,负责新型社区的村民管理、产业发展、基础设施服务与环境保护等。由此,构建卫星城镇(中心社区)乡村发展模式(见图 7.3)。通过多产业融合,有效地解决了生态区就业机会少的问题,有利于吸引外出农民工回乡创业、就业;同时,卫星城镇

(中心社区)的构建能够连接周边多个乡村,提升了农民享受基础、公共服务设施的便利程度。该类型模式适于生态旅游资源丰富且待开发、耕地资源稀少且远离城市的乡村,目的在于解决偏远乡村分散,且难以享受中心城区基本公共服务等问题。

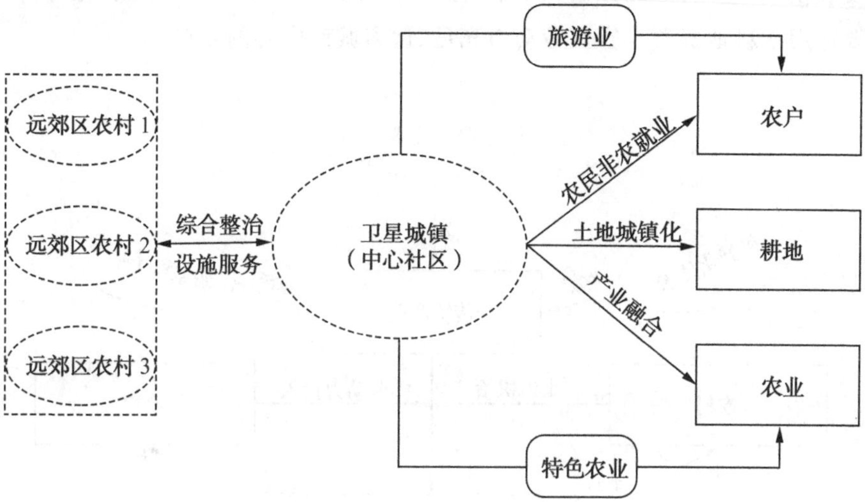

图 7.3　卫星城镇(中心社区)乡村发展模式

7.1.2　重点拓展区乡村转型发展模式

重点拓展区是京津冀地区产业经济发展的重要区域,以内生的乡村转型发展模式和城市带动发展模式为主,县域数量比重较高。耕地资源丰富,南部县域地势平坦,人口密度较大,交通和经济区位优势明显;北部县域林地资源丰富,生态、旅游资源优势明显,具有经济发展的先决条件。但是该区域内乡村发展速度相对缓慢,农业人口比重依然过高,土地生产效率低,乡村存在土地荒废等现象;部分核心区的工业迁移到重点拓展区,由于乡村环境与基础设施不健全,导致乡村环境污染严重。因此,重点拓展区的乡村发展模式应吸取核心引领区的发展经验,在其政策模式引导下,主要加强人口、产业、土地的非农转型程度,提高乡村土地、人口城镇化发展,提升产业质量等,重点解决人口与土地转型协调低等问题,缓解核心引领区人口压力,为稳定涵养区提供就业保障。

(1)引入高新技术、机械化技术、科学技术等到农业生产发展中,打破原有的农业生产结构，引入新品种，提高农业生产效率，增加农民收入；加强土地流转，集中破碎耕地斑块，便于农业规模化生产；同时通过深加工、包装等手段提升农产品质量，形成特色农产品，使得产业向非农化转型，为当地农民提供更多的就业机会。与科技农业乡村发展模式不同，该类型农村为现代农业规模化乡村发展模式（见图 7.4），以解决农村生产效率低、农业生产劳动力弱化等问题，主要适用于耕地资源丰富且劳动力充足、远离城市中心的乡村。

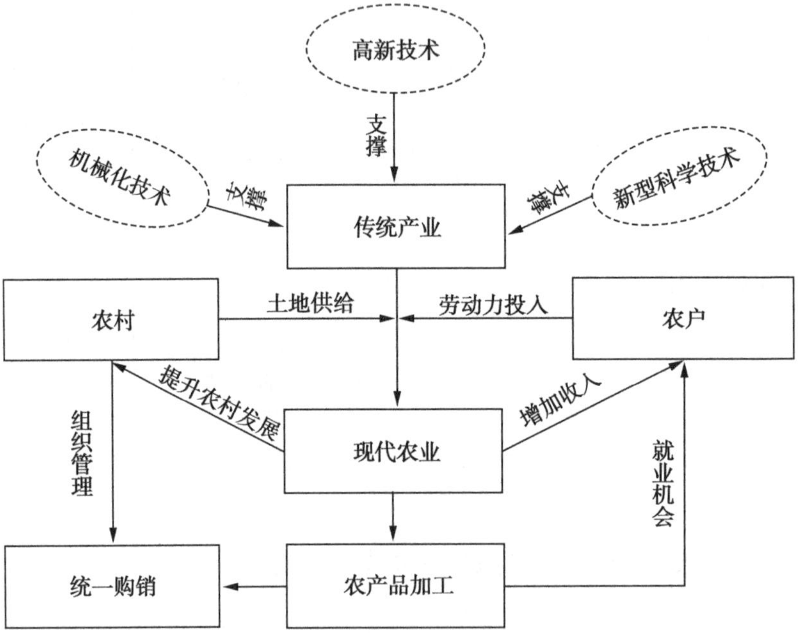

图 7.4 现代农业规模化乡村发展模式

(2)将小规模产业集成扩展为大规模产业，以产业升级或者引进大企业投资的形式，在乡村建设多功能性生产工厂，以加工业、制造业为主；根据各产业类型，加强土地流转，扩大产业园区生产规模，同时加强区域生态环境保护设施，建立农民工权益保护协会。由此提出企业规模化乡村发展模式（见图 7.5），吸引大量周边县域的劳动力，缓解核心引领区人口压力，为稳定涵养区农民提供更多的就业岗位。该模式适用于劳动力充足、有发达的交通运输干线的乡村，以解决小企业多且散乱、环境污染严重等问题为目的。

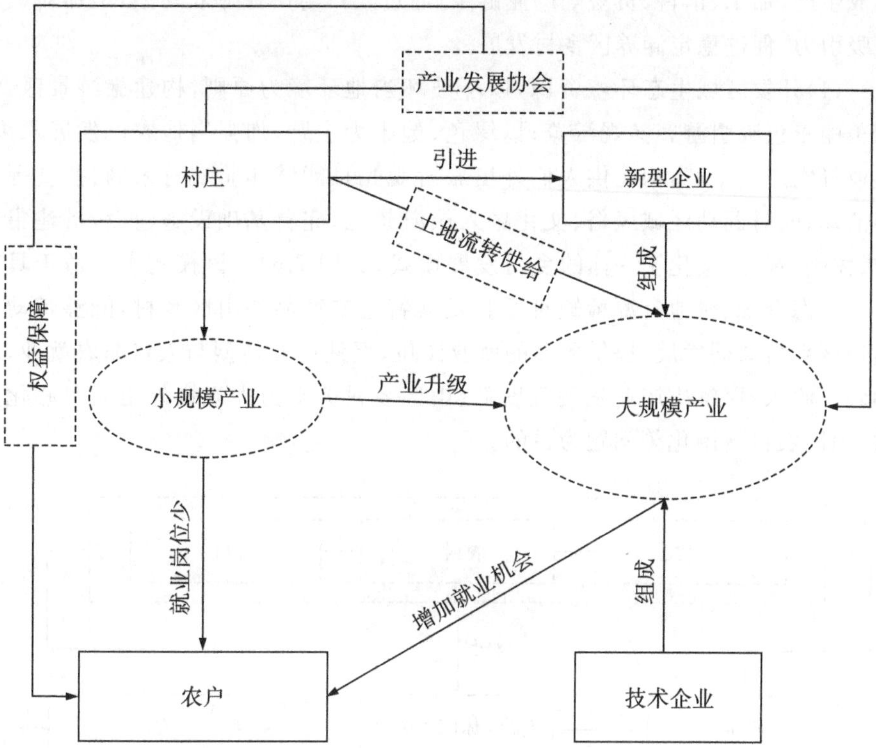

图 7.5　企业规模化乡村发展模式

7.1.3　稳定涵养区乡村转型发展模式

稳定涵养区是京津冀地区生态保育和粮食生产安全保障区,以城市带动发展模式为主,主要位于城市远郊区、京津冀地区的西北部山区和东南部平原区。山区森林覆盖率高、自然条件优美,但是不适宜工业发展;平原农区承担了国家重要的粮食生产功能,耕地资源丰富,劳动力充足,而乡村的耕地作为基本农田保护区不得占用,阻碍了农村第二产业、第三产业的经济发展。该类型区县域乡村人口、土地与产业的转型水平远低于核心引领区和重点拓展区;区域内生态旅游资源开发程度低,以传统农业生产为主,人口主要以外出务工为主;道路、医疗与教育等公共基础与服务设施水平较差,对农民的辐射程度低;区域内乡村与城市差距巨大,乡村贫困化程度较高。因此,涵养区应发挥资源优势,大力开发建设生态旅游景区,拓展旅游服务业;平原农区通过招商引资升级农业,形成生产、加工、销售、贸易等产业链条;通过人口与产业非农转型,增加对人才的吸引力,促进稳定涵养区乡村发展。

(1)开发区域生态环境资源,以不破坏当地环境为原则,构建旅游景区,利用美丽景色吸引游客参观游览;以绿色、健康为主题,加强当地农民发展水果、渔业等农产品生产,构建供人们外出旅游观光且能够体验农村采摘、捕食等休闲活动;同时调动区域风俗、文化融入旅游景区,完善基础设施建设,搭建集旅游、休闲、观光、文化于一体的乡村发展模式(见图 7.6)。该模式主要适于具有优美生态资源、耕地资源稀缺且适宜发展特色农产品的山区乡村,能够带动周边地区乡村共同发展,提供更多的就业岗位,促使产业转型与人口非农就业,增加农民收入,以解决产业发展程度低、山区乡村劳动力大规模外出而空心化严重、山区农村贫困化等问题为目的。

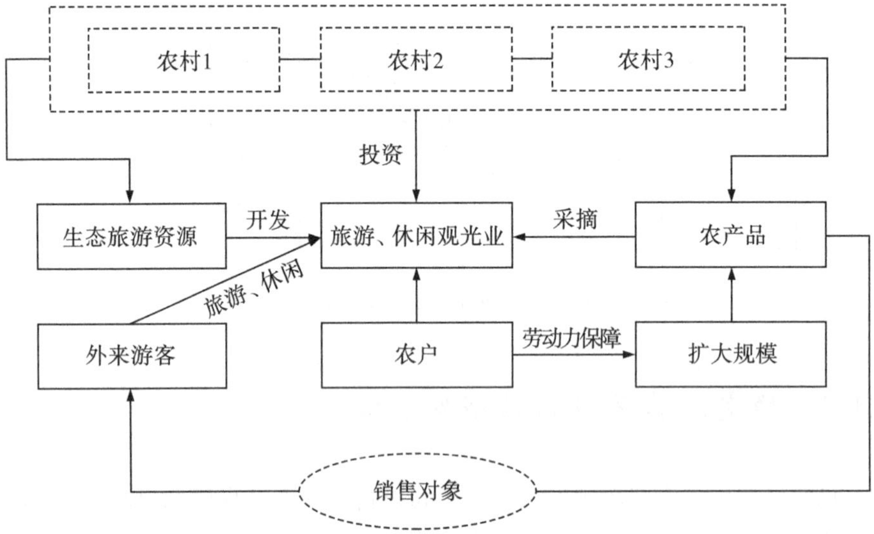

图 7.6 生态休闲旅游乡村发展模式

(2)结合土地整治工程,对空心化严重、空间结构散乱的农村进行综合治理,建设设施完善、住房空间合理的新型乡村;将分散耕地、整治复垦后土地集中,为机械化生产提供条件;调整与提升传统农业生产结构,发展平原农区特色农产品,形成区域标志商品。同时建设农产品深加工企业,由村委组织管理,为乡村剩余劳动力提供更多就业岗位,也吸引大量外出务工农民返乡创业、务工。该类型农村需要成立由农民组成的权益保护协会,保障农民外出务工、土地流转、本地企业就业等农民的切身利益。由此形成新型特色产业乡村发展模式

(见图 7.7),以提升产业、土地与人口非农转型为主,适于具有较好的农业基础、耕地资源丰富和便利的交通运输条件的乡村,主要解决乡村土地空废化、平原农区农业生产效率低、外出农民务工利益无保障等问题。

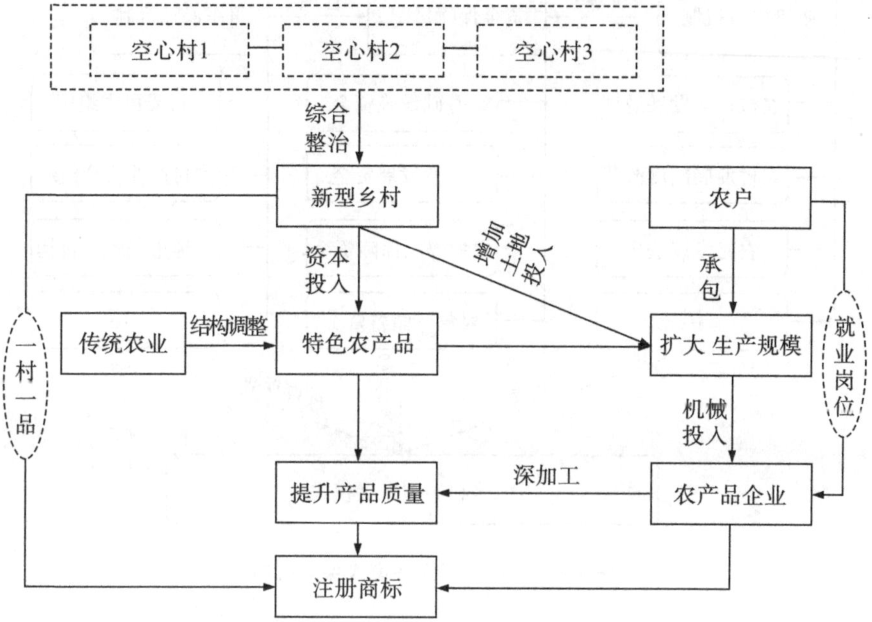

图 7.7　新型特色产业乡村发展模式

7.2　乡村转型发展保障机制

京津冀地区典型县域乡村转型发展分析与调研结果显示,乡村之间差异巨大,“人口—土地—产业”转型发展不协调,导致村庄空心化、农村主体老弱化、乡村环境污损化等问题依然存在。主要原因:重点拓展区中的乡村发展缺乏科学规划,稳定涵养区中的贫困乡村基础设施条件差与产业发展动力不足;缺乏能人带动,也是致使乡村发展落后的一个重要原因。因此,本书的研究从乡村发展政策、资金、组织等三个方面构建完善的乡村转型发展保障机制体系(见图 7.8),确保在乡村发展过程中,人口、土地和产业要素转型得到充足的保障,促使其高效、协调发展。

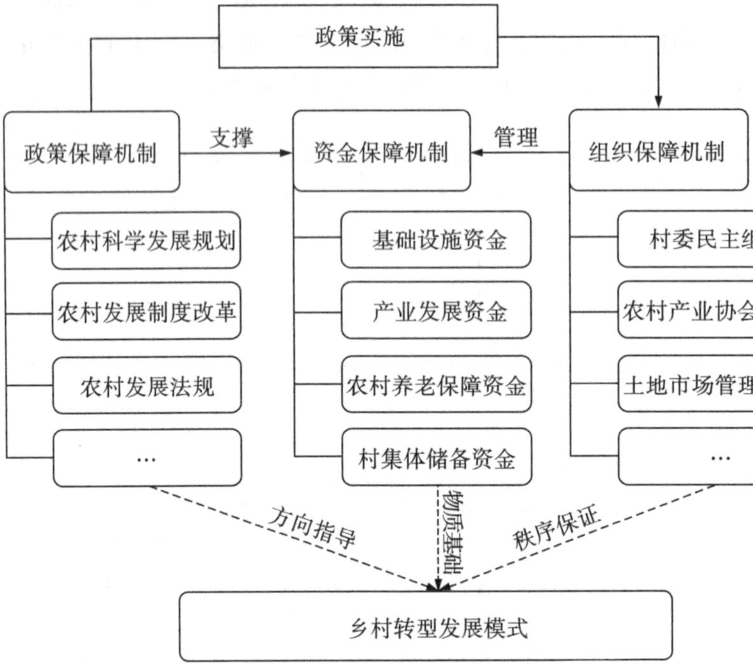

图 7.8　乡村转型发展模式保障机制

7.2.1　政策保障机制

政策是乡村转型发展的方向指导，为乡村制定发展目标和行动指南，是促使乡村实现正确、高效、稳定发展的重要措施。针对不同类型发展模式的乡村，制定不同的发展政策，保障县域内乡村转型协调与城镇融合发展。

(1)制定农村科学发展规划。制定农村科学发展规划主要包括区域乡村建设规划和乡村产业发展规划。针对城镇化、社区化乡村和旅游发展乡村，需根据地方文化特色和农民需求确定村镇建设的用地选址，构建科学的组织等；产业发展乡村，尤其稳定涵养区中的贫困乡村，需按照当地的生产环境和适宜条件选定发展品种，确定详细的产业发展规划。

(2)加强乡村发展制度改革。加强乡村发展制度改革主要包括乡村组织管理制度改革和农村土地制度改革。针对乡村转型发展，必须构建完整的村委组织，加强重点拓展区和稳定涵养区的产业、人员管理组织建设，引进科学技术人员和优秀人才。加强农村土地制度改革，对农村土地进行确权，重点拓展区与稳定涵养区构建土地流转市场，促使土地资产化；核心引领区应当加强土地约束机制，控制乡村土地的非农化发展。

(3)完善乡村发展法规。法律、法规是保障乡村发展合理、有序运行的重要手段。针对乡村劳动力就业、乡村产业市场、乡村环境保护等均应当加强法律保护，对破坏或者影响乡村发展的行为严厉惩戒。旅游与工业发展为主的乡村，要注重生态环境保护，根据环境保护法规，加强乡村环境监督。同时，利用法律武器针对农村组织受贿、贪污等违法行为加大执法力度，为乡村提供良好的文化氛围。

7.2.2 资金保障机制

资金是区域乡村发展的重要物质基础，是为乡村提供设施建设和创造发展基础的必要条件，是支撑乡村稳定、可持续发展的基本保证。应对不同发展模式的乡村进行不同程度的资金保障，同时也应加强村集体资金收入能力，提供乡村自身发展的内生动力。

(1)加大基础设施资金投入力度，主要针对稳定涵养区贫困县域农村的道路、医疗卫生、农田水利和村委中心等设施建设。此类型村庄缺少集体经济，自我发展能力弱，需要政府加大帮扶资金投入，才能够完善基础设施。

(2)完善产业发展资金借贷渠道，主要针对重点拓展区和稳定涵养区中依靠产业模式发展的农村。通过加大资金借贷规模或增加借贷结构，鼓励农民在本村积极创业，发展生产，形成百花齐放、百家争鸣的农村产业发展模式；金融支持县域农村大规模、带动性强产业发展，促进企业规模扩张，广泛带动农民生产发展。

(3)搭建乡村养老保障资金平台，目的在于建设京津冀地区完善的乡村养老机制。在乡村转型发展过程中，留守老人的数量在重点拓展区和稳定涵养区的乡村中逐渐增加，老龄化逐渐严重，是未来抑制农村稳定发展的重要问题。因此，必须做好充足的准备，完善农村养老机构建设，设立留守老人保障资金，提高老人基本生活保障。

(4)增加村集体储备资金水平。村集体收入是鉴定乡村发展水平的重要标志，收入越高，说明乡村发展水平越高。在稳定涵养区中，大多数贫困县域农村没有集体经济，自身产业发展动力不足；村委干部积极性差，基础设施建设发展条件弱。因此，通过加强村集体储备资金投入力度，引导村集体进行自我生产发展，应对村内各类紧急事件。

7.2.3 组织保障机制

组织是乡村转型有序发展的重要保障，是人口流动、产业升级转型和土地市场化必不可少的环节，良好的组织管理有利于促进乡村转型和发展水平提升。目前，乡村发展过程中缺少完善的组织保障机制，乡村转型发展协调性差，因此，必须加强组织管理，提高乡村发展的自主性。

(1)完善村委民主组织建设。村民委员会是基层群众性自治组织，能够带领村民生产致富[286～287]，是建设美丽乡村的根本保证。村委民主组织对农村的人口流动、农业生产和民风建设具有重要的影响力。尤其是新农村和新型城镇化农村，必须具备完善的管理组织结构，才能保障村内人口、土地和产业的协调发展，为上级政府提供实时有效的村内动态发展资料。

(2)建设农村产业协会组织。随着农村产业转型和升级发展，由于远离城市，虽然具有发达的网络信息，但是农民仍无法准确地获取农产品市场信息，农产品发展风险较大；同时缺乏科学管理，乡村的产业难以形成规模，发展效益较差。因此，乡村必须构建产业协会组织，为农产品价格和市场供需稳定提供保障，也能够帮助农民及时获取市场信息，提供产业发展渠道，同时为农民实时提供技术帮扶和在线服务。

(3)搭建土地市场管理机构。土地是农民生存的物质保障，也是乡村发展的重要资产。随着城镇化进程的加快，土地流转、土地征用逐渐成为促进乡村发展和提升土地价值的重要措施。但是，农村的土地为集体所有，没有土地市场进行组织管理，当农民的土地受到损失时[288～289]，权益得不到保障，导致土地流转、征用过程难以实施。因此，建设完善的土地市场管理机构，形成县域标准的土地市场价格，维护农民的根本利益，对依靠土地生存的农民进行妥善安置。

7.3 小结

根据京津冀地区县域乡村转型功能区定位发展要求，与人口、土地和产业要素模拟预测分布，以解决研究与调研过程中乡村差异大、要素转型不协调、“乡村病”等问题为目的，对不同功能区的乡村人口、土地与产业等要素组织及功能结构进行优化，本书提出了适宜的乡村发展模式，并构建了乡村转型发展保障体系，为实现京津冀地区乡村振兴与城乡融合提供模式和参考。

核心引领区、重点拓展区与稳定涵养区的功能定位不同，其对人口、土地与产业要素转型发展要求也存在较大差异。核心引领区以控制人口密度，利用科学技术发展第三产业为主，主要解决乡村资源限制和环境污染等问题，对重点拓展区、稳定涵养区乡村发展具有技术引导与扶持作用；重点拓展区以促进人口、土地与产业协调转型，发展第二产业为主，主要解决乡村劳动力就业、农村空心化和企业散乱也污染严重等问题，通过扩大产业规模缓解核心区人口压力，解决稳定涵养区就业问题；稳定涵养区以疏解密集人口、开发资源促进人口与土地转型，保障粮食安全农业生产，加强生态、休闲旅游业为主，主要解决“人—地—业”协调水平低和农村贫困化、空废化等问题。针对不同功能区定位提出的乡村转型发展优化模式并搭建了不同模式的框架图（见表 7.1），为有效地解决乡村转型研究过程中发现的问题和实现乡村振兴与城乡融合提供了规划与决策支撑。

表 7.1　京津冀地区乡村转型发展模式优化

项目	核心引领区	重点拓展区	稳定涵养区
主要县域乡村转型发展模式	内外结合发展模式	内生发展模式、城市带动发展模式	城市带动发展模式
区域功能	政策市场引导、示范作用	缓解人口压力，增加就业	生态保育、粮食安全保障
主要特征	耕地资源稀缺，山区为主，靠近城市，技术条件发达	耕地资源丰富、交通便利，地势平坦，自身发展能力强	耕地资源稀缺、生态环境优美，需城市外向主导
优化模式	科技农业乡村发展模式、产业示范园区乡村发展模式、卫星城镇（中心社区）乡村发展模式	现代规模化农业乡村发展模式、企业规模化乡村发展模式	生态休闲旅游乡村发展模式、新型特色产业乡村发展模式
主导产业	绿色科技农业、信息服务业	制造业、重工业	种植、养殖业、手工业、旅游业

然而，各类乡村发展模式都需要建立在有力政策、充足资金和完善组织管理基础上才能实施，为能够更好地解决乡村发展存在的问题，本书的研究构建了政策、资金、组织等组成的保障体系，针对乡村空废化、农业主体老弱化、环境污损化与农村贫困化等实施不同程度的政策与资金投入，加强贫困山区的能人引入带动效应，保护乡村的生态环境不再恶化等。在研究中，本书也创新地提出了产业发展资金和村集体的储备资金是乡村产业实现可持续发展的根本保障；而乡村产业协会组织和土地市场管理组织能够加强对乡村的产业和土地要素的科学管理，保障农民的根本利益，对乡村转型协调发展与实现城乡融合具有重大的意义。

第8章 结论与展望

8.1 主要结论

本书以区位论、发展阶段理论、城乡关系理论和乡村系统研究理论为支撑，对京津冀地区147个县域的1990年、2000年、2010年和2015年四个阶段的乡村发展度和转型度进行测算，集成多元线性回归、地理探测器、欧式距离模型和引力模型等，创新地提出了乡村转型发展路径测度模型；基于"推—拉"理论，通过判断影响县域乡村转型发展内力、外力的大小，划分了京津冀地区县域乡村转型发展类型；选取静海区、阜平县和密云区分别表示内生发展模式、城市带动发展模式和内外结合发展模式的典型案例区，结合问卷调查与社会经济资料，剖析了各县区乡村发展特征与村域转型发展模式和存在的问题；基于县域乡村转型发展功能区定位，模拟预测了京津冀地区县域人口、土地和产业等农村要素的发展状况与空间分布；基于上述结果与乡村转型发展问题，研究提出了县域乡村发展优化模式和保障体系。本书具体研究结论如下：

(1)进一步阐述了"乡村转型发展与发展路径"概念，并构建了乡村转型发展理论框架。乡村转型发展路径，是指农村由一种状态转为另一种状态的发展过程，包含不同时间点的状态、转化的方法以及发展过程中的影响因素和各因素的作用机制，是一个动态、持续的过程。梳理了区位论、农村业展阶段理论、城乡关系理论、乡村系统研究理论等基础理论，从而搭建了京津冀地区乡村转型发展理论构架，为乡村转型发展典型县域案例的研究提供了理论支撑。

(2)基于乡村转型发展的基础理论，测度了京津冀地区147个县域不同时期的乡村发展度和转型度，并深度分析了其时空特征与乡村发展与转型协调耦合性。结果显示：第一，京津冀地区农村系统的生产、生活、生态和综合发展水平在不同时间段存在明显的南北差异，1990 年以低等、较低水平的发展度和转型度为主，2015 年以中、高等水平发展度和中等水平转型度为主。第二，经乡村发展度与转型度的耦合分析发现，2015 年 92.5%的县域仍然处于颉颃耦合阶段，乡村转型发展模式仍需进一步优化。第三，京津冀地区 1990～2015 年的乡村转型发展过程中仍然存在水平较低、发展不均衡、区域差异大、不协调、可持续性差、缺乏保障机制、时效性低等问题，为深入剖析乡村转型发展问题产生的原因、探测城镇化对乡村转型发展的影响提供了研究目的和方向。

(3)基于多元回归分析和地理探测器模型，确定了人均财政收入、人均固定资产投入、人口密度、城镇化率为时间主导驱动因子，耕地密度、高程指数、到城市中心距离、到主要公路距离为空间主导驱动因子。以"推—拉"理论为基础，结合欧式距离与引力模型，提出了县域乡村转型发展路径测度模型。通过比较县域转型发展路径中内力与外力大小，划分了内生发展模式、城市带动发展模式和内外结合发展模式，比重分别为13.6%、70.1%和 16.3%，为典型案例区的选择与县域乡村转型发展功能区定位提供了依据。

(4)选择了京津冀地区的阜平县、静海区和密云区等作为典型县(区)，分析了不同类型乡村转型发展模式的发展特征、城镇化的作用机理，提炼出了典型案例区的村域转型发展模式。静海区耕地资源丰富，充分发挥了自身优势带动乡村转型发展，促使当地农村的产业经济发展水平加快提升，主要包括特色农业发展模式、休闲观光发展模式、农业升级发展模式、乡镇工业发展模式、城镇建设发展模式。阜平县耕地资源稀缺，乡村发展主要依靠国家政策扶持与外部市场带动，主要包括劳务输出发展模式、特色农业发展模式、休闲旅游发展模式、城镇扩张发展模式。密云区处于山区，耕地资源短缺，充分利用区位优势与生态资源发展旅游服务业，带动了当地乡村转型发展，包括生态旅游发展模式、绿色农业发展模式、科技产业发展模式、新型乡村发展模式。基于问卷调研，本书分析了农民的发展意愿与需求，为未来京津冀地区的人口、土地和产业要素的模拟预测与乡村转型发展模式优化提供了参考依据。

(5)利用京津冀地区县域乡村转型发展度与转型度划分了核心引领区、重点拓展区和稳定涵养区，比重分别为 12.2%、43.6%和 44.2%。核心引领区主要起乡村转型发展政策与科学技术指导作用；重点拓展区属于乡村转型产业经济发展重点区，可缓解核心区人口压力，为稳定涵养区提供更多的就业机会；稳定涵养区属于乡村转型发展的生态保育区和粮食安全区，为核心引领区和重点拓展区提供后备物质保障。

(6)基于功能区定位，预测模拟了京津冀地区 2020 年和 2030 年县域乡村人口、土地和产业等核心要素。人口密度的热点区集中在重点拓展区的平原区，城镇化率热点区主要集中在环北京和天津等周边县域；土地利用形态变化主要为生产型转生活型，集中在重点拓展区的石家庄市、张家口市、承德市和唐山市等；第一产业集中在京津冀地区北部的张家口市、承德市和南部的邢台市和邯郸市等县域，第二产业集中在京津冀地区的石家庄市、廊坊市和唐山市等县域，第三产业集中在京津冀地区中部的北京市、天津市和东部沿海地区。

(7)依据县域乡村转型发展测度结果与典型县域乡村发展特征分析发现的问题，结合京津地区核心引领区、重点拓展区和稳定涵养区发展要求与人口、土地、产业要素的空间分布，提出了科技农业乡村发展模式、产业示范园区乡村发展模式、卫星城镇(中心社区)乡村发展模式、现代规模化农业乡村发展模式、企业规模化乡村发展模式、生态休闲旅游乡村发展模式、新型特色产业乡村发展模式等 7 种框架图，使得不同功能区面临的“人—地—业”协调水平低，农业生产主体老弱化、农村贫困化、空废化等“乡村病”能够得到有效根治。最后提出了乡村发展规划、产业发展资金和村集体储备资金、乡村产业协会组织和土地市场管理机构等措施，为乡村转型发展模式有效实施与推广好乡村土地等要素管理提供了一定的保障，对进一步促进乡村振兴与城乡融合具有重要的意义。

8.2　研究展望

本书从乡村发展度与转型度两个方面综合测度了不同县域乡村转型发展过程，结合时间与空间驱动要素分析，诊断了当前京津冀地区县域—村域尺度乡村发展存在的问题。经典型案例区城镇化率、财政收入指数、到主要公路距离与耕地资源密度等驱动因素的分析发现，乡村依然存在土地要素快速非农化、农业主体老弱化、农村空废化、贫困化等“乡村病”，公共服务与基础设施不完善，财政扶持力度小导致乡村自身发展动力不足等问题，也是导致乡村转型发展过程中人口、土地与产业不协调的主要原因。促进乡村振兴与城乡融合的关键是根治当前存在的“乡村病”。因此，本书划定核心引领区、重点拓展区与稳定涵养区，基于乡村发展问题提出了适宜不同功能区的乡村发展模式，并构建人口、土地与产业要素组织与功能结构设定的框架图。但是，本书也在以下几个方面存在不足：

(1)由于数据获取的局限性和数据处理的可操作性,乡村转型发展路径的时间尺度为等间隔,而未能充分考虑连续的时间尺度。

(2)本书的研究中对京津冀地区功能定位是基于社会经济要素定量分析结果对乡村发展划定的,未能够将国家政策与战略因素作为划分依据,与京津冀地区城市主体功能区划存在一定的差异[290~291],部分北部县域深处生态保育区,但是被划分为乡村的重点拓展区,以发展第三产业为主。如雄安新区作为未来城市发展的重点区,而安新县和雄县其实被划分为乡村稳定涵养区,以发展特色农业和第三产业为主,容城县则为重点拓展区,以发展第二产业为主。

(3)在研究乡村转型发展过程中,考虑了城镇化对乡村转型发展的影响,但是未对乡村影响城市发展进行详细剖析,未对城乡融合作用机理深入探讨,使得政策保障与模式框架等优化措施主要围绕解决乡村问题展开。但在实际解决"乡村病"问题时,需要考虑城乡统筹发展,充分利用城乡关系促使乡村振兴。

(4)典型村域乡村发展模式主要是依据乡村要素发展状况与调研获取的,但是未能够详细针对"乡村病" 空间分布作进一步分析,只有"对症"下药,将优化模式应用到现实乡村发展案例中才能拔出"病根",这也是本书有待进一步研究的内容。

在未来乡村转型发展路径测度模型和发展模式优化研究中,我们将根据村域发展的现实问题进行村域小尺度微观分析,通过转型发展研究诊断典型村域问题,识别不同乡村发展类型,确定乡村振兴极,提出更加细化、具有针对性的村域发展模式,同时更加深入地剖析城乡转型发展过程中城市与乡村之间的关系与作用机理,为更好地实现乡村振兴与城乡融合提供科学依据。

附　录

附录 1　京津冀地区农业生产、农民生活、农村生态水平(1990～2015 年)

地区	1990AP	1990AL	1990AE	2000AP	2000AL	2000AE	2010AP	2010AL	2010AE	2015AP	2015AL	2015AE
大兴区	0.0697	0.0782	0.1549	0.0521	0.0952	0.1361	0.0330	0.1292	0.1881	0.0205	0.1748	0.2069
怀柔区	0.0530	0.1008	0.2398	0.0477	0.1279	0.2193	0.0346	0.1575	0.2722	0.0281	0.1919	0.2859
平谷区	0.0500	0.0917	0.2262	0.0462	0.1063	0.1851	0.0502	0.1417	0.2605	0.0522	0.1813	0.2790
密云县	0.0479	0.0854	0.2432	0.0427	0.0998	0.2243	0.0583	0.1241	0.2842	0.0388	0.1625	0.2926
延庆县	0.0612	0.0851	0.2399	0.0679	0.1098	0.2213	0.0564	0.1269	0.2725	0.0491	0.1489	0.2828
宝坻区	0.0550	0.0620	0.1688	0.0628	0.0986	0.1263	0.0982	0.1388	0.1390	0.0557	0.1793	0.1548

续表

地区	1990AP	1990AL	1990AE	2000AP	2000AL	2000AE	2010AP	2010AL	2010AE	2015AP	2015AL	2015AE
宁河县	0.0567	0.0759	0.1654	0.0429	0.0967	0.1393	0.0832	0.1350	0.1759	0.0761	0.1902	0.1859
静海县	0.0459	0.0793	0.1613	0.0415	0.1036	0.1397	0.0686	0.1494	0.1674	0.0306	0.1804	0.1770
蓟县	0.0463	0.0625	0.2182	0.0598	0.1013	0.1850	0.0715	0.1261	0.2112	0.0460	0.1487	0.2201
井陉县	0.0398	0.0743	0.1993	0.0512	0.1043	0.1804	0.0560	0.1462	0.1774	0.0632	0.1459	0.1962
正定县	0.0632	0.0650	0.1062	0.1083	0.1364	0.0542	0.1192	0.1994	0.0592	0.1219	0.1828	0.0861
栾城县	0.0752	0.0634	0.1009	0.1042	0.1023	0.0887	0.1165	0.1738	0.0838	0.1188	0.1958	0.1010
行唐县	0.0554	0.0395	0.1431	0.0791	0.1000	0.1161	0.0875	0.1304	0.1136	0.0939	0.1411	0.1338
灵寿县	0.0457	0.0507	0.1810	0.0611	0.0852	0.1504	0.0654	0.1187	0.1611	0.0747	0.1285	0.1818
高邑县	0.0706	0.0435	0.1064	0.0839	0.1054	0.0871	0.0974	0.1317	0.0831	0.1084	0.1460	0.0913
深泽县	0.0590	0.0417	0.1061	0.0870	0.0952	0.0875	0.0992	0.1350	0.0808	0.1122	0.1435	0.0954
赞皇县	0.0497	0.0583	0.1884	0.0575	0.1064	0.1621	0.0766	0.1382	0.1565	0.0801	0.1562	0.1805
无极县	0.0709	0.0506	0.0957	0.0960	0.1029	0.0784	0.0978	0.1218	0.0774	0.0991	0.1418	0.0890
平山县	0.0440	0.0710	0.1833	0.0669	0.0869	0.1643	0.0637	0.1153	0.1652	0.0633	0.1175	0.1833
元氏县	0.0622	0.0572	0.1422	0.0801	0.0834	0.1205	0.0987	0.1259	0.1150	0.1042	0.1234	0.1294
赵县	0.0742	0.0400	0.0994	0.1059	0.1112	0.0574	0.1254	0.1542	0.0557	0.1277	0.1446	0.0684
辛集市	0.0633	0.0504	0.0896	0.1156	0.1269	0.0646	0.1196	0.1715	0.0554	0.1273	0.1926	0.0757
藁城市	0.0742	0.0507	0.1027	0.1086	0.1374	0.0680	0.1124	0.1636	0.0678	0.1214	0.1862	0.0807
晋州市	0.0591	0.0526	0.1003	0.0978	0.1220	0.0773	0.1010	0.1383	0.0628	0.1023	0.1516	0.0914

续表

地区	1990AP	1990AL	1990AE	2000AP	2000AL	2000AE	2010AP	2010AL	2010AE	2015AP	2015AL	2015AE
新乐市	0.0706	0.0644	0.1127	0.1141	0.1333	0.0735	0.1175	0.1740	0.0875	0.1229	0.1748	0.1097
鹿泉市	0.0597	0.0786	0.1585	0.0727	0.1117	0.1376	0.0770	0.1611	0.1330	0.0768	0.1883	0.1529
丰南区	0.0576	0.0707	0.1883	0.0808	0.0914	0.1670	0.0837	0.1750	0.1551	0.0951	0.1980	0.1741
丰润区	0.0584	0.0618	0.1953	0.0743	0.0809	0.1850	0.0780	0.1299	0.1684	0.0839	0.1612	0.1797
滦县	0.0505	0.0575	0.2232	0.0757	0.0893	0.1933	0.0874	0.1382	0.1827	0.0961	0.1736	0.1837
滦南县	0.0642	0.0475	0.1741	0.0890	0.0621	0.1643	0.1286	0.1145	0.1531	0.1533	0.1439	0.1580
乐亭县	0.0663	0.0411	0.1815	0.0935	0.0943	0.1441	0.1135	0.1345	0.1337	0.1330	0.1609	0.1492
迁西县	0.0375	0.0745	0.2472	0.0405	0.0974	0.2285	0.0540	0.1670	0.1997	0.0595	0.1867	0.2190
玉田县	0.0586	0.0526	0.1808	0.0833	0.1055	0.1742	0.1085	0.1525	0.1571	0.1227	0.1679	0.1593
唐海县	0.1057	0.0684	0.2060	0.0973	0.0979	0.2109	0.1560	0.1520	0.2025	0.1262	0.2398	0.2087
遵化市	0.0529	0.0527	0.2342	0.0639	0.0996	0.2243	0.0714	0.1595	0.2007	0.0751	0.1761	0.2184
迁安市	0.0402	0.0674	0.2279	0.0671	0.1064	0.2191	0.0739	0.1937	0.2122	0.0782	0.2286	0.2196
青龙满族自治县	0.0344	0.0548	0.2541	0.0408	0.0749	0.2420	0.0577	0.1134	0.2128	0.0692	0.1103	0.2351
昌黎县	0.0554	0.0778	0.2117	0.0724	0.0909	0.1924	0.1030	0.1314	0.1754	0.1145	0.1461	0.1756
抚宁县	0.0515	0.0689	0.2481	0.0591	0.0826	0.2330	0.0990	0.1221	0.2192	0.1169	0.1192	0.2315
卢龙县	0.0638	0.0652	0.2213	0.0824	0.0822	0.1899	0.0961	0.1052	0.1744	0.1101	0.1058	0.1779
邯郸县	0.0443	0.0551	0.1112	0.0651	0.1022	0.0840	0.0707	0.1574	0.1091	0.0862	0.1750	0.1225

续表

地区	1990AP	1990AL	1990AE	2000AP	2000AL	2000AE	2010AP	2010AL	2010AE	2015AP	2015AL	2015AE
临漳县	0.0488	0.0462	0.1206	0.0795	0.0877	0.0895	0.1002	0.0950	0.1163	0.0978	0.1036	0.1157
成安县	0.0522	0.0375	0.1162	0.0873	0.0942	0.0921	0.0908	0.1523	0.0943	0.0915	0.1523	0.0938
大名县	0.0453	0.0328	0.1007	0.0714	0.0615	0.0870	0.0832	0.0940	0.1137	0.0864	0.1404	0.1140
涉县	0.0321	0.0727	0.1607	0.0373	0.1039	0.1399	0.0461	0.1890	0.1664	0.0538	0.1880	0.1774
磁县	0.0376	0.0538	0.1501	0.0535	0.1011	0.1213	0.0754	0.1554	0.1544	0.0810	0.1760	0.1597
肥乡县	0.0562	0.0380	0.0982	0.0934	0.0656	0.0780	0.1031	0.1227	0.0936	0.1094	0.1635	0.0919
永年县	0.0488	0.0483	0.1152	0.0639	0.1036	0.0955	0.0868	0.1494	0.1159	0.0892	0.1666	0.1144
邱县	0.0602	0.0400	0.0983	0.0855	0.1062	0.0794	0.0732	0.1252	0.1096	0.0832	0.1386	0.1089
鸡泽县	0.0473	0.0449	0.0987	0.0661	0.0957	0.0854	0.0820	0.1624	0.1035	0.0860	0.1730	0.1025
广平县	0.0465	0.0485	0.1013	0.0671	0.0932	0.0865	0.0840	0.1253	0.1089	0.0882	0.1405	0.1147
馆陶县	0.0550	0.0393	0.1019	0.0964	0.0983	0.0788	0.1074	0.1401	0.1062	0.1158	0.1424	0.1037
魏县	0.0424	0.0436	0.1045	0.0615	0.0701	0.0894	0.0709	0.1001	0.1201	0.0733	0.0984	0.1217
曲周县	0.0525	0.0351	0.1049	0.0871	0.0888	0.0748	0.0995	0.1473	0.0999	0.1071	0.1656	0.0955
武安市	0.0412	0.0580	0.1733	0.0449	0.1128	0.1513	0.0645	0.2056	0.1823	0.0684	0.1949	0.1893
邢台县	0.0435	0.0491	0.2107	0.0567	0.0992	0.1914	0.0625	0.1644	0.1580	0.0553	0.1601	0.1586
临城县	0.0435	0.0496	0.2171	0.0533	0.0873	0.1948	0.0668	0.1142	0.1563	0.0801	0.1295	0.1693
内丘县	0.0438	0.0475	0.2122	0.0570	0.0795	0.1954	0.0722	0.1308	0.1580	0.0813	0.1493	0.1689
柏乡县	0.0702	0.0526	0.1431	0.0920	0.0896	0.1235	0.0985	0.1188	0.0773	0.1069	0.1440	0.0829

续表

地区	1990AP	1990AL	1990AE	2000AP	2000AL	2000AE	2010AP	2010AL	2010AE	2015AP	2015AL	2015AE
隆尧县	0.0451	0.0485	0.1529	0.0910	0.1066	0.1280	0.1014	0.1391	0.0840	0.1002	0.1390	0.0903
任县	0.0471	0.0647	0.1346	0.0784	0.1061	0.1272	0.0881	0.1360	0.0819	0.0901	0.1326	0.0909
南和县	0.0464	0.0443	0.1380	0.0792	0.0710	0.1234	0.0876	0.1215	0.0821	0.0896	0.1272	0.0903
宁晋县	0.0495	0.0391	0.1424	0.0766	0.0807	0.1172	0.0901	0.1167	0.0817	0.0955	0.1367	0.0899
巨鹿县	0.0450	0.0527	0.1475	0.0566	0.0772	0.1329	0.0660	0.1189	0.0901	0.0746	0.1251	0.0984
新河县	0.0468	0.0600	0.1478	0.0733	0.0763	0.1338	0.0878	0.1329	0.0946	0.0972	0.1253	0.1037
广宗县	0.0425	0.0455	0.1362	0.0593	0.0772	0.1237	0.0567	0.1161	0.0835	0.0596	0.1266	0.0936
平乡县	0.0435	0.0603	0.1391	0.0573	0.1044	0.1258	0.0659	0.1435	0.0764	0.0761	0.1583	0.0851
魏县	0.0424	0.0442	0.1345	0.0615	0.0686	0.1227	0.0709	0.0971	0.0844	0.0733	0.0968	0.0925
清河县	0.0391	0.0582	0.1376	0.0545	0.1133	0.1202	0.0570	0.1614	0.0799	0.0654	0.1873	0.0893
临西县	0.0456	0.0415	0.1346	0.0808	0.0941	0.1102	0.0816	0.1330	0.0685	0.0845	0.1416	0.0779
南宫市	0.0422	0.0569	0.1376	0.0621	0.0828	0.1232	0.0662	0.1167	0.0821	0.0708	0.1307	0.0909
沙河市	0.0349	0.0621	0.1940	0.0469	0.1236	0.1764	0.0488	0.1573	0.1434	0.0481	0.1725	0.1552
满城县	0.0501	0.0659	0.1814	0.0647	0.0906	0.1515	0.0676	0.1209	0.1225	0.0741	0.1294	0.1509
清苑县	0.0600	0.0510	0.1300	0.0827	0.0876	0.0983	0.0814	0.0996	0.0616	0.0873	0.1186	0.0844
涞水县	0.0406	0.0512	0.2323	0.0549	0.0671	0.2001	0.0593	0.0960	0.1708	0.0648	0.1021	0.1980
阜平县	0.0294	0.0589	0.1940	0.0388	0.0707	0.1609	0.0426	0.0986	0.1411	0.0466	0.1040	0.1683
徐水县	0.0547	0.0627	0.1451	0.0795	0.0924	0.1121	0.0898	0.1174	0.0788	0.0919	0.1316	0.1058

续表

地区	1990AP	1990AL	1990AE	2000AP	2000AL	2000AE	2010AP	2010AL	2010AE	2015AP	2015AL	2015AE
定兴县	0.0519	0.0489	0.1456	0.0809	0.0739	0.1123	0.0945	0.1040	0.0733	0.0974	0.1228	0.0939
唐县	0.0389	0.0573	0.1877	0.0489	0.0726	0.1549	0.0506	0.1039	0.1160	0.0561	0.1168	0.1450
高阳县	0.0449	0.0579	0.1265	0.0611	0.0916	0.0976	0.0617	0.1382	0.0694	0.0605	0.1482	0.0946
容城县	0.0634	0.0498	0.1382	0.0904	0.1134	0.1166	0.0973	0.1371	0.0793	0.0990	0.1511	0.1021
涞源县	0.0356	0.0633	0.2233	0.0415	0.0670	0.1938	0.0329	0.1027	0.1639	0.0412	0.1111	0.1917
望都县	0.0590	0.0616	0.1226	0.0887	0.0862	0.0881	0.0999	0.1002	0.0556	0.1035	0.1044	0.0841
安新县	0.0406	0.0485	0.1591	0.0604	0.0718	0.1331	0.0657	0.1047	0.1008	0.0677	0.1218	0.1261
易县	0.0389	0.0516	0.2168	0.0585	0.0751	0.1838	0.0639	0.1076	0.1501	0.0723	0.1177	0.1827
曲阳县	0.0377	0.0552	0.1790	0.0487	0.0748	0.1453	0.0472	0.1128	0.1181	0.0463	0.1179	0.1447
蠡县	0.0494	0.0565	0.1307	0.0612	0.0943	0.1040	0.0626	0.1111	0.0726	0.0646	0.1217	0.0953
顺平县	0.0443	0.0485	0.1858	0.0649	0.0689	0.1503	0.0626	0.0955	0.1067	0.0712	0.1143	0.1416
博野县	0.0535	0.0440	0.1323	0.0773	0.0946	0.0895	0.0874	0.1196	0.0568	0.0861	0.1239	0.0816
雄县	0.0503	0.0497	0.1439	0.0776	0.0793	0.1156	0.0714	0.1177	0.0798	0.0750	0.1390	0.1078
涿州市	0.0467	0.0633	0.1457	0.0640	0.0879	0.1165	0.0628	0.1294	0.0841	0.0618	0.1551	0.1115
定州市	0.0571	0.0610	0.1318	0.0801	0.0822	0.0933	0.0905	0.1420	0.0602	0.0987	0.1605	0.0827
安国市	0.0564	0.0564	0.1337	0.0801	0.1013	0.1014	0.0897	0.1290	0.0724	0.0856	0.1349	0.0924
高碑店市	0.0508	0.0469	0.1425	0.0689	0.0906	0.1196	0.0693	0.1111	0.0879	0.0690	0.1194	0.1122
宣化县	0.0592	0.0599	0.2119	0.0626	0.0838	0.2012	0.1027	0.1100	0.1956	0.1326	0.1261	0.2026

续表

地区	1990AP	1990AL	1990AE	2000AP	2000AL	2000AE	2010AP	2010AL	2010AE	2015AP	2015AL	2015AE
张北县	0.0653	0.0454	0.1987	0.0703	0.0614	0.1887	0.0725	0.1110	0.1848	0.1004	0.1245	0.1889
康保县	0.0678	0.0377	0.1929	0.0671	0.0458	0.1817	0.0790	0.0734	0.1777	0.1268	0.0903	0.1810
沽源县	0.0695	0.0281	0.2142	0.0754	0.0549	0.2019	0.0775	0.0719	0.1984	0.1251	0.0898	0.2028
尚义县	0.0698	0.0459	0.2220	0.0704	0.0615	0.2103	0.0757	0.0858	0.2069	0.1012	0.0935	0.2113
蔚县	0.0465	0.0478	0.2282	0.0488	0.0650	0.2169	0.0487	0.0927	0.2138	0.0633	0.1098	0.2181
阳原县	0.0490	0.0538	0.2102	0.0495	0.0683	0.1992	0.0553	0.1066	0.1949	0.0786	0.1134	0.2007
怀安县	0.0439	0.0537	0.2043	0.0524	0.0677	0.1909	0.0678	0.0895	0.1850	0.0895	0.1053	0.1937
万全县	0.0483	0.0504	0.2016	0.0388	0.0729	0.1914	0.0750	0.1040	0.1902	0.0896	0.1241	0.1948
怀来县	0.0375	0.0594	0.2404	0.0433	0.0744	0.2246	0.0575	0.1160	0.2123	0.0654	0.1387	0.2273
涿鹿县	0.0496	0.0430	0.2400	0.0590	0.0686	0.2258	0.0766	0.0909	0.2135	0.0986	0.1124	0.2245
赤城县	0.0464	0.0709	0.2395	0.0521	0.0582	0.2279	0.0625	0.0888	0.2241	0.0950	0.1007	0.2302
崇礼县	0.0507	0.0470	0.2338	0.0509	0.0712	0.2230	0.0521	0.0940	0.2156	0.0820	0.1083	0.2241
承德县	0.0434	0.0524	0.2384	0.0461	0.0738	0.2475	0.0897	0.0981	0.2269	0.1025	0.1252	0.2365
兴隆县	0.0383	0.0536	0.2406	0.0380	0.0826	0.2341	0.0429	0.1029	0.2129	0.0583	0.1242	0.2348
平泉县	0.0508	0.0436	0.2338	0.0407	0.0730	0.2454	0.0705	0.1153	0.2225	0.0732	0.1269	0.2269
滦平县	0.0478	0.0459	0.2410	0.0448	0.0769	0.2550	0.0820	0.1254	0.2292	0.1087	0.1494	0.2392
隆化县	0.0455	0.0451	0.2523	0.0535	0.0719	0.2604	0.0894	0.0960	0.2405	0.1062	0.1102	0.2486

续表

地区	1990AP	1990AL	1990AE	2000AP	2000AL	2000AE	2010AP	2010AL	2010AE	2015AP	2015AL	2015AE
丰宁满族自治县	0.0517	0.0377	0.2477	0.0642	0.0665	0.2585	0.0700	0.1041	0.2412	0.0936	0.1200	0.2454
宽城满族自治县	0.0303	0.0506	0.2491	0.0303	0.0765	0.2576	0.0559	0.1344	0.2360	0.0627	0.1724	0.2413
围场满族蒙古族自治县	0.0390	0.0434	0.2527	0.0546	0.0700	0.2640	0.0735	0.0812	0.2455	0.0938	0.1005	0.2487
沧县	0.0508	0.0472	0.1484	0.0722	0.1086	0.1415	0.0932	0.1499	0.1018	0.0874	0.1827	0.1182
青县	0.0452	0.0536	0.1425	0.0609	0.0892	0.1402	0.1012	0.1488	0.1052	0.0980	0.1740	0.1169
东光县	0.0476	0.0409	0.1362	0.0673	0.0669	0.1286	0.0863	0.1334	0.0987	0.0852	0.1403	0.1078
海兴县	0.0370	0.0437	0.1778	0.0482	0.0778	0.1677	0.0702	0.1100	0.1325	0.0735	0.1290	0.1441
盐山县	0.0381	0.0318	0.1485	0.0608	0.0634	0.1465	0.0780	0.1263	0.1169	0.0777	0.1473	0.1283
肃宁县	0.0516	0.0382	0.1404	0.0776	0.0743	0.1286	0.0984	0.1404	0.0955	0.1074	0.1680	0.1031
南皮县	0.0438	0.0432	0.1479	0.0707	0.0672	0.1502	0.0837	0.1070	0.1167	0.0936	0.1317	0.1271
吴桥县	0.0526	0.0455	0.1479	0.0844	0.0699	0.1390	0.1223	0.1195	0.1036	0.1336	0.1543	0.1128
献县	0.0461	0.0372	0.1497	0.0639	0.0675	0.1419	0.0847	0.1297	0.1076	0.0871	0.1485	0.1184
孟村回族自治县	0.0437	0.0480	0.1501	0.0535	0.0860	0.1451	0.0833	0.1249	0.1141	0.1053	0.1537	0.1212

续表

地区	1990AP	1990AL	1990AE	2000AP	2000AL	2000AE	2010AP	2010AL	2010AE	2015AP	2015AL	2015AE
泊头市	0.0432	0.0536	0.1498	0.0616	0.0800	0.1478	0.0800	0.1420	0.1017	0.0819	0.1714	0.1156
任丘市	0.0387	0.0415	0.1505	0.0689	0.1622	0.1435	0.0609	0.1848	0.1109	0.0614	0.2150	0.1216
黄骅市	0.0449	0.0645	0.1713	0.0380	0.1260	0.1674	0.0842	0.1929	0.1350	0.1012	0.2278	0.1514
河间市	0.0423	0.0383	0.1455	0.0631	0.1040	0.1436	0.0771	0.1493	0.1100	0.0756	0.1708	0.1169
固安县	0.0636	0.0389	0.1714	0.0845	0.0742	0.1624	0.0960	0.0710	0.1402	0.0796	0.0958	0.1442
永清县	0.0510	0.0405	0.1725	0.0693	0.0738	0.1547	0.0982	0.0894	0.1311	0.1082	0.1016	0.1368
香河县	0.0504	0.0462	0.1716	0.0774	0.1019	0.1575	0.0805	0.1589	0.1340	0.0669	0.1796	0.1400
大城县	0.0431	0.0438	0.1531	0.0546	0.0948	0.1529	0.0758	0.1128	0.1324	0.0678	0.1196	0.1365
文安县	0.0494	0.0521	0.1571	0.0566	0.1071	0.1636	0.0692	0.1365	0.1403	0.0664	0.1538	0.1452
大厂回族自治县	0.0634	0.0569	0.1670	0.1139	0.1213	0.1580	0.1237	0.1441	0.1403	0.1028	0.1823	0.1536
霸州市	0.0421	0.0669	0.1621	0.0516	0.1144	0.1566	0.0614	0.1565	0.1336	0.0596	0.1911	0.1428
三河市	0.0590	0.0618	0.1813	0.0770	0.1172	0.1701	0.0806	0.1910	0.1383	0.0673	0.2243	0.1440
枣强县	0.0501	0.0479	0.1520	0.0767	0.0860	0.1200	0.0861	0.1054	0.0814	0.0831	0.1226	0.0825
武邑县	0.0547	0.0441	0.1493	0.0849	0.0895	0.1162	0.1057	0.1202	0.0800	0.1037	0.1304	0.0836
武强县	0.0495	0.0398	0.1461	0.0725	0.0817	0.1157	0.1109	0.1056	0.0779	0.1119	0.1150	0.0817
饶阳县	0.0527	0.0263	0.1513	0.0771	0.0707	0.1161	0.1023	0.1242	0.0735	0.1105	0.1416	0.0771
安平县	0.0541	0.0315	0.1550	0.0699	0.1112	0.1285	0.1028	0.1442	0.0882	0.0981	0.1656	0.0926

续表

地区	1990AP	1990AL	1990AE	2000AP	2000AL	2000AE	2010AP	2010AL	2010AE	2015AP	2015AL	2015AE
故城县	0.0526	0.0430	0.1443	0.0816	0.0855	0.1115	0.0909	0.1127	0.0647	0.0889	0.1355	0.0679
景县	0.0537	0.0385	0.1443	0.0875	0.0752	0.1092	0.1027	0.1182	0.0714	0.1002	0.1369	0.0747
阜城县	0.0514	0.0482	0.1518	0.0760	0.0857	0.1214	0.0884	0.1118	0.0799	0.0975	0.1307	0.0816
冀州市	0.0541	0.0364	0.1537	0.0743	0.0963	0.1187	0.0782	0.1242	0.0780	0.0803	0.1489	0.0816
深州市	0.0565	0.0311	0.1416	0.0862	0.1032	0.1049	0.1188	0.1175	0.0538	0.1267	0.1308	0.0633

附录2 京津冀地区乡村发展度(1990～2015年)

地区	1990RD	2000RD	2010RD	2015RD	地区	1990RD	2000RD	2010RD	2015RD
大兴区	0.3176	0.2996	0.3930	0.4520	涞水县	0.3984	0.3809	0.3586	0.4049
怀柔区	0.4639	0.4594	0.5514	0.5874	阜平县	0.3348	0.3086	0.2948	0.3402
平谷区	0.4257	0.3962	0.5292	0.5785	徐水区	0.2785	0.2799	0.2554	0.3062
密云区	0.4418	0.4309	0.5491	0.5733	定兴县	0.2642	0.2653	0.2434	0.2924
延庆县	0.4503	0.4575	0.5426	0.5650	唐县	0.3208	0.2981	0.2670	0.3212
宝坻区	0.3087	0.2918	0.3839	0.4000	高阳县	0.2419	0.2439	0.2333	0.2764
宁河县	0.3183	0.2869	0.4022	0.4477	容城县	0.2661	0.3088	0.2753	0.3215
静海县	0.3056	0.2888	0.3934	0.3992	涞源县	0.3807	0.3491	0.3202	0.3724
蓟县	0.3769	0.3749	0.4496	0.4576	望都县	0.2546	0.2551	0.2231	0.2678
井陉县	0.3577	0.3721	0.3989	0.4289	安新县	0.2717	0.2713	0.2489	0.3005
正定县	0.2358	0.2806	0.3371	0.3575	易县	0.3603	0.3527	0.3301	0.3875
栾城区	0.2359	0.2792	0.3338	0.3756	曲阳县	0.3005	0.2800	0.2625	0.3034
行唐县	0.2518	0.2925	0.3149	0.3541	蠡县	0.2498	0.2545	0.2185	0.2622
灵寿县	0.3104	0.3212	0.3548	0.3962	顺平县	0.3109	0.2990	0.2561	0.3220
高邑县	0.2223	0.2642	0.2859	0.3204	博野县	0.2458	0.2543	0.2300	0.2675
深泽县	0.2121	0.2602	0.2886	0.3256	雄县	0.2606	0.2701	0.2389	0.2973
赞皇县	0.3301	0.3486	0.3772	0.4228	涿州市	0.2722	0.2688	0.2474	0.3057
无极县	0.2185	0.2642	0.2728	0.3075	定州市	0.2628	0.2511	0.2545	0.3097
平山县	0.3332	0.3450	0.3583	0.3846	安国市	0.2608	0.2752	0.2560	0.2885
元氏县	0.2767	0.2917	0.3284	0.3511	高碑店市	0.2587	0.2765	0.2422	0.2839
赵县	0.2144	0.2579	0.2994	0.3127	宣化县	0.3709	0.3773	0.4197	0.4624
辛集市	0.2030	0.2826	0.3049	0.3532	张北县	0.3418	0.3445	0.3756	0.4125
藁城区	0.2278	0.2923	0.3078	0.3520	康保县	0.3296	0.3195	0.3415	0.3964
晋州市	0.2142	0.2791	0.2749	0.3193	沽源县	0.3506	0.3597	0.3661	0.4216
新乐市	0.2481	0.3019	0.3436	0.3762	尚义县	0.3808	0.3775	0.3923	0.4233
鹿泉区	0.3080	0.3246	0.3542	0.4001	蔚县	0.3762	0.3757	0.3899	0.4203
丰南区	0.3477	0.3605	0.4036	0.4505	阳原县	0.3547	0.3509	0.3775	0.4077
丰润区	0.3557	0.3749	0.3880	0.4308	怀安县	0.3419	0.3422	0.3614	0.3995

续表

地区	1990*RD*	2000*RD*	2010*RD*	2015*RD*	地区	1990*RD*	2000*RD*	2010*RD*	2015*RD*
滦县	0.3753	0.3937	0.4186	0.4560	万全县	0.3379	0.3335	0.3806	0.4127
滦南县	0.3172	0.3402	0.3898	0.4390	怀来县	0.4007	0.3970	0.4241	0.4618
乐亭县	0.3233	0.3522	0.3773	0.4281	涿鹿县	0.4042	0.4135	0.4286	0.4733
迁西县	0.4274	0.4311	0.4556	0.4953	赤城县	0.4165	0.3949	0.4182	0.4596
玉田县	0.3281	0.3845	0.4134	0.4408	崇礼县	0.3918	0.3957	0.4014	0.4434
唐海县	0.4056	0.4367	0.5030	0.5358	承德县	0.4044	0.4459	0.4643	0.5041
遵化市	0.4026	0.4397	0.4578	0.4935	兴隆县	0.4167	0.4473	0.4307	0.4785
迁安市	0.3862	0.4312	0.4829	0.5247	平泉县	0.3900	0.4297	0.4484	0.4632
青龙满族自治县	0.4246	0.4321	0.4419	0.4661	滦平县	0.4059	0.4546	0.4818	0.5300
昌黎县	0.3848	0.3877	0.4209	0.4384	隆化县	0.4232	0.4724	0.4852	0.5166
抚宁县	0.4363	0.4354	0.4771	0.4971	丰宁满族自治县	0.4095	0.4665	0.4679	0.5021
卢龙县	0.4004	0.3923	0.4000	0.4113	宽城满族自治县	0.4134	0.4556	0.4825	0.5218
邯郸县	0.2216	0.2403	0.3234	0.3618	围场满族蒙古族自治县	0.4527	0.4679	0.4582	0.4914
临漳县	0.2320	0.2510	0.3107	0.3154	沧县	0.2650	0.3311	0.3196	0.3596
成安县	0.2216	0.2615	0.3245	0.3241	青县	0.2588	0.3038	0.3252	0.3557
大名县	0.1934	0.2155	0.2876	0.3278	东光县	0.2443	0.2796	0.2948	0.3114
涉县	0.2886	0.2867	0.3953	0.4116	海兴县	0.2864	0.3171	0.3036	0.3347
磁县	0.2641	0.2760	0.3787	0.4051	盐山县	0.2431	0.2916	0.3031	0.3337
肥乡县	0.2055	0.2277	0.3074	0.3428	肃宁县	0.2498	0.2952	0.3080	0.3466
永年县	0.2264	0.2547	0.3393	0.3543	南皮县	0.2556	0.3064	0.2928	0.3332
邱县	0.2095	0.2543	0.2991	0.3171	吴桥县	0.2650	0.3080	0.3205	0.3688
鸡泽县	0.2017	0.2357	0.3299	0.3404	献县	0.2541	0.2918	0.3014	0.3316
广平县	0.2073	0.2366	0.3085	0.3296	孟村回族自治县	0.2627	0.3028	0.3039	0.3541
馆陶县	0.2075	0.2575	0.3365	0.3425	泊头市	0.2660	0.3063	0.3031	0.3439

续表

地区	1990*RD*	2000*RD*	2010*RD*	2015*RD*	地区	1990*RD*	2000*RD*	2010*RD*	2015*RD*
魏县	0.2038	0.2173	0.2895	0.2921	任丘市	0.2543	0.3748	0.3296	0.3685
曲周县	0.2050	0.2385	0.3297	0.3464	黄骅市	0.3017	0.3469	0.3818	0.4405
武安市	0.3021	0.3165	0.4443	0.4474	河间市	0.2480	0.3215	0.3131	0.3390
邢台县	0.3526	0.3803	0.3766	0.3716	固安县	0.3063	0.3462	0.3129	0.3226
临城县	0.3604	0.3726	0.3409	0.3778	永清县	0.2989	0.3223	0.3166	0.3396
内丘县	0.3562	0.3715	0.3611	0.3965	香河县	0.3010	0.3574	0.3618	0.3715
柏乡县	0.2853	0.3098	0.2680	0.3023	大城县	0.2686	0.3219	0.3155	0.3191
隆尧县	0.2728	0.3288	0.2944	0.3023	文安县	0.2854	0.3456	0.3384	0.3564
任县	0.2657	0.3137	0.2757	0.2864	大厂回族自治县	0.3136	0.4010	0.3891	0.4033
南和县	0.2526	0.2835	0.2648	0.2815	霸州市	0.2984	0.3433	0.3431	0.3792
宁晋县	0.2564	0.2833	0.2617	0.2930	三河市	0.3339	0.3848	0.3923	0.4169
巨鹿县	0.2680	0.2789	0.2527	0.2749	枣强县	0.2712	0.2774	0.2428	0.2555
新河县	0.2751	0.2923	0.2852	0.2976	武邑县	0.2692	0.2834	0.2684	0.2787
广宗县	0.2468	0.2708	0.2347	0.2581	武强县	0.2575	0.2656	0.2583	0.2702
平乡县	0.2630	0.2937	0.2587	0.2894	饶阳县	0.2556	0.2627	0.2641	0.2875
魏县	0.2451	0.2665	0.2339	0.2466	安平县	0.2669	0.3038	0.2973	0.3150
清河县	0.2573	0.2930	0.2685	0.3075	故城县	0.2614	0.2721	0.2363	0.2560
临西县	0.2450	0.2881	0.2536	0.2749	景县	0.2580	0.2666	0.2557	0.2722
南宫市	0.2582	0.2767	0.2415	0.2675	阜城县	0.2727	0.2791	0.2501	0.2740
沙河市	0.3296	0.3674	0.3368	0.3622	冀州市	0.2679	0.2830	0.2486	0.2733
满城区	0.3235	0.3161	0.2936	0.3442	深州市	0.2526	0.2845	0.2530	0.2790
清苑区	0.2549	0.2621	0.2142	0.2680					

附录 3　京津冀地区乡村转型度(1990～2015 年)

地区	1990*TD*	2000*TD*	2010*TD*	2015*TD*	地区	1990*TD*	2000*TD*	2010*TD*	2015*TD*
大兴区	0.2515	0.4830	0.7689	0.8076	涞水县	0.1946	0.2293	0.3489	0.3871
怀柔区	0.4175	0.5432	0.6408	0.6597	阜平县	0.0342	0.2430	0.3312	0.3552
平谷区	0.3729	0.4288	0.6038	0.6325	徐水区	0.2606	0.4129	0.4564	0.4970
密云区	0.3650	0.4693	0.5494	0.5995	定兴县	0.1232	0.3165	0.3673	0.4734
延庆县	0.2591	0.3531	0.5441	0.6055	唐县	0.1067	0.2458	0.3648	0.3715
宝坻区	0.3105	0.4737	0.5361	0.6486	高阳县	0.2260	0.4280	0.5696	0.5833
宁河县	0.3471	0.4536	0.4943	0.6125	容城县	0.1129	0.4709	0.5449	0.5586
静海县	0.4895	0.5209	0.5970	0.6529	涞源县	0.3012	0.3616	0.4485	0.4457
蓟县	0.3229	0.4754	0.5570	0.5828	望都县	0.1313	0.2254	0.3173	0.3190
井陉县	0.3891	0.4764	0.5638	0.5562	安新县	0.1715	0.3389	0.4551	0.4825
正定县	0.3136	0.5623	0.6358	0.6531	易县	0.1715	0.2576	0.3543	0.4005
栾城区	0.2767	0.3806	0.5878	0.6495	曲阳县	0.1876	0.3293	0.4080	0.4247
行唐县	0.1597	0.3904	0.4619	0.4882	蠡县	0.3695	0.4972	0.4461	0.4703
灵寿县	0.2464	0.3209	0.4209	0.4436	顺平县	0.1029	0.2553	0.2751	0.2803
高邑县	0.1486	0.3887	0.4910	0.5252	博野县	0.1166	0.3016	0.4202	0.4280
深泽县	0.1177	0.3772	0.5230	0.5526	雄县	0.2328	0.3614	0.4880	0.5390
赞皇县	0.1811	0.3505	0.4946	0.5196	涿州市	0.3338	0.4227	0.5007	0.5277
无极县	0.1519	0.4275	0.4890	0.5037	定州市	0.1453	0.2784	0.4373	0.5193
平山县	0.1784	0.3406	0.4308	0.4496	安国市	0.1635	0.4106	0.4540	0.5113
元氏县	0.2749	0.3501	0.4044	0.4236	高碑店市	0.2204	0.4360	0.4833	0.5029
赵县	0.1293	0.4142	0.5315	0.5491	宣化县	0.3171	0.3662	0.3431	0.3525
辛集市	0.2200	0.4421	0.5801	0.6030	张北县	0.0983	0.2282	0.3358	0.3714
藁城区	0.2630	0.5575	0.6306	0.6660	康保县	0.1477	0.2526	0.1930	0.2386
晋州市	0.2824	0.4640	0.5603	0.5977	沽源县	0.0799	0.1769	0.1664	0.1875
新乐市	0.2678	0.5579	0.6141	0.6398	尚义县	0.1607	0.2087	0.2758	0.2752
鹿泉区	0.4111	0.5231	0.5819	0.6158	蔚县	0.2327	0.3536	0.3996	0.3734
丰南区	0.3031	0.3661	0.6105	0.6139	阳原县	0.2341	0.3763	0.4057	0.3655
丰润区	0.2541	0.3370	0.5172	0.5282	怀安县	0.2634	0.2856	0.3999	0.3869

续表

地区	1990*TD*	2000*TD*	2010*TD*	2015*TD*	地区	1990*TD*	2000*TD*	2010*TD*	2015*TD*
滦县	0.2687	0.3851	0.5445	0.5783	万全县	0.2525	0.4087	0.3520	0.3880
滦南县	0.1447	0.2813	0.4000	0.3749	怀来县	0.2687	0.3783	0.4346	0.4435
乐亭县	0.1430	0.3734	0.5382	0.5233	涿鹿县	0.1023	0.2598	0.2677	0.2673
迁西县	0.3220	0.4191	0.5723	0.5759	赤城县	0.1333	0.2702	0.3112	0.2977
玉田县	0.2017	0.3945	0.5810	0.5732	崇礼县	0.2015	0.3578	0.3397	0.3471
唐海县	0.3734	0.4220	0.5309	0.5914	承德县	0.1514	0.3242	0.3775	0.3945
遵化市	0.2827	0.4566	0.6227	0.6113	兴隆县	0.2307	0.3749	0.3909	0.3508
迁安市	0.4128	0.5020	0.7303	0.7512	平泉县	0.0658	0.3462	0.4037	0.4351
青龙满族自治县	0.0321	0.2596	0.4101	0.3458	滦平县	0.1140	0.3818	0.4826	0.4973
昌黎县	0.1508	0.2907	0.3102	0.3615	隆化县	0.0430	0.2758	0.3403	0.3442
抚宁县	0.2375	0.3466	0.3173	0.3192	丰宁满族自治县	0.0801	0.2644	0.3600	0.3430
卢龙县	0.1659	0.2679	0.3160	0.3173	宽城满族自治县	0.1831	0.3442	0.5214	0.5464
邯郸县	0.3832	0.4727	0.5711	0.6008	围场满族蒙古族自治县	0.1145	0.2903	0.1958	0.1966
临漳县	0.1650	0.2230	0.2764	0.3171	沧县	0.2275	0.4603	0.6158	0.6484
成安县	0.2314	0.3148	0.4718	0.5350	青县	0.3613	0.3957	0.5195	0.5324
大名县	0.1651	0.1957	0.2406	0.4496	东光县	0.2438	0.2888	0.4915	0.5536
涉县	0.3428	0.4118	0.6154	0.6231	海兴县	0.3200	0.4474	0.4958	0.5523
磁县	0.2993	0.4037	0.5864	0.6383	盐山县	0.1391	0.2696	0.5092	0.5688
肥乡县	0.1237	0.1928	0.3672	0.4573	肃宁县	0.1629	0.2681	0.5408	0.5782
永年县	0.1817	0.3718	0.4702	0.4853	南皮县	0.2885	0.2567	0.3687	0.4390
邱县	0.1595	0.3670	0.3678	0.4252	吴桥县	0.0944	0.2326	0.3454	0.5138
鸡泽县	0.1962	0.3308	0.5260	0.5979	献县	0.1592	0.2413	0.4955	0.5309
广平县	0.2691	0.3568	0.4460	0.4944	孟村回族自治县	0.2918	0.4098	0.5328	0.5806
馆陶县	0.1549	0.2933	0.3484	0.3893	泊头市	0.2645	0.3545	0.6091	0.6328
魏县	0.1559	0.2622	0.3448	0.3288	任丘市	0.3419	0.6501	0.7158	0.7246

续表

地区	1990*TD*	2000*TD*	2010*TD*	2015*TD*	地区	1990*TD*	2000*TD*	2010*TD*	2015*TD*
曲周县	0.1251	0.2830	0.4342	0.5108	黄骅市	0.4189	0.6535	0.7907	0.8149
武安市	0.4585	0.5264	0.6212	0.6386	河间市	0.2867	0.4968	0.6364	0.6571
邢台县	0.2459	0.3814	0.6137	0.5991	固安县	0.1064	0.2298	0.2276	0.3657
临城县	0.2296	0.3911	0.3666	0.3790	永清县	0.2094	0.2704	0.2632	0.2939
内丘县	0.1330	0.3680	0.4812	0.4886	香河县	0.3704	0.4747	0.5413	0.6286
柏乡县	0.1370	0.3946	0.3934	0.4360	大城县	0.4044	0.4406	0.4573	0.4654
隆尧县	0.2581	0.4527	0.4954	0.4717	文安县	0.4089	0.4937	0.5757	0.5830
任县	0.3029	0.4400	0.4345	0.4816	大厂回族自治县	0.3729	0.5089	0.5735	0.6342
南和县	0.1631	0.2682	0.3511	0.3729	霸州市	0.4220	0.5632	0.6683	0.6847
宁晋县	0.2259	0.3186	0.4680	0.4732	三河市	0.3834	0.5626	0.6683	0.6823
巨鹿县	0.3785	0.3864	0.3783	0.3581	枣强县	0.3226	0.4095	0.3888	0.4953
新河县	0.1909	0.2983	0.3894	0.3462	武邑县	0.2595	0.3842	0.3392	0.4243
广宗县	0.2019	0.2754	0.3199	0.4363	武强县	0.3455	0.3837	0.3849	0.4641
平乡县	0.2852	0.4411	0.4918	0.5312	饶阳县	0.2199	0.2171	0.4190	0.4302
魏县	0.1559	0.2622	0.3448	0.3288	安平县	0.2074	0.5657	0.5778	0.6390
清河县	0.3447	0.5573	0.6652	0.6912	故城县	0.2496	0.2828	0.3589	0.4448
临西县	0.0719	0.3511	0.4315	0.4972	景县	0.2409	0.2944	0.4629	0.5386
南宫市	0.3296	0.3370	0.4203	0.4821	阜城县	0.2793	0.3685	0.4456	0.4881
沙河市	0.3189	0.5200	0.5766	0.6063	冀州市	0.2841	0.4210	0.4864	0.5322
满城区	0.2023	0.3864	0.4428	0.4510	深州市	0.2676	0.4839	0.4566	0.5110
清苑区	0.1344	0.2493	0.4150	0.4419					

附录 4 京津冀地区的县域乡村转型发展主导驱动因素

ID	县域	常数	人均 GDP (x_1)	人均财政收入(x_2)	人均固定资产投入(x_3)	人均城乡居民储蓄存款(x_4)	人均工业产值(x_5)	人口密度(x_6)	城镇化率(x_7)	主要公路密度(x_8)	剩余通径系数
243	围场满族蒙古族自治县	0.467***	—	0.043***	—	—	—	−33.775***	—	0.347***	0.020
265	康保县	0.013***	—	3.817***	—	—	—	—	1.547***	−0.126***	0.022
273	丰宁满族自治县	0.126***	—	−0.888***	—	—	—	—	−1.027	0.897***	0.024
278	沽源县	0.331**	—	0.031**	—	—	—	−15.774**	—	0.225**	0.046
286	隆化县	0.093**	—	—	0.087**	—	—	—	−1.188**	0.906**	0.043
301	张北县	0.607***	—	—	—	1.623***	—	−16.370***	—	0.478***	0.040
306	尚义县	0.384***	—	—	—	0.267***	—	−11.258***	—	0.221***	0.037
309	承德县	1.505***	—	—	0.537***	—	—	−24.391***	—	0.221***	0.034
316	赤城县	0.510***	—	—	—	—	—	−44.084***	0.243***	0.398***	0.036
318	平泉县	1.083***	—	—	−0.807***	—	—	—	−8.321***	1.631***	0.038

续表

ID	县域	常数	人均 GDP (x_1)	人均财政收入(x_2)	人均固定资产投入(x_3)	人均城乡居民储蓄存款(x_4)	人均工业产值(x_5)	人口密度(x_6)	城镇化率(x_7)	主要公路密度(x_8)	剩余通径系数
322	崇礼县	0.560***	—	—	−0.492***	—	—	−44.682***	—	0.497***	0.040
325	滦平县	0.291**	—	—	1.084**	—	—	—	−1.579**	0.796**	0.042
345	怀柔区	0.538**	—	—	0.449**	—	—	−1.179**	—	0.655**	0.044
347	万全县	−5.731**	—	—	4.479**	—	—	65.213**	—	−1.786**	0.046
379	宣化县	0.314***	—	—	−0.202***	—	—	—	0.528***	0.012***	0.020
382	密云区	0.114***	—	−1.673***	—	—	—	—	0.995***	0.443***	0.022
383	延庆县	0.190***	—	—	5.873***	−0.153***	—	—	—	0.700***	0.024
384	怀安县	0.387**	—	—	—	−0.470**	—	−1.908**	—	0.243**	0.046
385	宽城满族自治县	0.106**	—	—	−0.167**	—	−1.037**	—	—	1.204**	0.043
389	兴隆县	0.427***	—	—	−1.109***	—	—	—	−2.142***	0.742***	0.040
395	青龙满族自治县	2.278***	—	—	—	9.432***	—	−30.177***	—	0.369***	0.037
396	怀来县	0.229***	—	—	—	9.559***	14.343***	—	—	−0.921***	0.034
404	涿鹿县	−0.348***	—	−5.134***	—	—	—	—	2.922***	−0.014***	0.036
405	迁西县	0.176**	—	—	0.196**	—	—	—	0.790**	0.584**	0.061
408	平谷区	0.263**	—	—	0.390**	—	—	0.283**	—	0.858**	0.058

续表

ID	县域	常数	人均 GDP (x_1)	人均财政收入(x_2)	人均固定资产投入(x_3)	人均城乡居民储蓄存款(x_4)	人均工业产值(x_5)	人口密度(x_6)	城镇化率(x_7)	主要公路密度(x_8)	剩余通径系数
409	阳原县	0.424**	—	—	0.357**	—	—	—	−2.088**	0.614**	0.055
410	遵化市	−0.082**	—	—	0.794**	—	—	—	2.988**	0.529**	0.052
413	抚宁县	1.013**	1.242**	—	—	—	—	−3.468**	—	−0.265**	0.049
420	迁安市	0.309**	—	—	0.301**	—	—	—	−0.003**	0.978**	0.046
421	蓟县	−1.744**	—	—	—	—	−2.399**	6.343**	—	0.493**	0.043
426	蔚县	−0.032***	6.578***	—	—	—	—	—	2.424**	−0.685***	0.040
430	卢龙县	0.214***	—	—	3.317***	—	—	—	−2.461***	0.414***	0.037
433	三河市	0.214***	—	−0.590***	—	—	—	—	0.818***	0.317***	0.034
434	丰润区	0.154***	—	—	1.031***	—	−0.386***	—	—	0.960***	0.031
438	滦县	0.054***	—	—	0.625***	—	—	—	1.303***	0.640***	0.028
440	玉田县	−2.721***	—	—	−1.598***	—	—	8.620***	—	0.352***	0.025
444	大厂回族自治县	0.369***	—	0.772***	−2.194***	—	—	—	—	0.795***	0.022
447	涞水县	0.112***	—	1.329***	—	—	—	—	0.602***	0.149***	0.019
455	香河县	0.285***	—	−0.098***	—	—	—	—	0.794***	0.268***	0.016
457	宝坻区	−0.209***	—	—	−4.432***	—	—	—	2.569***	0.801***	0.013
459	大兴区	−0.088***	—	−0.497***	—	—	—	—	0.858***	0.789***	0.010

续表

ID	县域	常数	人均 GDP（x_1）	人均财政收入（x_2）	人均固定资产投入（x_3）	人均城乡居民储蓄存款（x_4）	人均工业产值（x_5）	人口密度（x_6）	城镇化率（x_7）	主要公路密度（x_8）	剩余通径系数
464	昌黎县	0.898***	—	—	—	—	—	−5.516***	5.451***	0.042***	0.007
478	涞源县	−0.170***	—	—	−0.174***	—	—	—	3.182***	−0.022***	0.004
483	丰南区	0.245***	—	—	0.294***	—	—	—	−0.304***	0.967***	0.008
490	滦南县	−0.302***	—	—	—	—	—	1.062***	1.245***	0.674***	0.012
498	宁河县	−0.831***	—	—	—	—	0.678***	6.701***	—	−0.657***	0.016
499	涿州市	−0.031***	—	—	−0.119***	—	—	—	1.369***	−0.141***	0.020
500	易县	0.061***	—	3.363***	—	—	—	—	1.211***	0.100***	0.024
501	乐亭县	−1.015***	—	—	—	—	—	3.822***	1.344***	1.357***	0.028
507	固安县	−2.162***	—	−1.586***	—	—	—	6.817***	—	−0.498***	0.032
520	永清县	0.249***	—	0.023***	—	—	−6.908***	—	—	0.427	0.036
525	唐海县	0.275***	—	0.088***	—	—	—	0.451***	—	0.492***	0.040
537	高碑店市	−1.096**	—	—	−2.767**	—	—	3.069**	—	−0.181**	0.044
548	定兴县	0.056**	—	30.779**	−11.075**	—	—	—	—	0.398**	0.048
573	霸州市	−0.301**	—	—	−0.338**	—	—	1.819**	—	0.166**	0.042
591	徐水县	0.211**	—	23.928**	−16.120**	—	—	—	—	0.346**	0.040
594	雄县	0.215***	4.216***	—	−5.320***	—	—	—	—	0.012***	0.038

续表

ID	县域	常数	人均 GDP (x_1)	人均财政收入(x_2)	人均固定资产投入(x_3)	人均城乡居民储蓄存款(x_4)	人均工业产值(x_5)	人口密度(x_6)	城镇化率(x_7)	主要公路密度(x_8)	剩余通径系数
595	唐县	0.025***	—	31.401***	−21.899***	—	—	—	—	0.619***	0.018
601	阜平县	1.028***	—	13.273***	—	—	—	−37.678***	—	0.450***	0.021
602	容城县	−4.311***	—	—	−5.057***	—	—	9.987***	—	−0.755***	0.024
603	满城县	0.715***	—	—	—	—	—	−1.599***	1.562***	0.026***	0.027
605	顺平县	0.216***	—	3.408***	—	—	—	—	−3.230***	0.722***	0.024
618	静海区	0.097***	—	—	—	—	−0.100***	2.035***	—	−0.040***	0.021
622	文安县	0.196***	—	—	−0.406***	—	—	0.822***	—	0.335***	0.018
630	安新县	0.307***	—	7.762***	—	—	—	—	−3.460***	0.495***	0.015
640	曲阳县	0.402***	—	13.653***	—	—	—	—	−4.825***	1.132***	0.012
641	任丘市	0.545	—	—	0.701***	—	—	—	−0.844***	0.641***	0.009
644	清苑县	1.155	—	14.807***	—	—	—	−2.224***	—	0.247***	0.006
651	大城县	0.374	—	−0.873***	—	—	—	—	0.371***	0.068***	0.003
657	望都县	−3.800***	—	—	−2.529***	—	—	8.977***	—	−0.056***	0.006
660	高阳县	−0.122***	—	1.376***	—	—	—	—	2.887***	0.077***	0.021
661	平山县	0.352***	—	—	1.377***	—	—	—	−3.647***	0.851***	0.018
662	灵寿县	0.204***	—	1.851***	—	—	—	—	0.290***	0.172***	0.015

续表

ID	县域	常数	人均 GDP（x_1）	人均财政收入（x_2）	人均固定资产投入（x_3）	人均城乡居民储蓄存款（x_4）	人均工业产值（x_5）	人口密度（x_6）	城镇化率（x_7）	主要公路密度（x_8）	剩余通径系数
663	青县	0.342***	—	—	0.034***	—	3.525***	—	—	−0.023***	0.012
665	行唐县	0.081***	—	37.710***	—	−8.543***	—	—	—	0.570***	0.009
668	蠡县	0.304***	—	2.543***	—	—	—	—	0.972***	−0.042***	0.006
671	河间市	−2.284***	—	—	−4.931***	—	—	7.592***	—	0.045***	0.003
672	定州市	−1.860***	—	—	0.368***	—	—	3.909***	—	−0.189***	0.030
674	黄骅市	0.069***	—	—	1.491***	—	—	—	2.871***	−0.065***	0.033
676	博野县	0.078***	—	12.024***	—	—	—	—	−0.904***	0.768***	0.036
677	安国市	−8.947***	—	−16.042***	—	—	—	19.173***	—	−1.047***	0.039
678	肃宁县	0.872**	—	1.022**	—	—	—	−1.936**	—	0.587**	0.042
679	沧县	0.285***	—	—	1.479***	—	—	—	−2.333***	0.613***	0.040
681	新乐市	0.211***	—	27.148***	−6.997***	—	—	—	—	0.477***	0.038
691	献县	0.140***	—	−1.388***	—	—	6.332***	—	—	0.128***	0.018
693	饶阳县	2.166***	—	—	1.000***	—	—	−6.694***	—	0.612***	0.021
695	安平县	0.137***	—	—	0.894***	—	—	—	0.757***	0.437***	0.024
696	正定县	−1.804***	—	—	−0.952***	—	—	3.449***	—	0.304***	0.027
699	藁城市	−0.116***	—	2.570***	—	—	—	—	6.256***	−0.169***	0.030

续表

ID	县域	常数	人均 GDP (x_1)	人均财政收入(x_2)	人均固定资产投入(x_3)	人均城乡居民储蓄存款(x_4)	人均工业产值(x_5)	人口密度(x_6)	城镇化率(x_7)	主要公路密度(x_8)	剩余通径系数
701	深泽县	−8.649***	—	—	−1.996***	—	—	—	51.837***	1.039***	0.033
702	无极县	−4.438***	—	−11.264***	—	—	—	7.809***	—	0.091***	0.025
703	海兴县	0.471***	—	2.113***	—	—	—	—	−1.072***	0.327***	0.024
704	鹿泉市	0.349***	—	0.857***	—	—	—	—	0.420***	0.120***	0.023
711	孟村回族自治县	0.286***	—	—	0.158***	—	—	—	−0.277***	0.393***	0.024
716	泊头市	0.372***	—	—	0.498***	—	—	—	−0.662***	0.504***	0.030
717	井陉县	−0.326***	—	—	—	0.487***	—	5.578***	—	0.144***	0.014
724	深州市	−4.556***	—	—	—	—	—	17.868***	0.225***	−0.183***	0.012
727	南皮县	0.140***	—	—	1.004***	—	—	—	1.152***	−0.074***	0.010
734	晋州市	−1.613***	—	—	−0.694***	—	—	3.763***	—	0.096***	0.008
738	武强县	0.230***	—	—	—	0.280***	—	—	1.100***	0.020***	0.006
751	辛集市	−2.664***	—	—	—	—	—	7.711***	−1.135***	0.263***	0.004
753	盐山县	0.088***	—	—	—	3.254***	—	—	0.182***	0.412***	0.002
776	东光县	0.277***	—	—	1.296***	—	—	—	−0.734***	0.359***	0.013
782	阜城县	0.358***	—	—	—	—	−3.102***	—	−0.640***	0.435***	0.024
783	栾城县	−0.091***	—	2.225***	—	—	—	0.650***	—	0.178***	0.035

续表

ID	县域	常数	人均 GDP（x_1）	人均财政收入（x_2）	人均固定资产投入（x_3）	人均城乡居民储蓄存款（x_4）	人均工业产值（x_5）	人口密度（x_6）	城镇化率（x_7）	主要公路密度（x_8）	剩余通径系数
786	武邑县	−2.784**	—	0.313**	—	—	—	14.019**	—	−0.482**	0.046
793	元氏县	0.131**	—	−0.177**	—	—	—	—	2.006**	0.009**	0.057
796	赵县	−3.541**	—	−14.829***	—	—	—	7.719**	—	−0.236**	0.068
800	景县	0.100**	—	—	1.465**	—	—	—	1.533**	0.043**	0.060
806	宁晋县	−0.652**	—	—	−1.242**	—	—	2.324**	—	0.066**	0.052
808	吴桥县	−0.115**	—	—	1.417**	—	—	—	1.633**	0.050**	0.044
814	赞皇县	−0.557***	—	—	1.084***	—	—	4.763***	—	0.530***	0.036
819	冀州市	−1.448***	—	1.889***	—	—	—	7.325***	—	0.136***	0.034
824	高邑县	−0.136***	—	—	−1.809***	—	—	—	2.760***	0.372***	0.032
827	枣强县	0.534***	—	—	2.515***	—	—	—	−1.684***	0.385***	0.030
832	柏乡县	0.030***	—	−9.984***	—	—	45.085***	—	—	−0.417***	0.028
838	临城县	0.464***	—	6.267***	—	—	—	—	−2.889***	0.406***	0.026
839	新河县	0.404***	5.112***	—	—	—	—	—	−2.390***	−0.123***	0.024
845	隆尧县	0.252***	10.282***	—	—	−9.901***	—	—	—	−0.527***	0.022
849	故城县	−0.404***	—	1.898***	—	—	—	2.384***	—	−0.111***	0.020
865	南宫市	0.289***	—	—	4.766***	—	—	—	0.105***	0.086***	0.018

续表

ID	县域	常数	人均 GDP（x_1）	人均财政收入（x_2）	人均固定资产投入（x_3）	人均城乡居民储蓄存款（x_4）	人均工业产值（x_5）	人口密度（x_6）	城镇化率（x_7）	主要公路密度（x_8）	剩余通径系数
866	内丘县	−2.121***	—	—	−1.978***	—	—	12.262***	—	0.057***	0.016
870	巨鹿县	0.355***	—	−1.447***	—	—	—	—	0.320***	−0.003***	0.014
877	邢台县	0.152***	—	—	—	0.637***	—	—	1.364***	0.378***	0.012
888	广宗县	0.240***	—	14.750***	—	—	—	—	−0.805***	0.156***	0.027
890	任县	0.224***	—	−3.853***	—	—	27.651***	—	—	−0.047***	0.026
900	清河县	0.155***	—	—	−0.467***	—	—	—	1.804***	0.223***	0.025
905	平乡县	0.233***	—	−2.706***	—	—	15.753***	—	—	0.096***	0.024
915	南和县	0.106***	—	−2.030***	—	—	17.491***	—	—	0.118***	0.023
920	沙河市	1.046***	—	—	1.315***	—	—	—	−3.061***	0.086***	0.024
929	武安市	0.162***	—	—	0.054***	—	—	1.378***	—	0.087***	0.030
936	鸡泽县	−0.008***	—	—	−3.134***	—	—	—	3.551***	0.486***	0.036
937	曲周县	0.137***	—	18.580***	—	—	−14.550***	—	—	0.592***	0.028
938	邱县	0.112***	—	50.634***	−10.924***	—	—	—	—	−0.027***	0.027
940	临西县	0.272***	—	19.242***	—	—	—	—	−3.179***	1.078***	0.026
943	永年县	0.132***	—	—	−18.299***	33.575***	—	—	—	0.297***	0.025
949	涉县	0.300***	—	—	0.542***	—	—	—	0.278***	0.231***	0.024

续表

ID	县域	常数	人均 GDP（x_1）	人均财政收入（x_2）	人均固定资产投入（x_3）	人均城乡居民储蓄存款（x_4）	人均工业产值（x_5）	人口密度（x_6）	城镇化率（x_7）	主要公路密度（x_8）	剩余通径系数
966	馆陶县	0.281***	—	13.454***	—	—	—	—	−2.151***	0.556***	0.034
982	邯郸县	0.385***	—	—	0.252***	—	—	—	−0.892***	0.502***	0.032
989	肥乡县	0.116***	—	5.883***	—	—	−3.331***	—	—	0.261***	0.030
1000	广平县	0.253***	—	6.405***	−1.104***	—	—	—	—	0.198***	0.028
1005	磁县	−0.254***	—	—	0.791***	—	—	1.548***	—	0.187***	0.026
1016	成安县	0.258***	—	—	2.879***	—	—	—	−0.704***	0.274***	0.024
1018	大名县	0.166***	—	18.399***	2.760***	—	—	—	—	−0.042***	0.017
1034	魏县	−1.167***	—	—	−8.147***	—	—	—	2.465***	−0.064***	0.015
1034	魏县	−1.135***	—	—	−7.907***	—	—	2.407***	—	−0.064***	0.016
1043	临漳县	0.122***	—	—	−1.410***	—	—	—	0.690***	0.114***	0.014

注：所有回归模型中，常数与自变量系数均在 0.05 水平上显著，* * 表示 0.05，* * * 表示 0.01，剩余通径系数均小于 0.1。

附录 5 京津冀地区的县域乡村转型发展路径模型

ID	地区	推力					拉力					差值	发展模式
		1990 年	2000 年	2010 年	2015 年	均值	1990 年	2000 年	2010 年	2015 年	均值		
243	围场满族蒙古族自治县	0.135	0.011	0.126	0.213	0.121	0.063	0.154	0.172	0.167	0.139	−0.018	内外结合发展模式
265	康保县	0.077	0.064	0.108	0.166	0.104	0.067	0.222	0.240	0.165	0.174	−0.070	内外结合发展模式
273	丰宁满族自治县	0.056	0.019	0.267	0.558	0.225	0.104	0.912	0.431	0.631	0.519	−0.294	城市带动发展模式
278	沽源县	0.282	0.067	0.101	0.211	0.165	0.045	0.202	0.159	0.154	0.140	0.025	内外结合发展模式
286	隆化县	0.063	0.013	0.215	0.373	0.166	0.049	1.447	0.742	0.872	0.778	−0.612	城市带动发展模式
301	张北县	0.081	0.119	0.413	0.553	0.291	0.104	0.340	0.394	0.746	0.396	−0.104	城市带动发展模式

续表

ID	地区	推力					拉力					差值	发展模式
		1990年	2000年	2010年	2015年	均值	1990年	2000年	2010年	2015年	均值		
306	尚义县	0.074	0.077	0.188	0.175	0.128	0.198	0.423	0.428	0.374	0.356	−0.227	城市带动发展模式
309	承德县	0.114	0.064	0.242	0.503	0.231	0.154	1.090	0.828	0.937	0.752	−0.522	城市带动发展模式
316	赤城县	0.082	0.080	0.138	0.286	0.146	0.102	0.340	0.534	0.491	0.367	−0.220	城市带动发展模式
318	平泉县	0.012	0.076	0.325	0.475	0.222	0.062	2.144	0.559	1.218	0.996	−0.774	城市带动发展模式
322	崇礼县	0.040	0.014	0.276	0.722	0.263	0.134	0.479	0.661	1.136	0.603	−0.340	城市带动发展模式
325	滦平县	0.091	0.043	0.340	0.823	0.324	0.176	0.588	0.800	0.690	0.563	−0.239	城市带动发展模式
345	怀柔区	0.079	0.495	1.871	2.552	1.249	0.102	0.488	0.809	1.293	0.673	0.576	内生发展模式
347	万全县	0.033	0.111	0.282	0.535	0.240	0.235	0.564	0.713	1.884	0.849	−0.608	城市带动发展模式

续表

ID	地区	推力					拉力					差值	发展模式
		1990 年	2000 年	2010 年	2015 年	均值	1990 年	2000 年	2010 年	2015 年	均值		
379	宣化县	0.035	0.083	0.114	0.398	0.157	0.199	1.351	0.585	1.040	0.794	—0.637	城市带动发展模式
382	密云区	0.094	0.401	1.328	2.474	1.074	0.292	0.974	1.373	1.524	1.041	0.033	内外结合发展模式
383	延庆县	0.541	0.680	0.935	2.015	1.043	0.057	0.336	0.746	1.200	0.585	0.458	内生发展模式
384	怀安县	0.009	0.096	0.235	0.445	0.196	0.220	0.365	1.150	1.841	0.894	—0.698	城市带动发展模式
385	宽城满族自治县	0.084	0.064	0.492	0.902	0.386	0.195	1.202	0.857	1.162	0.854	—0.468	城市带动发展模式
389	兴隆县	0.114	0.066	0.265	0.510	0.239	0.289	0.971	0.605	0.468	0.583	—0.345	城市带动发展模式
395	青龙满族自治县	0.017	0.025	0.136	0.194	0.093	0.166	0.374	0.485	0.394	0.355	—0.262	城市带动发展模式
396	怀来县	0.112	0.137	0.363	0.947	0.390	0.069	0.276	0.457	0.405	0.302	0.088	内外结合发展模式

续表

ID	地区	推力					拉力					差值	发展模式
		1990年	2000年	2010年	2015年	均值	1990年	2000年	2010年	2015年	均值		
404	涿鹿县	0.279	0.244	0.162	0.345	0.257	0.022	0.222	0.390	0.361	0.249	0.008	内外结合发展模式
405	迁西县	0.062	0.190	0.476	1.204	0.483	0.160	0.913	1.402	1.595	1.017	−0.534	城市带动发展模式
408	平谷区	0.074	0.528	1.302	3.909	1.453	0.320	0.947	1.216	1.235	0.930	0.524	内生发展模式
409	阳原县	0.061	0.053	0.175	0.311	0.150	0.196	1.936	1.709	1.669	1.378	−1.228	城市带动发展模式
410	遵化市	0.176	0.221	0.509	0.705	0.403	0.451	1.180	1.129	1.233	0.998	−0.595	城市带动发展模式
413	抚宁县	0.122	0.126	0.197	0.564	0.253	0.062	0.364	0.995	0.767	0.547	−0.294	城市带动发展模式
420	迁安市	0.086	0.274	1.744	7.275	2.345	0.267	0.514	0.510	0.496	0.447	1.898	内生发展模式
421	蓟县	0.043	0.267	0.676	2.370	0.839	0.381	1.272	1.380	1.160	1.048	−0.209	城市带动发展模式

续表

ID	地区	推力					拉力					差值	发展模式
		1990 年	2000 年	2010 年	2015 年	均值	1990 年	2000 年	2010 年	2015 年	均值		
426	蔚县	0.116	0.080	0.131	0.220	0.137	0.134	1.311	0.819	1.232	0.874	−0.737	城市带动发展模式
430	卢龙县	0.209	0.106	0.136	0.300	0.188	0.173	0.322	0.686	0.585	0.441	−0.253	城市带动发展模式
433	三河市	0.284	0.676	5.324	7.636	3.480	0.189	0.807	0.970	1.148	0.779	2.701	内生发展模式
434	丰润区	0.116	0.249	0.578	1.115	0.514	0.270	0.637	1.538	1.021	0.866	−0.352	城市带动发展模式
438	滦县	0.069	0.268	0.492	1.392	0.555	0.273	0.883	1.281	1.241	0.919	−0.364	城市带动发展模式
440	玉田县	0.228	0.382	0.646	1.085	0.585	0.244	0.371	0.703	0.768	0.521	0.064	内外结合发展模式
444	大厂回族自治县	0.102	0.435	2.153	4.970	1.915	0.092	1.514	1.617	2.357	1.395	0.520	内生发展模式
447	涞水县	0.083	0.085	0.162	0.523	0.213	0.236	0.302	0.648	0.617	0.451	−0.238	城市带动发展模式

续表

ID	地区	推力					拉力					差值	发展模式
		1990年	2000年	2010年	2015年	均值	1990年	2000年	2010年	2015年	均值		
455	香河县	0.170	0.353	1.208	3.905	1.409	0.203	1.842	1.626	2.542	1.553	−0.144	城市带动发展模式
457	宝坻区	0.041	0.249	0.691	2.709	0.922	0.798	1.770	1.543	1.659	1.442	−0.520	城市带动发展模式
459	大兴区	0.241	0.360	1.938	5.553	2.023	0.156	0.429	0.224	0.272	0.270	1.753	内生发展模式
464	昌黎县	0.238	0.359	0.266	0.551	0.353	0.456	0.246	0.342	1.141	0.546	−0.193	城市带动发展模式
478	涞源县	0.063	0.067	0.254	0.384	0.192	0.321	0.318	0.484	0.438	0.390	−0.198	城市带动发展模式
483	丰南区	0.015	0.294	0.769	2.792	0.967	0.133	0.648	0.773	2.113	0.917	0.051	内外结合发展模式
490	滦南县	0.211	0.145	0.425	1.079	0.465	0.407	0.238	0.421	0.935	0.500	−0.035	内外结合发展模式
498	宁河县	0.048	0.312	0.839	2.720	0.980	0.707	0.909	1.613	2.380	1.402	−0.422	城市带动发展模式

续表

ID	地区	推力					拉力					差值	发展模式
		1990 年	2000 年	2010 年	2015 年	均值	1990 年	2000 年	2010 年	2015 年	均值		
499	涿州市	0.193	0.258	0.624	1.083	0.539	0.167	0.612	0.749	0.983	0.628	−0.088	内外结合发展模式
500	易县	0.041	0.134	0.157	0.328	0.165	0.338	0.418	0.661	0.617	0.509	−0.344	城市带动发展模式
501	乐亭县	0.126	0.643	0.965	2.436	1.043	0.363	0.158	0.698	0.356	0.393	0.649	内生发展模式
507	固安县	0.391	0.134	0.337	1.058	0.480	0.053	0.224	0.160	0.336	0.193	0.287	内生发展模式
520	永清县	0.155	0.198	0.393	0.752	0.374	0.123	0.251	0.175	0.173	0.180	0.194	内生发展模式
525	唐海县	0.163	0.283	6.537	6.070	3.263	0.369	0.262	0.870	0.885	0.596	2.667	内生发展模式
537	高碑店市	0.118	0.314	0.438	0.816	0.421	0.080	0.555	1.086	1.096	0.704	−0.283	城市带动发展模式
548	定兴县	0.127	0.236	0.356	0.620	0.335	0.239	0.405	0.438	0.830	0.478	−0.143	城市带动发展模式

续表

ID	地区	推力					拉力					差值	发展模式
		1990年	2000年	2010年	2015年	均值	1990年	2000年	2010年	2015年	均值		
573	霸州市	0.060	0.384	1.046	1.884	0.843	0.039	0.947	0.773	1.066	0.706	0.137	内生发展模式
591	徐水区	0.046	0.222	0.392	0.784	0.361	0.080	0.489	0.867	1.004	0.610	−0.249	城市带动发展模式
594	雄县	0.152	0.140	0.382	0.608	0.320	0.141	0.532	1.177	1.103	0.738	−0.418	城市带动发展模式
595	唐县	0.198	0.129	0.187	0.276	0.197	0.132	0.454	0.587	0.467	0.410	−0.213	城市带动发展模式
601	阜平县	0.059	0.043	0.167	0.340	0.152	0.088	0.389	0.585	0.603	0.416	−0.264	城市带动发展模式
602	容城县	0.194	0.325	0.526	0.870	0.479	0.253	0.388	0.635	0.944	0.555	−0.076	内外结合发展模式
603	满城区	0.252	0.316	0.496	0.803	0.467	0.151	0.387	0.732	0.674	0.486	−0.019	内外结合发展模式
605	顺平县	0.075	0.103	0.212	0.335	0.181	0.118	0.403	0.369	0.343	0.308	−0.127	城市带动发展模式

续表

ID	地区	推力					拉力					差值	发展模式
		1990 年	2000 年	2010 年	2015 年	均值	1990 年	2000 年	2010 年	2015 年	均值		
618	静海区	0.083	0.302	1.051	3.145	1.145	0.215	1.375	0.938	1.186	0.929	0.217	内生发展模式
622	文安县	0.144	0.220	0.436	0.856	0.414	0.178	1.265	1.149	1.302	0.973	−0.559	城市带动发展模式
630	安新县	0.186	0.112	0.196	0.358	0.213	0.280	0.563	1.021	1.032	0.724	−0.511	城市带动发展模式
640	曲阳县	0.139	0.118	0.192	0.275	0.181	0.030	0.361	0.568	0.554	0.378	−0.197	城市带动发展模式
641	任丘市	0.123	0.407	0.973	1.355	0.715	0.238	0.469	0.892	0.971	0.643	0.072	内外结合发展模式
644	清苑区	0.334	0.374	0.379	0.590	0.419	0.189	0.213	0.797	0.773	0.493	−0.074	内外结合发展模式
651	大城县	0.106	0.192	0.341	0.677	0.329	0.230	1.104	0.626	0.583	0.636	−0.307	城市带动发展模式
657	望都县	0.170	0.316	0.300	0.462	0.312	0.052	0.237	0.442	0.386	0.279	0.033	内外结合发展模式

续表

ID	地区	推力					拉力					差值	发展模式
		1990年	2000年	2010年	2015年	均值	1990年	2000年	2010年	2015年	均值		
660	高阳县	0.267	0.278	0.485	0.732	0.440	0.142	0.575	0.908	0.914	0.635	−0.194	城市带动发展模式
661	平山县	0.124	0.073	0.267	0.605	0.267	0.072	0.933	0.878	0.679	0.641	−0.374	城市带动发展模式
662	灵寿县	0.191	0.155	0.247	0.585	0.295	0.112	0.680	0.751	0.691	0.558	−0.264	城市带动发展模式
663	青县	0.148	0.177	0.468	0.751	0.386	0.225	0.669	0.694	0.619	0.552	−0.166	城市带动发展模式
665	行唐县	0.110	0.158	0.326	0.647	0.310	0.161	0.417	0.584	0.660	0.455	−0.145	城市带动发展模式
668	蠡县	0.115	0.293	0.313	0.405	0.282	0.233	0.341	0.812	0.704	0.523	−0.241	城市带动发展模式
671	河间市	0.160	0.212	0.361	0.661	0.349	0.223	0.792	1.551	2.813	1.345	−0.996	城市带动发展模式
672	定州市	0.292	0.367	0.435	0.770	0.466	0.324	0.286	0.678	0.551	0.460	0.006	内外结合发展模式

续表

ID	地区	推力					拉力					差值	发展模式
		1990 年	2000 年	2010 年	2015 年	均值	1990 年	2000 年	2010 年	2015 年	均值		
674	黄骅市	0.036	0.422	1.281	1.951	0.923	0.195	0.392	0.394	0.436	0.354	0.568	内生发展模式
676	博野县	0.523	0.279	0.563	0.793	0.539	0.166	0.250	0.544	0.487	0.362	0.178	内生发展模式
677	安国市	0.231	0.348	0.484	0.752	0.454	0.370	0.573	0.857	0.792	0.648	−0.195	城市带动发展模式
678	肃宁县	0.247	0.082	0.578	0.984	0.473	0.220	0.336	1.119	0.982	0.664	−0.191	城市带动发展模式
679	沧县	0.075	0.126	0.248	0.407	0.214	0.065	0.543	1.566	2.906	1.270	−1.056	城市带动发展模式
681	新乐市	0.004	0.519	0.785	1.398	0.676	0.099	1.117	1.058	1.071	0.836	−0.160	城市带动发展模式
691	献县	0.147	0.049	0.275	0.532	0.251	0.450	0.361	0.997	1.053	0.715	−0.465	城市带动发展模式
693	饶阳县	0.144	0.127	0.354	0.495	0.280	0.535	0.182	0.658	0.496	0.468	−0.188	城市带动发展模式

续表

ID	地区	推力					拉力					差值	发展模式
		1990 年	2000 年	2010 年	2015 年	均值	1990 年	2000 年	2010 年	2015 年	均值		
695	安平县	0.195	0.639	0.499	0.993	0.582	0.272	0.522	3.237	1.229	1.315	−0.733	城市带动发展模式
696	正定县	0.246	0.751	1.131	2.719	1.212	0.195	1.049	1.026	1.271	0.885	0.327	内生发展模式
699	藁城区	0.137	0.520	0.664	1.121	0.610	0.124	1.149	1.514	1.471	1.064	−0.454	城市带动发展模式
701	深泽县	0.219	0.379	0.478	0.870	0.487	0.377	0.743	1.710	1.782	1.153	−0.666	城市带动发展模式
702	无极县	0.327	0.367	0.370	0.642	0.427	0.326	0.840	1.018	0.897	0.770	−0.344	城市带动发展模式
703	海兴县	0.114	0.367	0.917	1.229	0.657	0.910	0.281	0.341	0.408	0.485	0.172	内生发展模式
704	鹿泉区	0.146	0.460	0.860	2.426	0.973	0.156	0.685	0.908	0.990	0.685	0.288	内生发展模式
711	孟村回族自治县	0.051	0.125	0.411	0.668	0.314	0.549	0.365	0.768	1.127	0.702	−0.388	城市带动发展模式

续表

ID	地区	推力					拉力					差值	发展模式
		1990年	2000年	2010年	2015年	均值	1990年	2000年	2010年	2015年	均值		
716	泊头市	0.145	0.204	0.496	0.781	0.406	0.178	0.642	0.705	0.903	0.607	−0.201	城市带动发展模式
717	井陉县	0.106	0.188	0.506	0.697	0.374	0.363	0.764	0.993	1.076	0.799	−0.425	城市带动发展模式
724	深州市	0.117	0.227	0.279	0.375	0.250	0.446	0.695	0.715	0.858	0.678	−0.429	城市带动发展模式
727	南皮县	0.059	0.085	0.266	0.465	0.219	0.534	0.433	0.411	0.617	0.499	−0.280	城市带动发展模式
734	晋州市	0.088	0.386	0.544	1.157	0.544	0.194	0.939	1.994	2.736	1.466	−0.922	城市带动发展模式
738	武强县	0.255	0.124	0.213	0.440	0.258	0.076	0.510	0.419	0.583	0.397	−0.139	城市带动发展模式
751	辛集市	0.111	0.470	0.533	0.911	0.506	0.337	0.595	3.861	2.779	1.893	−1.387	城市带动发展模式
753	盐山县	0.084	0.033	0.337	0.467	0.230	1.154	0.376	0.937	1.379	0.962	−0.732	城市带动发展模式

续表

ID	地区	推力					拉力					差值	发展模式
		1990 年	2000 年	2010 年	2015 年	均值	1990 年	2000 年	2010 年	2015 年	均值		
776	东光县	0.222	0.079	0.340	0.579	0.305	0.111	0.550	1.354	2.526	1.135	−0.830	城市带动发展模式
782	阜城县	0.209	0.174	0.282	0.343	0.252	0.103	0.604	1.178	0.831	0.679	−0.427	城市带动发展模式
783	栾城县	0.160	0.348	0.979	1.741	0.807	0.072	0.491	1.164	1.436	0.791	0.016	内外结合发展模式
786	武邑县	0.096	0.173	0.277	0.434	0.245	0.211	0.601	0.377	0.700	0.472	−0.227	城市带动发展模式
793	元氏县	0.153	0.146	0.295	0.700	0.324	0.402	0.439	0.449	0.480	0.442	−0.119	城市带动发展模式
796	赵县	0.130	0.347	0.535	0.785	0.449	0.325	0.719	1.073	1.105	0.806	−0.356	城市带动发展模式
800	景县	0.069	0.095	0.353	0.571	0.272	0.190	0.497	1.270	2.090	1.012	−0.740	城市带动发展模式
806	宁晋县	0.689	0.151	0.279	0.462	0.395	0.029	0.506	0.946	0.748	0.557	−0.162	城市带动发展模式

续表

ID	地区	推力					拉力					差值	发展模式
		1990年	2000年	2010年	2015年	均值	1990年	2000年	2010年	2015年	均值		
808	吴桥县	0.219	0.113	0.320	0.675	0.332	0.113	0.390	0.422	0.801	0.431	−0.100	内外结合发展模式
814	赞皇县	0.107	0.189	0.324	0.750	0.343	0.351	0.470	0.680	0.784	0.571	−0.228	城市带动发展模式
819	冀州市	0.076	0.212	0.359	0.694	0.335	0.289	0.850	1.052	1.213	0.851	−0.516	城市带动发展模式
824	高邑县	0.121	0.453	0.513	1.182	0.567	0.339	0.792	0.802	0.865	0.699	−0.132	城市带动发展模式
827	枣强县	0.078	0.175	0.353	0.565	0.293	0.920	0.864	0.779	1.396	0.990	−0.697	城市带动发展模式
832	柏乡县	0.195	0.275	0.284	0.468	0.306	0.211	0.858	0.513	0.645	0.557	−0.251	城市带动发展模式
838	临城县	0.151	0.088	0.183	0.336	0.189	0.187	0.523	0.393	0.391	0.373	−0.184	城市带动发展模式
839	新河县	0.087	0.125	0.204	0.369	0.196	0.131	0.626	0.654	0.326	0.434	−0.238	城市带动发展模式

续表

ID	地区	推力					拉力					差值	发展模式
		1990年	2000年	2010年	2015年	均值	1990年	2000年	2010年	2015年	均值		
845	隆尧县	0.040	0.274	0.296	0.407	0.254	0.174	0.605	0.587	0.980	0.587	−0.333	城市带动发展模式
849	故城县	0.076	0.196	0.360	0.639	0.318	1.054	0.352	0.636	0.975	0.754	−0.436	城市带动发展模式
865	南宫市	0.071	0.192	0.206	0.404	0.218	0.092	0.579	0.692	0.870	0.558	−0.340	城市带动发展模式
866	内丘县	0.135	0.082	0.300	0.546	0.266	0.412	0.409	0.549	0.858	0.557	−0.291	城市带动发展模式
870	巨鹿县	0.058	0.140	0.198	0.345	0.185	0.205	0.581	0.683	0.602	0.517	−0.332	城市带动发展模式
877	邢台县	0.070	0.131	0.198	0.374	0.193	0.410	0.579	0.613	0.809	0.603	−0.410	城市带动发展模式
888	广宗县	0.336	0.128	0.239	0.376	0.270	0.051	0.418	0.239	0.598	0.326	−0.057	内外结合发展模式
890	任县	0.112	0.216	0.356	0.635	0.330	0.398	0.789	0.600	1.075	0.715	−0.386	城市带动发展模式

续表

ID	地区	推力					拉力					差值	发展模式
		1990 年	2000 年	2010 年	2015 年	均值	1990 年	2000 年	2010 年	2015 年	均值		
900	清河县	0.100	0.321	0.477	0.829	0.432	0.188	0.273	0.345	0.475	0.321	0.111	内生发展模式
905	平乡县	0.079	0.170	0.362	0.784	0.349	0.244	0.546	0.727	1.290	0.702	−0.353	城市带动发展模式
915	南和县	0.103	0.139	0.247	0.465	0.238	0.514	0.360	0.436	0.450	0.440	−0.202	城市带动发展模式
920	沙河市	0.153	0.282	0.409	0.847	0.423	0.398	0.651	1.019	1.082	0.787	−0.365	城市带动发展模式
929	武安市	0.110	0.192	0.575	1.025	0.475	0.476	0.937	5.176	2.313	2.225	−1.750	城市带动发展模式
936	鸡泽县	0.150	0.204	0.314	0.740	0.352	0.168	0.499	1.008	1.028	0.676	−0.324	城市带动发展模式
937	曲周县	0.068	0.234	0.267	0.570	0.285	0.011	0.430	0.805	1.428	0.668	−0.384	城市带动发展模式
938	邱县	0.102	0.182	0.264	0.471	0.255	0.125	0.566	0.601	0.672	0.491	−0.237	城市带动发展模式

续表

ID	地区	推力					拉力					差值	发展模式
		1990年	2000年	2010年	2015年	均值	1990年	2000年	2010年	2015年	均值		
940	临西县	0.121	0.206	0.333	0.605	0.316	0.014	0.626	0.539	0.612	0.448	−0.132	城市带动发展模式
943	永年县	0.110	0.381	0.593	0.885	0.492	0.544	0.366	0.705	0.986	0.650	−0.158	城市带动发展模式
949	涉县	0.183	0.122	0.505	0.740	0.387	0.085	0.849	11.028	4.264	4.057	−3.669	城市带动发展模式
966	馆陶县	0.209	0.316	0.339	0.567	0.358	0.181	0.458	0.568	0.751	0.490	−0.132	城市带动发展模式
982	邯郸县	0.060	0.197	0.635	1.756	0.662	0.299	0.638	0.703	0.484	0.531	0.131	内生发展模式
989	肥乡县	0.160	0.099	0.275	0.667	0.300	0.197	0.149	0.495	0.856	0.425	−0.124	城市带动发展模式
1000	广平县	0.242	0.243	0.378	0.689	0.388	0.259	0.267	0.448	0.636	0.403	−0.015	内外结合发展模式
1005	磁县	0.140	0.205	0.390	0.701	0.359	0.316	0.597	1.337	1.189	0.860	−0.501	城市带动发展模式

续表

ID	地区	推力					拉力					差值	发展模式
		1990 年	2000 年	2010 年	2015 年	均值	1990 年	2000 年	2010 年	2015 年	均值		
1016	成安县	0.130	0.273	0.446	0.825	0.418	0.258	0.239	0.458	0.615	0.393	0.026	内外结合发展模式
1018	大名县	0.243	0.039	0.105	0.591	0.244	0.104	0.152	0.185	0.907	0.337	−0.093	内外结合发展模式
1034	魏县	0.323	0.116	0.151	0.261	0.213	0.244	0.302	0.335	0.405	0.322	−0.109	城市带动发展模式
1034	魏县	0.325	0.118	0.156	0.267	0.216	0.094	0.357	0.309	0.307	0.267	−0.050	内外结合发展模式
1043	临漳县	0.336	0.253	0.167	0.319	0.269	0.174	0.203	0.230	0.394	0.250	0.019	内外结合发展模式

附录6　乡村转型发展路径与模式村干部调查问卷

问卷编码：________________

农村转型发展路径与模式村干部调查问卷

省________县(市)________镇（乡）________村(区)　时间:2017年____月____日

第一部分:农村设施基本信息

a1. 本村距离县城________里;本村距离乡镇政府驻地________里。

a2.本村总户数________户,总人口________人,其中农业人口________人;劳动适龄人口________人,其中常年在外(半年及以上)就业________人。

a3.本村土地资源状况:村庄土地面积________亩,宅基地面积________亩,耕地面积________亩。全村土地流转面积________亩,2015年新增宅基地面积________亩。

a4.本村电力设施是否全覆盖?______①是;②否。

a5.本村通信设施是否全覆盖?______①是;②否。信号如何?______①强;②中;③弱。

a6.本村主要道路是否已经硬化?______①是;②否。

a7.本村主要饮用水来源?______①自来水;②井水;③河水;④其他________。

a8.本村是否具有以下公共设施(可多选)?________①医疗卫生所;②幼儿园;③小学;④垃圾集中堆放点。

a9.本村是否有集体经济?______①是;②否,若是主要包括哪些方面______①种植业;②养殖业;③转厂;④其他________;若有集体产业,每年带来的经济效益为________元。

a10.本村主要经济产业为______①种植业;②养殖业;③加工厂;④转厂;⑤其他__________。

编号	养殖品种	单位产品收益	养殖规模	种植品种	种植规模	单位产品收益
1						
2						
3						
4						
5						

a11.为了让村子更好的发展,您有什么建议和想法,有哪些方面的需求(资金、产业、技术)?

____

____

____

附录7 乡村转型发展路径与模式农户调查问卷

问卷编码:________________

农村转型发展路径与模式农户调查问卷

省______县(市)______镇(乡)______村(区) 时间:2017年___月___日

a1.您的学历:______ ①小学及以下;②初中;③高中;④职校、中专;⑤本科(大专)及以上。

a2.您家户籍人口______人;其中60岁以上老人______人,16岁以下未成年人______人;其中常年在家务农______人,常年在外打工______人,每年打工时间___月。家庭常住人口______人。

a3.您家共有___亩耕地,主要种植作物___①水稻;②小麦;③玉米;④花生;⑤红薯;⑥其他______。

a4.您家是否有在校生______①是;②否;若是,______人,目前正在上______ ①小学及以下;②初中;③高中;④职校、中专;⑤本科(大专)及以上。

a5.您家庭人员健康情况______①健康;②慢性病;③重大疾病;若选择②、③,具体疾病为______。

a6.您家有______处住房,是否有空置房屋______①是;②否;若是,______处;目前居住的房屋结构为①土坯房;②砖瓦房;③木结构;④竹结构;⑤钢混结构;⑥其他______。

a7.2016年您家家庭纯收入______元,主要收入来源:______(可多选,按重要性先后顺序填写)①种植业;②养殖业;③自主经营;④务工收入;⑤土地流转、股息、利息;⑥亲友赠与;⑨其他______。

2016年您家家庭总支出______元,主要用于______(可多选,按重要性先后顺序填写)①饮食保障;②家庭设备;③医疗保健;④文化教育;⑤农业生产;⑥其他______。

a8.您家是否参与了村集体合作项目______①是;②否。若是具体包括哪些项目______①种植业;②养殖业;③工厂生产;④小作坊加工;⑤其他______,2016年给您家带来经济收入______元。

a9.您认为村子还需要那些改善能改善村子发展______①道路;②医疗设施;③教育设施;④农业基础设施;⑤生活用电、用水设施;⑥公共卫生设施;⑦文化娱乐设施;⑧其他______。

a10.您希望村里通过什么项目会对您家的生活水平有改善?______①种植合作社;②养殖合作社;③工厂;④外出就业岗位介绍;⑤土地流转;⑥其他______。

a11.您对目前的生活水平是否满意______①是;②否。若否,还需要哪些方面的提高______(可多选,按重要性先后顺序填写)①饮食穿衣;②住房;③医疗保障;④就业工作;⑤其他______。

a12.为了让村子更好的发展,您有什么建议和想法,有哪些方面的需求(资金、产业、技术)?

____

____

____

附录 8　京津冀地区的县域产业结构灰色预测结果

ID	城市	地区	第一产业		第二产业		第三产业		关联度
			2020 年	2030 年	2020 年	2030 年	2020 年	2030 年	
459	北京市	大兴区	3.33	1.43	38.31	38.04	58.36	60.53	0.758
345	北京市	怀柔区	2.05	0.89	58.89	59.89	39.05	39.22	0.694
408	北京市	平谷区	8.14	5.26	43.57	42.19	48.29	52.54	0.667
382	北京市	密云区	6.73	4.14	42.27	39.48	50.99	56.37	0.703
383	北京市	延庆区	8.73	4.91	22.16	17.67	69.11	77.42	0.733
457	天津市	宝坻区	6.68	5.03	42.79	38.48	50.54	56.49	0.693
498	天津市	宁河区	8.51	6.65	49.87	48.73	41.62	44.62	0.814
618	天津市	静海区	4.40	2.91	59.73	57.49	35.87	39.60	0.756
421	天津市	蓟县	7.98	5.90	22.60	16.69	69.41	77.41	0.699
717	石家庄市	井陉县	6.65	4.66	42.06	36.74	51.29	58.60	0.722
696	石家庄市	正定县	9.91	6.90	42.29	40.31	47.81	52.80	0.741
783	石家庄市	栾城县	13.66	10.18	57.95	61.24	28.39	28.58	0.705
665	石家庄市	行唐县	17.26	13.88	55.97	59.01	26.77	27.12	0.646
662	石家庄市	灵寿县	14.53	11.02	53.83	56.55	31.63	32.43	0.740
824	石家庄市	高邑县	12.78	8.50	60.40	71.03	26.82	20.47	0.704
701	石家庄市	深泽县	13.01	8.91	62.31	67.64	24.69	23.45	0.697
814	石家庄市	赞皇县	15.35	10.98	60.44	65.78	24.21	23.25	0.719
702	石家庄市	无极县	11.55	7.72	55.53	55.80	32.92	36.48	0.699
661	石家庄市	平山县	7.73	4.62	62.11	64.42	30.17	30.96	0.804
793	石家庄市	元氏县	12.80	9.94	50.63	51.69	36.57	38.38	0.726
796	石家庄市	赵县	13.75	9.50	64.00	70.56	22.25	19.94	0.732
751	石家庄市	辛集市	11.24	7.45	60.41	63.59	28.35	28.97	0.713
699	石家庄市	藁城市	10.83	7.50	67.55	74.31	21.62	18.19	0.716
734	石家庄市	晋州市	10.69	7.63	51.71	50.84	37.60	41.53	0.717
681	石家庄市	新乐市	13.07	9.93	54.29	55.60	32.64	34.47	0.731
704	石家庄市	鹿泉市	5.51	3.67	54.74	52.88	39.76	43.45	0.670
483	唐山市	丰南区	6.02	3.19	60.71	59.65	33.27	37.16	0.669

续表

ID	城市	地区	第一产业		第二产业		第三产业		关联度
			2020年	2030年	2020年	2030年	2020年	2030年	
434	唐山市	丰润区	5.73	2.78	69.36	72.36	24.91	24.87	0.668
438	唐山市	滦县	6.95	3.74	60.96	62.74	32.10	33.52	0.723
490	唐山市	滦南县	20.18	16.15	35.27	32.13	44.55	51.73	0.660
501	唐山市	乐亭县	20.52	14.56	37.14	41.08	42.34	44.36	0.658
405	唐山市	迁西县	4.12	2.04	60.46	58.97	35.43	38.99	0.634
440	唐山市	玉田县	15.82	11.20	45.83	43.87	38.35	44.93	0.706
525	唐山市	唐海县	9.62	6.22	51.67	53.22	38.72	40.56	0.685
410	唐山市	遵化市	4.05	1.93	50.92	46.29	45.04	51.79	0.792
420	唐山市	迁安市	2.45	1.04	60.60	57.01	36.96	41.95	0.688
395	秦皇岛市	青龙满族自治县	20.17	15.85	30.69	28.74	49.14	55.40	0.699
464	秦皇岛市	昌黎县	28.59	24.40	38.59	41.70	32.82	33.90	0.733
413	秦皇岛市	抚宁县	30.96	33.45	29.05	23.11	39.99	43.44	0.716
430	秦皇岛市	卢龙县	24.07	19.70	26.29	24.59	49.64	55.71	0.705
982	邯郸市	邯郸县	5.22	3.40	40.62	36.07	54.16	60.53	0.641
1043	邯郸市	临漳县	28.86	24.47	33.08	34.32	38.06	41.22	0.775
1016	邯郸市	成安县	19.83	15.51	44.88	47.32	35.29	37.16	0.720
1018	邯郸市	大名县	24.71	21.15	40.12	42.03	35.17	36.82	0.721
949	邯郸市	涉县	3.18	1.68	63.59	63.53	33.23	34.79	0.702
1005	邯郸市	磁县	6.96	4.36	49.82	50.37	43.22	45.26	0.715
989	邯郸市	肥乡县	31.20	28.17	36.61	38.69	32.20	33.14	0.777
943	邯郸市	永年县	29.51	28.44	40.84	40.50	29.65	31.06	0.849
938	邯郸市	邱县	21.46	17.30	39.10	38.39	39.44	44.31	0.740
936	邯郸市	鸡泽县	18.74	14.37	49.62	52.21	31.64	33.42	0.665
1000	邯郸市	广平县	14.61	11.03	41.03	37.73	44.37	51.24	0.694
966	邯郸市	馆陶县	26.97	22.15	43.10	44.62	29.93	33.23	0.864
1034	邯郸市	魏县	16.42	12.01	37.78	38.63	45.80	49.36	0.719
937	邯郸市	曲周县	25.38	21.34	46.11	48.61	28.51	30.04	0.705
929	邯郸市	武安市	1.57	0.73	64.59	63.17	33.84	36.10	0.710
877	邢台市	邢台县	6.47	3.44	66.81	68.21	26.72	28.35	0.705
838	邢台市	临城县	14.00	11.43	58.80	61.15	27.20	27.42	0.727

续表

ID	城市	地区	第一产业		第二产业		第三产业		关联度
			2020 年	2030 年	2020 年	2030 年	2020 年	2030 年	
866	邢台市	内丘县	9.97	7.70	53.40	52.08	36.63	40.22	0.659
832	邢台市	柏乡县	26.90	24.67	39.57	37.02	33.53	38.31	0.685
845	邢台市	隆尧县	22.76	20.94	41.15	38.91	36.09	40.15	0.683
890	邢台市	任县	29.14	30.50	32.41	28.32	38.45	41.19	0.691
915	邢台市	南和县	37.78	39.76	24.89	19.79	37.34	40.45	0.727
806	邢台市	宁晋县	13.04	9.28	60.40	62.22	26.56	28.49	0.757
870	邢台市	巨鹿县	25.50	20.75	35.22	28.39	39.28	50.87	0.727
839	邢台市	新河县	30.00	30.43	33.77	28.30	36.23	41.27	0.761
888	邢台市	广宗县	33.40	31.25	35.89	34.97	30.71	33.78	0.813
905	邢台市	平乡县	24.35	26.39	33.82	27.37	41.83	46.24	0.800
1034	邢台市	魏县	16.42	12.01	37.78	38.63	45.80	49.36	0.719
900	邢台市	清河县	4.00	2.38	49.41	44.46	46.59	53.16	0.626
940	邢台市	临西县	17.86	13.73	31.75	27.34	50.39	58.93	0.727
865	邢台市	南宫市	17.77	15.27	40.72	36.02	41.51	48.71	0.751
920	邢台市	沙河市	2.15	0.88	54.62	42.65	43.23	56.46	0.609
603	保定市	满城县	17.68	14.20	53.49	55.33	28.83	30.48	0.650
644	保定市	清苑县	18.36	12.28	54.99	59.84	26.65	27.88	0.701
447	保定市	涞水县	17.04	11.96	23.26	22.58	59.70	65.46	0.690
601	保定市	阜平县	17.93	12.96	22.16	20.47	59.91	66.58	0.650
591	保定市	徐水县	15.19	12.64	48.73	47.25	36.08	40.10	0.634
548	保定市	定兴县	22.61	18.09	46.60	50.72	30.79	31.19	0.717
595	保定市	唐县	21.56	16.52	42.50	42.95	35.93	40.53	0.675
660	保定市	高阳县	7.58	4.78	63.43	62.09	28.98	33.12	0.857
602	保定市	容城县	12.12	8.23	61.63	62.93	26.25	28.83	0.721
478	保定市	涞源县	3.80	2.08	61.19	64.28	35.00	33.64	0.691
657	保定市	望都县	27.70	22.83	42.02	44.03	30.28	33.15	0.785
630	保定市	安新县	11.33	7.66	55.31	55.83	33.36	36.51	0.645
500	保定市	易县	21.16	16.58	44.81	47.31	34.04	36.11	0.725
640	保定市	曲阳县	12.62	8.76	40.33	40.50	47.06	50.74	0.634
668	保定市	蠡县	17.73	19.57	53.38	50.60	28.89	29.83	0.740

续表

ID	城市	地区	第一产业		第二产业		第三产业		关联度
			2020 年	2030 年	2020 年	2030 年	2020 年	2030 年	
605	保定市	顺平县	32.80	30.72	40.97	42.02	26.22	27.26	0.706
676	保定市	博野县	27.38	22.55	43.10	49.03	29.53	28.41	0.684
594	保定市	雄县	8.78	5.78	69.57	74.37	21.66	19.85	0.676
499	保定市	涿州市	5.87	3.76	32.96	28.05	61.18	68.19	0.714
672	保定市	定州市	22.55	17.36	53.62	60.35	23.83	22.29	0.729
677	保定市	安国市	15.28	11.37	53.49	59.12	31.23	29.50	0.734
537	保定市	高碑店市	8.64	5.78	57.04	56.85	34.32	37.37	0.616
379	张家口市	宣化县	29.91	33.43	29.77	23.93	40.32	42.65	0.703
301	张家口市	张北县	22.54	16.99	50.90	57.10	26.56	25.90	0.687
265	张家口市	康保县	47.95	52.74	23.06	20.72	28.99	26.54	0.723
278	张家口市	沽源县	41.78	39.84	28.49	32.37	29.74	27.80	0.681
306	张家口市	尚义县	29.50	24.74	41.55	48.56	28.95	26.70	0.731
426	张家口市	蔚县	14.25	11.81	29.05	25.41	56.70	62.79	0.790
409	张家口市	阳原县	22.05	22.86	21.34	15.79	56.61	61.36	0.684
384	张家口市	怀安县	13.38	9.15	28.60	24.83	58.02	66.02	0.682
347	张家口市	万全县	19.82	19.11	41.22	39.86	38.96	41.03	0.689
396	张家口市	怀来县	12.11	10.34	22.83	16.94	65.05	72.71	0.732
404	张家口市	涿鹿县	27.46	23.25	28.82	26.45	43.73	50.29	0.644
316	张家口市	赤城县	23.72	19.73	51.70	57.88	24.58	22.39	0.679
322	张家口市	崇礼县	26.19	29.94	51.42	50.47	22.38	19.58	0.708
309	承德市	承德县	18.23	14.92	51.71	55.24	30.06	29.83	0.645
389	承德市	兴隆县	21.31	21.86	48.63	50.50	30.06	27.64	0.705
318	承德市	平泉县	20.38	18.23	43.49	45.27	36.13	36.49	0.752
325	承德市	滦平县	10.99	7.34	61.94	70.26	27.07	22.39	0.682
286	承德市	隆化县	21.89	18.09	51.48	59.50	26.63	22.41	0.725
273	承德市	丰宁满族自治县	23.10	19.81	39.30	41.73	37.59	38.46	0.762
385	承德市	宽城满族自治县	3.77	1.68	70.54	75.90	25.70	22.42	0.705
243	承德市	围场满族蒙古族自治县	44.50	48.86	20.50	16.45	35.00	34.69	0.680
679	沧州市	沧县	8.44	5.29	45.77	45.10	45.78	49.61	0.637

续表

ID	城市	地区	第一产业		第二产业		第三产业		关联度
			2020 年	2030 年	2020 年	2030 年	2020 年	2030 年	
663	沧州市	青县	27.52	32.12	38.10	31.95	34.37	35.92	0.677
776	沧州市	东光县	11.95	8.54	35.47	30.98	52.58	60.48	0.659
703	沧州市	海兴县	18.83	17.11	40.87	36.98	40.30	45.91	0.854
753	沧州市	盐山县	8.42	5.21	69.44	75.99	22.14	18.80	0.749
678	沧州市	肃宁县	14.01	10.18	40.56	39.93	45.43	49.89	0.625
727	沧州市	南皮县	18.23	14.21	37.05	34.29	44.73	51.50	0.754
808	沧州市	吴桥县	25.46	21.75	20.70	16.02	53.84	62.23	0.794
691	沧州市	献县	14.37	10.33	50.91	51.15	34.72	38.52	0.616
711	沧州市	孟村回族自治县	6.46	4.20	61.59	62.72	31.95	33.08	0.667
716	沧州市	泊头市	10.24	7.33	51.01	52.54	38.75	40.13	0.736
641	沧州市	任丘市	1.53	0.58	64.10	64.77	34.37	34.66	0.710
674	沧州市	黄骅市	9.48	7.85	36.96	30.41	53.56	61.73	0.662
671	沧州市	河间市	6.14	3.71	40.90	36.84	52.95	59.45	0.762
507	廊坊市	固安县	22.36	17.45	29.38	26.28	48.26	56.26	0.691
520	廊坊市	永清县	40.64	43.23	31.73	28.59	27.62	28.19	0.636
455	廊坊市	香河县	10.05	7.71	47.57	42.58	42.39	49.71	0.733
651	廊坊市	大城县	16.22	16.33	47.63	43.39	36.15	40.28	0.763
622	廊坊市	文安县	9.63	8.60	58.09	57.25	32.28	34.15	0.856
444	廊坊市	大厂回族自治县	13.50	12.97	40.68	33.83	45.82	53.20	0.803
573	廊坊市	霸州市	3.99	2.49	62.40	61.86	33.62	35.65	0.747
433	廊坊市	三河市	5.11	2.94	50.65	48.69	44.23	48.37	0.648
827	衡水市	枣强县	19.27	18.31	46.77	41.71	33.96	39.98	0.770
786	衡水市	武邑县	32.06	32.40	32.41	26.92	35.52	40.68	0.660
738	衡水市	武强县	19.03	18.92	44.95	38.92	36.02	42.17	0.810
693	衡水市	饶阳县	34.26	32.74	31.64	27.99	34.10	39.27	0.766
695	衡水市	安平县	7.59	4.77	50.82	48.10	41.58	47.13	0.633
849	衡水市	故城县	24.86	21.12	29.64	26.48	45.50	52.40	0.827
800	衡水市	景县	13.06	9.29	55.59	58.85	31.35	31.86	0.669
782	衡水市	阜城县	22.28	20.56	47.10	44.18	30.62	35.26	0.751
819	衡水市	冀州市	11.09	8.26	47.38	43.94	41.53	47.81	0.723

续表

ID	城市	地区	第一产业		第二产业		第三产业		关联度
			2020 年	2030 年	2020 年	2030 年	2020 年	2030 年	
724	衡水市	深州市	21.68	20.39	40.74	36.15	37.58	43.46	0.768

附录 9　图索引

附录10 表索引

参考文献

[1] 刘彦随,陈聪,李玉恒. 中国新型城镇化村镇建设格局研究[J]. 地域研究与开发，2014,33(06)：1-6.

[2] 冷智花. 中国城镇化:从失衡到均衡发展[J]. 南京大学学报(哲学・人文科学・社会科学)，2016,53(04)：42-50.

[3] 任远. 城镇化的升级和新型城镇化[J]. 城市规划学刊，2016(02)：66-71.

[4] 古杰,岳隽,陈小祥. 新中国城镇化的发展阶段及政策分析[J]. 规划师，2015,31(10):74-81.

[5] 王建军,吴志强. 城镇化发展阶段划分[J]. 地理学报，2009，64(02)：177-188.

[6] Liu Y S，Yan B，Yang Z. Urbanization，economic growth，and carbon dioxide emissions in China：A panel cointegration and causality analysis [J]. Journal of Geographical Sciences，2016，26(02):131-152.

[7] 王艳飞,刘彦随,严镔,等. 中国城乡协调发展格局特征及影响因素[J]. 地理科学，2016，36(01)：20-28.

[8] 姚志,谢云. 城乡收入差距与城镇化"倒 U 形"关系实证研究[J]. 统计与决策，2017(09)：140-143.

[9] 丁焕峰,刘心怡. 城镇化背景下城乡收入差距的时空演化[J]. 经济地理，2017，37(04)：32-41.

[10] 邓金钱. 政府主导、人口流动与城乡收入差距[J]. 中国人口・资源与环境，2017，27(02):143-150.

[11] 孙海义,鲁明珠.基于京津冀协同发展的高校人才培养模式探索[J].产业与科技论坛，2016,15(14):173-174.

[12] 冀丰渊. 京津冀协同发展介绍[C]// 对接京津——解题京津冀一体化

与推动区域经济协同发展. 2016.

[13] 连季婷. 京津冀协同发展中的河北省经济策略研究[D].东北财经大学博士学位论文,2015.

[14] 毛汉英. 京津冀协同发展的机制创新与区域政策研究[J]. 地理科学进展, 2017, 36(01): 2-14.

[15] 方创琳. 京津冀城市群协同发展的理论基础与规律性分析[J]. 地理科学进展, 2017, 36(01): 15-24.

[16] 刘彦随. 新型城镇化应治“乡村病”[N]. 人民日报, 2013-09-10(005).

[17] 吴婷. 城镇化背景下的“乡村病”何以根治[J]. 建设科技, 2016(15): 46-48.

[18] 王婕. 中国新型城镇化与人的发展研究[J]. 改革与战略, 2014(02): 11-13.

[19] 刘彦随. 在推进新型城镇化中根治“乡村病”[J]. 唯实(现代管理), 2013(11):21.

[20] 刘彦随. 新型城镇化应注重根治“乡村病”[J]. 决策探索(下半月), 2013(09):22.

[21] 刘彦随,刘玉. 中国农村空心化问题研究的进展与展望[J]. 地理研究, 2010, 29(01):35-42.

[22] 孙英辉,邹谢华,于丽娜. 从政策与政府因素看土地闲置[J]. 中国土地, 2012(01):31-32.

[23] 张富刚,刘彦随. 中国区域农村发展动力机制及其发展模式[J]. 地理学报, 2008, 63(02):115-122.

[24] 约翰·R.罗根,朱宇姝. 解读中国的快速城镇化问题[J]. 景观设计学, 2015, 3(05):12-25.

[25] 程明梅,杨朦子. 城镇化对中国居民健康状况的影响——基于省级面板数据的实证分析[J]. 中国人口·资源与环境, 2015, 25(07): 89-96.

[26] 张同升,刘长岐. 快速城镇化发展背景下的中国城镇规划问题[J]. 城市发展研究, 2009, 16(08): 48-53.

[27] 张勇.坚守18亿亩耕地“红线”的探讨[J].经济问题探索, 2011(02): 53-58.

[28] 杨邦杰,郧文聚.论坚守耕地红线的内涵[J].中国发展, 2008(02):1-4.

[29] 罗翔,曾菊新,朱媛媛,等. 谁来养活中国:耕地压力在粮食安全中的

作用及解释[J]. 地理研究，2016，35(12)：2216-2226.

[30] 何玲，贾启建，李超，等. 基于生态系统服务价值与粮食安全的生态安全底线核算[J]. 应用生态学报，2016，27(01)：215-224.

[31] 姚成胜，滕毅，黄琳. 中国粮食安全评价指标体系构建及实证分析[J]. 农业工程学报，2015，31(04)：1-10.

[32] 张元红，刘长全，国鲁来. 中国粮食安全状况评价与战略思考[J]. 中国农村观察，2015(01)：2-14+29+93.

[33] 刘彦随，乔陆印. 中国新型城镇化背景下耕地保护制度与政策创新[J]. 经济地理，2014，34(04)：1-6.

[34] 李广东，邱道持，王平. 中国耕地保护机制建设研究进展[J]. 地理科学进展，2011，30(03)：282-289.

[35] 陈秧分，刘彦随，李裕瑞. 基于农户生产决策视角的耕地保护经济补偿标准测算[J]. 中国土地科学，2010，24(04)：4-8+31.

[36] 詹娜. 19世纪法国城市发展对农村的影响[J]. 理论月刊，2009(02)：148-150.

[37] 周淑景. 法国农业公共支持的变化趋向及其启示[J]. 农业经济问题，2009，30(12)：95-100.

[38] 刘英杰. 德国农业和农村发展政策特点及其启示[J]. 世界农业，2004(02)：36-39.

[39] 王敬. 公众参与土地管理是农村发展的基本原则和核心内容——德国巴伐利亚州的成功经验[J]. 资源与产业，2008，10(01)：94-96.

[40] 华新. 国外经验对我国新农村建设启示良多[N]. 中国国门时报，2006-03-28(004).

[41] 李连和. 瑞士农业发展给我们的启示[J]. 科技进步与对策，1993(02)：8-10.

[42] 赵霞，姜利娜. 荷兰发展现代化农业对促进中国农村一二三产业融合的启示[J]. 世界农业，2016(11)：21-24.

[43] [美] 理查德·兰茨第尔，周宝生. 美国的小城镇工业就业与农村变革[J]. 农村经济与社会，1989(02)：23-28.

[44] 李超民. 城乡对立：制度根源、矛盾化解与农村发展立法——以美国为例[J]. 农业经济问题，2008，29(06)：103-108.

[45] 刘婷婷，周艳海，周淑芬. 美国农村金融发展模式对我国的启示[J].

改革与战略，2016，32(08)：151-154.

[46] 曲文俏，陈磊. 日本的造村运动及其对中国新农村建设的启示[J]. 世界农业，2006(07)：8-11.

[47] 郑新立.韩国“新村运动”启示录[J].西部大开发，2006(04)：74-75.

[48] 金俊，金度延，赵民. 1970～2000 年代韩国新村运动的内涵与运作方式变迁研究[J]. 国际城市规划，2016，31(06)：15-19.

[49] 李强，姜爱林，任志儒. 韩国新村运动的主要成效、基本经验及对我国的启示[J]. 农业现代化研究，2006，27(06)：405-408.

[50] 王芳，胡永盛，李军. 国外农村区域发展基本经验及启示[J]. 江西农业大学学报(社会科学版)，2008，7(04)：38-41.

[51] 定国. 晏阳初和他的乡村建设理论[N]. 深圳特区报，2018-03-06(B10).

[52] 李善峰.一个现代国家建设的系统方案——纪念梁漱溟《乡村建设理论》出版 80 周年[J].济南大学学报(社会科学版)，2017，27(06)：140-148+160.

[53] 胡永盛，杭瑞友，李军. 国外农村区域发展经验与启示[J]. 现代农业，2008(12)：34-36.

[54] 邓静中. 全国综合农业区划的若干问题[J]. 地理研究，1982，1(01)：9-18.

[55] 邓静中. 全国农业现状区划的初步探讨[J]. 地理学报，1963，29(04)：265-280.

[56] 周立三. 甘青农牧交错地区农业区划初步研究[M]. 北京：科学出版社，1958.

[57] 周立三. 试论农业区域的形成演变、内部结构及其区划体系[J]. 地理学报，1964，30(01)：14-24.

[58] 徐建华.社会主义市场经济体制的形成历程与经验启示[J].兵团党校学报，2015(03)：33-36.

[59] 余利民.农村金融区域发展研究[J].合作经济与科技，2018(06)：80-81.

[60] 朱海琴.论新农村经济建设中的公共管理[J].合作经济与科技，2018(06)：180-181.

[61] 张希亮，杨慷慨.社会变迁背景下西北农村教育发展策略探究[J].现代中小学教育，2018(02)：67-72.

[62] 张天柱,周建,张凤荣,等.工业化、城镇化背景下农村居民点内部土地利用演变[J].中国农业大学学报，2018(02):147-157.

[63] 赵家骥.改变思维方式在乡村振兴战略中振兴农村教育——以人民为中心振兴农村教育[J].中国农村教育，2018(03):14-17.

[64] 祝坤艳.农村劳动力转移对河南省农业产业结构发展的影响研究[J].中国农业资源与区划，2017,38(11):191-197.

[65] 杨泽龙,王丽莎,黄锴.毕节模式与温州模式、苏南模式等模式之比较研究[J].贵州社会主义学院学报，2016(02):20-24.

[66] 张月友,凌永辉,徐从才.苏南模式演进、所有制结构变迁与产业结构高度化[J].经济学动态，2016(06):13-25.

[67] 徐宜青,吴殿廷."苏南模式"和"温台模式"的演变及其对新型城镇化建设的现实意义[J].江苏师范大学学报(哲学社会科学版)，2015,41(04):121-125.

[68] 郭焕成,陈佑启. 我国持续农业与农村发展问题研究——兼论黄淮海地区农业与农村发展[J]. 农业现代化研究，1994，15(04)：202-205.

[69] 梁世夫. 我国农业经济转型期政府行为研究[D].华中农业大学博士学位论文,2006.

[70] 刘喜波. 区域现代农业发展规划研究[D].沈阳农业大学博士学位论文,2011.

[71] 周立兰，余之祥. 中国农业地理和土地利用的近期研究[J]. 地理学报，1990，45(02):146-153.

[72] 毕昌隆. 农业人口流动与农村发展浅析[J]. 福建论坛(经济社会版)，1990(05):23-25.

[73] 李红卫. 农村劳动力"回流"——中国农村发展的沉重包袱[J]. 农村经济，1990(03):11.

[74] 朱同炳. 农村发展市场经济面临的问题及建议[J]. 中国农村经济，1992(12):49-51.

[75] 刘以鼎,孙骏炜. 福建农村文化发展模式演化进程初探[J]. 福建学刊，1997(S1):92-99.

[76] 杨克升. 论贵州农村"公司＋农户"的发展模式[J]. 贵州社会科学，1997(04):17-21.

[77] 杨治业，任义琴. 山西省农村产业化发展模式探讨[J]. 农业技术经

济，1997(03)：16-17.

[78] 徐海明. 苏州农村现代化的发展模式初探——一种发展极的考察[J]. 中国农村经济，1996(05):69-73.

[79] 余炳辉. 温州模式及其对中国经济发展的影响[J]. 中国人力资源开发，1995(06)：42-46.

[80] 林毅夫. “三农”问题与我国农村的未来发展[J]. 农业经济问题，2003(01)：19-24＋79.

[81] 朱喜群. 中国城乡一体化实现路径研究[D].苏州大学博士学位论文，2014.

[82] 蔡运龙. 持续农业及其中国态势[J].地理学报，1995，50(02)：97-106.

[83] 王宏广.论我国农业持续发展的障碍、规律、对策[J].生态农业研究，1993，1(02)：31-39.

[84] 曾尊固,罗守贵. 可持续农业与农村发展研究述评[J]. 世界地理研究，2001，10(04)：29-38.

[85] 朱孔山. 临沂市农业与农村可持续发展探讨[J]. 国土与自然资源研究，2001(04)：15-17.

[86] 章家恩. 广东省农业与农村可持续发展对策探讨[J]. 国土与自然资源研究，2001(01)：25-28.

[87] 傅新红,杨锦秀,郑循刚. 21 世纪四川农业和农村可持续发展面临的困境和对策[J]. 农业技术经济，2001(01):48-50.

[88] 孙景珊. 中国农村现代化实现的途径与思考[J]. 理论界，2007(02)：49-51.

[89] 谢家智. 我国农村现代化进程的路径分析[J]. 重庆社会科学，2005(07):16-19.

[90] 袁金辉. 中国农村现代化的基本内涵与经验[J]. 国家行政学院学报，2005(04):27-30.

[91] 彭文平.农民经济学——发展经济学的新发展[J].外国经济与管理，2002(02):2-6＋13.

[92] 文秋良.纵横比较看当前新农村建设[J].农村财政与财务，2006(05)：23-26.

[93] 文琦. 能源富集贫困区农村转型发展态势与优化战略[D].陕西师范

大学博士学位论文，2009.

[94] 刘彦随，吴传钧，鲁奇. 21世纪中国农业与农村可持续发展方向和策略[J]. 地理科学，2002，6(04)：385-389.

[95] 刘彦随. 中国东部沿海地区乡村转型发展与新农村建设[J]. 地理学报，2007，62(06)：563-570.

[96] 文琦. 中国农村转型发展研究的进展与趋势[J]. 中国人口·资源与环境，2009，19(01)：20-24.

[97] 文琦，刘彦随. 陕北能源开发区农村转型发展轨迹及效应解析[J]. 地理科学，2014，34(09)：1077-1084.

[98] 龙花楼，李秀彬. 长江沿线样带农村宅基地转型[J]. 地理学报，2005，60(02)：179-188.

[99] 龙花楼. 论土地利用转型与乡村转型发展[J]. 地理科学进展，2012，31(02)：131-138.

[100] 龙花楼，李婷婷. 中国耕地和农村宅基地利用转型耦合分析[J]. 地理学报，2012，67(02)：201-210.

[101] 李裕瑞，刘彦随，龙花楼，等. 大城市郊区村域转型发展的资源环境效应与优化调控研究——以北京市顺义区北村为例[J]. 地理学报，2013，68(06)：825-838.

[102] 李婷婷，龙花楼. 基于"人口—土地—产业"视角的乡村转型发展研究——以山东省为例[J]. 经济地理，2015，35(10)：149-155+138.

[103] 杨忍，刘彦随，龙花楼，等. 中国乡村转型重构研究进展与展望——逻辑主线与内容框架[J]. 地理科学进展，2015，34(08)：1019-1030.

[104] 文琦，刘彦随，王建兴. 生态脆弱区土地利用格局演变及其生态响应——以榆林市为例[J]. 地域研究与开发，2010，29(02)：104-109.

[105] Akroyd H D. Agriculture and rural development planning：A process in transition[J]. European Review of Agricultural Economics，2017，32(02)：289-291.

[106] 曾福生，蔡保忠.农村基础设施是实现乡村振兴战略的基础[J].农业经济问题，2018(07)：88-95.

[107] Dobashi N，Kurita T. Comprehensive national development plan and agricultural infrastructure improvement and rural development in Japan [J]. Journal of the Japanese Society of Irrigation Drainage & Reclamation Engineering，2000，46(56)：301-302.

[108] Sandra H, Matthias N, Oliver B, et al. Transformations of modern infrastructure planning in Rural Regions: The case of water infrastructures in Brandenburg, Germany[J]. European Planning Studies, 2011, 19(08):1499-1516.

[109] 王轲,朱梦宇.基于乡村振兴战略的青岛市农村基础设施提档升级驱动力分析[J].中国农业资源与区划,2018(08):49-53.

[110] 张亚飞,王进.国家战略、制度变迁与中国乡村治理结构的变革[J].齐齐哈尔大学学报(哲学社会科学版),2016(05):38-40+43.

[111] 曹智,李裕瑞,陈玉福.城乡融合背景下乡村转型与可持续发展路径探析[J].地理学报,2019,74(12):2560-2571.

[112] 郭远智,周扬,刘彦随.贫困地区的精准扶贫与乡村振兴:内在逻辑与实现机制[J].地理研究,2019,38(12):2819-2832.

[113] 刘彦随,周扬,李玉恒.中国乡村地域系统与乡村振兴战略[J].地理学报,2019,74(12):2511-2528.

[114] 李玉恒,阎佳玉,刘彦随.基于乡村弹性的乡村振兴理论认知与路径研究[J].地理学报,2019,74(10):2001-2010.

[115] 尹帅. 我国城镇化与城乡居民收入差距关系研究[D].云南财经大学硕士学位论文,2014.

[116] 胡金文."城中村"城市化问题研究[D].国防科学技术大学硕士学位论文,2007.

[117] 刘思峰,蔡华,杨英杰,等.灰色关联分析模型研究进展[J].系统工程理论与实践, 2013, 33(08): 2041-2046.

[118] 张家其,吴宜进,葛咏,等.基于灰色关联模型的贫困地区生态安全综合评价——以恩施贫困地区为例[J].地理研究, 2014, 33(08):1457-1466.

[119] 李江峰. 农村转型发展研究的进展与趋势[J]. 北京农业, 2013(24):242.

[120] 屈志勇,宋元梁,屈泊静. 农村转型发展中的就地城镇化问题探索——以陕西省六县(区)为例[J]. 西部财会, 2013(03): 75-79.

[121] 刘彦随,严镔,王艳飞.新时期中国城乡发展的主要问题与转型对策[J].经济地理,2016,36(07):1-8.

[122] 刘彦随,龙花楼."中国—法国农村建设与发展国际研讨会"在北京召开[J]. 地理学报, 2007, 62(12): 1338.

[123] 张波.城乡融合 互惠共生[J].城乡建设,2017(24):1.

[124] 贺艳华,李民,宾津佑,等. 近10年来中国城乡一体化空间组织研究进展与展望[J]. 地理科学进展, 2017, 36(02): 219-230.

[125] 郑文哲,郑小碧. 中心镇推进城乡一体化的时空演进模式研究:理论与实证[J]. 经济地理, 2013, 33(06): 79-83+108.

[126] 汪宇明,刘高,施加仓,等. 中国城乡一体化水平的省区分异[J]. 中国人口·资源与环境, 2012, 22(04): 137-142.

[117] Liu Y S, Chen C, Li Y R. Differentiation regularity of urban-rural equalized development at prefecture-level city in China [J]. Journal of Geographical Sciences,2015,25(09): 1075-1088.

[128] 刘晨光, 李二玲, 覃成林. 中国城乡协调发展空间格局与演化研究[J]. 人文地理, 2012(02):97-102.

[129] 李玉恒,刘彦随. 中国城乡发展转型中资源与环境问题解析[J]. 经济地理, 2013, 33(01):61-65.

[130] 刘玉亭, 何深静, 顾朝林. 反思新时期我国城市发展的几个问题[J]. 现代城市研究, 2001(05):65-68.

[131] 张强. 中国城乡一体化发展的研究与探索[J]. 中国农村经济, 2013(01): 15-23.

[132] 付强.从经典区位论到现代点轴论[J].西部广播电视, 2010(08): 56-63.

[133] 沈雪潋. 中国经济区划改革与经济发展模式研究[D]. 西南财经大学博士学位论文,2012.

[134] 刘虹. 廖施市场区位论评述[J]. 地域研究与开发, 1988(03):59-61.

[135] 张文忠, 张军涛. 经济学和地理学对区位论发展轨迹的影响[J]. 地理科学进展, 1999, 18(01):54-59.

[136] [德]约翰·冯·杜能. 孤立国同农业和国民经济的关系[M],吴衡康,译.北京:商务印书馆, 1986.

[137] 陈振汉. 工业区位理论[M]. 北京:人民出版社, 1982.

[138] [德]沃尔特·克里斯塔勒. 德国南部中心地原理[M]. 常正文,王兴中,译.北京:商务印书馆, 2010.

[139] [德]勒施. 经济空间秩序[M]. 王守礼,译.北京:商务印书馆, 2010.

[140] 蓝万炼. 论乡村工业的未来与农村小城镇的发展阶段[J]. 经济地理, 2001, 21(06):684-689.

[141] 磨建功. 南召城市空间发展模式研究[D].北京建筑大学硕士学位论文，2013.

[142] [美]西奥多·W.舒尔茨. 改造传统农业[M]. 梁小民，译.北京：商务印书馆，2006.

[143] Mellor J W. The use and productivity of farm family labor in early stages of agricultural development[J]. Journal of Farm Economics，1963，45(03)：517-534.

[144] Weitz R. Rural development through regional planning in Israel[J]. Journal of Farm Economics，1965，47(03)：634-651.

[145] 陈瑞莲，李学.城乡二元结构理论与国内现实[J].天津行政学院学报，2004(04)：19-23.

[146] 段禄峰.城乡空间结构演进理论研究述评[J].广东农业科学，2011，38(24)：177-181+184.

[147] 李守远.转变二元经济结构　实现经济可持续发展[J].现代商贸工业，2010，22(01)：5-6.

[148] 刘杨.浅析我国城乡二元经济结构[J].现代经济（现代物业下半月刊），2008(04)：9-12+15.

[149] 杨洁. 加快推进城乡一体化实现湖北跨越式发展——基于SWOT模式的分析研究[C]// 湖北行政管理论坛——地方大部门制改革与城市科学管理研究. 2013.

[150] 汤芷萍. 土地制度变迁中的城乡一体化研究[D].华东理工大学博士学位论文，2011.

[151] 段禄峰. 西安大都市区城乡空间一体化发展策略研究[D].西安建筑科技大学博士学位论文，2010.

[152] Oral H，Phelps K T. Almost all self-dual codes are rigid [M]. Academic Press，Inc.，1992.

[153] Hiroshi K. The "Dual Structure" of finance in post-war Japan[J]. Developing Economies，1967，5(02)：301-311.

[154] Hagebaum-Reignier D，Girardi R，Carissan Y，et al. Hückel theory for Lewis structures：Hückel-Lewis Configuration Interaction (HL-CI) [J]. Journal of Molecular Structure Theochem，2007，817(13)：99-109.

[155] Ranis G，Fei J C H. A theory of economic development [J].

American Economic Review, 1961, 51(04):533-565.

[156] Jorgenson D W. Surplus agricultural labour and the development of a dual economy [J]. Oxford Economic Papers, 1967, 19(03): 288-312.

[157] 刘纯彬. 理顺城乡关系的关键是走出二元社会结构[J]. 瞭望, 1988(24):48.

[158] [美]罗伯特·诺齐克. 无政府、国家与乌托邦[M]. 何怀宏,译.北京:中国社会科学出版社, 1991.

[159] 徐勇. 马克思恩格斯有关城乡关系问题的思想及其现实意义[J]. 社会主义研究, 1991(06): 36-41.

[160] [英]埃比尼泽·霍华德. 明日的田园城市[M]. 金经元,译.北京:商务印书馆, 2010.

[161] [美]芒福德. 城市文化/刘易斯.芒福德经典著作系列[M]. 宋俊岭,译.北京:中国建筑工业出版社, 2009.

[162] 沈玉麟, 顾文选. 发展中国家城镇建设战略的新调整——1984年西柏林"促进次级城市发展"国际会议综述[J]. 城市问题, 1985(01): 58-61.

[163] 蒂姆·昂温, 周希增. 发展中国家的城乡相互作用:一个理论透视[J]. 地理科学进展, 1991, 10(03): 5-9.

[164] 杨友孝. 约翰·弗里德曼空间极化发展的一般理论评介[J]. 经济学动态, 1993(07):69-73.

[165] 刘彦随.中国新时代城乡融合与乡村振兴[J].地理学报, 2018,73(04): 637-650.

[166] 刘彦随. 中国乡村发展研究报告[M]. 北京:科学出版社, 2011.

[167] 龙花楼. 中国乡村转型发展与土地利用[M]. 北京:科学出版社, 2012.

[168] Long H L, Zou J, Pykett J, et al. Analysis of rural transformation development in China since the turn of the new millennium [J]. Applied Geography, 2011, 31(03):1094-1105.

[169] 龙花楼,屠爽爽.论乡村重构[J].地理学报,2017,72(04):563-576.

[170] 刘彦随. 中国新农村建设地理论[M]. 北京:科学出版社, 2011.

[171] 朱家彪,杨伟平,粟卫民. 基于多元逐步回归与通径分析的临澧县建设用地驱动力研究[J]. 经济地理, 2008, 28(03): 488-491+507.

[172] 宋金平,赵西君,王倩. 北京市丰台区土地利用变化及社会经济驱动

力分析[J].中国人口・资源与环境,2008,18(02):171-175.

[173] 刘芳,张增祥,汪潇,等. 北京市农村居民点用地的遥感动态监测及驱动力分析[J]. 国土资源遥感,2009(03):88-93.

[174] 张富刚,刘彦随,张潆文. 我国东部沿海地区农村发展态势评价与驱动力分析[J].自然资源学报,2010, 25(02):177-184.

[175] 姜广辉,张凤荣,陈军伟,等. 基于Logistic回归模型的北京山区农村居民点变化的驱动力分析[J]. 农业工程学报,2007,23(05):81-87.

[176] Huang S, Yu S, Liu Z. Study on energy consumption by land cargo transportation[C]// ICCTP 2009@sCritical Issues In Transportation Systems Planning, Development, and Management. ASCE, 2015:1-7.

[177] Weichenthal S, Ryswyk K V, Goldstein A, et al. A land use regression model for ambient ultrafine particles in Montreal, Canada: A comparison of linear regression and a machine learning approach [J]. Environmental Research, 2016(146):65-72.

[178] 张景阳,潘光友.多元线性回归与BP神经网络预测模型对比与运用研究[J].昆明理工大学学报(自然科学版), 2013, 38(06): 61-67.

[179] 李进涛,刘彦随,杨园园,等.1985～2015年京津冀地区城市建设用地时空演变特征及驱动因素研究[J].地理研究, 2018,37(01):37-52.

[180] Singh A. Genetic variability analysis of Field pea segregants: Character association and path analysis studies in early segregating population of pisum sativum L. var. arvense [J]. Lancet, 2013, 377(9765):557-567.

[181] Edwards J R, Lambert L S. Methods for integrating moderation and mediation: A general analytical framework using moderated path analysis [J]. Psychological Methods, 2007, 12(01):1-22.

[182] 鲁春阳,文枫,杨庆媛.城市土地利用结构影响因素的通径分析——以重庆市为例[J].地理科学, 2012, 32(08): 936-943.

[183] 刘彦随,李进涛.中国县域农村贫困化分异机制的地理探测与优化决策[J].地理学报, 2017, 72(01): 161-173.

[184] Jintao Li, Yuanyuan Yang, Ning Jiang. County-Rural transformation development from viewpoint of "Population-Land-Industry" in Beijing-Tianjin-Hebei region under the background of rapid urbanization[J]. Sustainability, 2017, 9(09):1637-1649.

[185] 刘瑞，朱道林，朱战强，等. 基于 Logistic 回归模型的德州市城市建设用地扩张驱动力分析[J]. 资源科学，2009，31(11)：1919-1926.

[186] 缪丽娟，崔雪锋，栾一博，等. 北京上海近 20 年城市化过程中土地利用变化异同点探析[J]. 气象科学，2011，31(04)：398-404.

[187] Fei X M, Wang C J. Empirical study on the place of the employed farmers be willing to settle based on push and pull theory[J]. Soft Science, 2014, 28(03): 40-44.

[188] Xu H Z. Analysis of influential factors of withdrawing from rural residential land and migrant workers' urban-rural migration under the perspective of intergenerational differences: An empirical study on the basis of push-pull theory[J]. China Population Resources & Environment, 2013, 23(08): 75-80.

[189] Ennis W J, Meneses P, Borhani M. Push-pull theory: Using mechanotransduction to achieve tissue perfusion and wound healing in complex cases[J]. Gynecologic Oncology, 2008, 111(02):81-86.

[190] 刘彦随，杨忍.中国县域城镇化的空间特征与形成机理[J]. 地理学报，2012，67(08)：1011-1020.

[191] 毕硕本，计晗，陈昌春，等.地理探测器在史前聚落人地关系研究中的应用与分析[J].地理科学进展，2015，34(01)：118-127.

[192] Wang J F, Li X H, Christakos G, et al. Geographical detectors-based health risk assessment and its application in the neural tube defects study of the heshun region, China[J]. International Journal of Geographical Information Science, 2010, 24(01):107-127.

[193] Wang J F, Hu Y. Environmental health risk detection with GeogDetector [J]. Environmental Modeling & Software, 2012, 33(07): 114-115.

[194] Gower J C, Legendre P. Metric and euclidean properties of dissimilarity coefficients[J]. Journal of Classification, 1986, 3(01):5-48.

[195] Sun Y, Zhang X, Shuai T, et al. Radiometric normalization of hyperspectral satellite images with spectral angle distance and Euclidean distance[J]. Journal of Remote Sensing, 2015, 19(04): 618-626.

[196] Anderson J E. The gravity model[J]. Nber Working Papers, 2011,

19(03)：979-981.

[197] Joakim Westerlund，Fredrik Wilhelmsson. Estimating the gravity model without gravity using panel data[J]. Applied Economics，2011，43(06)：641-649.

[198] Martijn Burger，Frank van Oort，GertJan Linders. On the specification of the gravity model of trade：Zeros，excess zeros and zero-inflated estimation[J]. Spatial Economic Analysis，2009，4(02)：167-190.

[199] Salimans T，Kingma D P，Welling M. Markov chain monte carlo and variational inference：Bridging the gap[J]. 2015：1218-1226.

[200] Andrieu C，Vihola M. Convergence properties of pseudo-marginal Markov chain Monte Carlo algorithms [J]. Annals of Applied Probability，2015，25(02)：1030-1077.

[201] 单传朋.基于灰色马尔可夫模型在江西省人口预测中的应用[J].科技广场，2015(04)：95-100.

[202] 卞焕清，夏乐天.基于灰色马尔可夫链模型的人口预测[J].数学的实践与认识，2012，42(07)：127-132.

[203] 蔡吉花，唐光平，姚君.马尔可夫链的离散人口预测模型及其应用[J].黑龙江科技大学学报，2014，24(01)：108-114.

[204] Verburg P H，Soepboer W，Veldkamp A，et al. Modeling the spatial dynamics of regional land use：The CLUE-S model [J]. Environmental Management，2002，30(03)：391.

[205] Luo G，Yin C，Chen X，et al. Combining system dynamic model and CLUE-S model to improve land use scenario analyses at regional scale：A case study of Sangong watershed in Xinjiang，China [J]. Ecological Complexity，2010，7(02)：198-207.

[206] 李鑫，马晓冬，肖长江，等.基于CLUE-S模型的区域土地利用布局优化[J].经济地理，2015，35(01)：162-167+172.

[207] 冯仕超，高小红，顾娟，等.基于CLUE-S模型的湟水流域土地利用空间分布模拟[J].生态学报，2013，33(03)：985-997.

[208] 王丽艳，张学儒，张华，等.CLUE-S模型原理与结构及其应用进展[J].地理与地理信息科学，2010，26(03)：73-77.

[209] Hashemi S H，Karimi A，Tavana M. An integrated green supplier

selection approach with analytic network process and improved Grey relational analysis[J]. International Journal of Production Economics, 2015, 159(159): 178-191.

[210] Rajesh R, Ravi V. Supplier selection in resilient supply chains: A grey relational analysis approach[J]. Journal of Cleaner Production, 2015 (86):343-359.

[211] Sarıkaya M, Güllü A. Multi-response optimization of minimum quantity lubrication parameters using Taguchi-based grey relational analysis in turning ofdifficult-to-cut alloy Haynes 25[J]. Journal of Cleaner Production, 2015, 91(03):347-357.

[212] 施红星,刘思峰,方志耕,等.灰色周期关联度模型及其应用研究[J]. 中国管理科学, 2008, 16(03): 131-136.

[213] 黄岗. 马尔可夫及隐马尔可夫模型的应用[J]. 电子设计工程, 2013, 21(17):60-62.

[214] Verburg P H, Overmars K P. Dynamic simulation of land-use change trajectories with the CLUE-S model[J]. Modelling Land-Use Change; Progress and Applications, 2007(90):321-337.

[215] Zhou F, Xu Y, Chen Y, et al. Hydrological response to urbanization at different spatio-temporal scales simulated by coupling of CLUE-S and the SWAT model in the yangtze river delta region[J]. Journal of Hydrology, 2013, 485(485): 113-125.

[216] 刘淼, 胡远满, 常禹,等. 土地利用模型时间尺度预测能力分析——以 CLUE-S 模型为例[J]. 生态学报, 2009, 29(11):6110-6119.

[217] 卞子浩,马小雪,龚来存,等.不同非空间模拟方法下 CLUE-S 模型土地利用预测——以秦淮河流域为例[J].地理科学,2017,37(02):252-258.

[218] 黄霜. 基于 CLUE-S 模型的成长型矿业城市空间模拟[D].中国地质大学(北京)硕士学位论文,2015.

[219] 刘俊宏. 基于 CLUE-S 模型的南昌市土地利用变化情景模拟[D].江西师范大学硕士学位论文,2013.

[220] Wu M, Ren X, Che Y, et al. A coupled SD and CLUE-S model for exploring the impact of land use change on ecosystem service value: A case study in baoshan district, Shanghai, China[J]. Environmental Management,

2015，56(02)：402-419.

［221］Waiyasusri K，Yumuang S，Chotpantarat S. Monitoring and predicting land use changes in the Huai Thap Salao Watershed area，Uthaithani Province，Thailand，using the CLUE-S model［J］. Environmental Earth Sciences，2016，75(06)：1-16.

［222］刘静怡，蔡永立，於家，等. 基于 CLUES 和灰色线性规划的嘉兴北部土地利用优化配置研究［J］. 生态与农村环境学报，2013，29(04)：529-536.

［223］程琳琳，娄尚，刘峦峰，等. 矿业废弃地再利用空间结构优化的技术体系与方法［J］. 农业工程学报，2013，29(07)：207-218.

［224］张启敏. 灰色预测模型［J］. 宁夏大学学报(自然版)，2002，23(02)：147-149.

［225］周世健，赖志坤，藏德彦，等. 加权灰色预测模型及其计算实现［J］. 武汉大学学报(信息科学版)，2002，27(05)：451-455.

［226］张光华，钟水清，唐洪俊，等. 灰色预测模型在油气操作成本预测中的应用［J］. 钻采工艺，2006，29(05)：126-128.

［227］蒋桂容. 新疆农业贷款结构对新疆农民收入增长的影响——基于灰色关联分析法［J］. 新疆农垦经济，2011(02)：7-10.

［228］刘建平. 灰色系统理论在煤与瓦斯突出预测中的应用［J］. 河南理工大学学报(自然科学版)，1994(02)：85-89.

［229］涂乙，谢传礼，刘超，等. 灰色关联分析法在青东凹陷储层评价中的应用［J］. 天然气地球科学，2012(02)：381-386＋1672-1926.

［230］谢乃明，刘思峰. 离散 GM(1,1)模型与灰色预测模型建模机理［J］. 系统工程理论与实践，2005，25(01)：93-99.

［231］陈华友，赵佳宝，刘春林. 基于灰色关联度的组合预测模型的性质［J］. 东南大学学报(自然科学版)，2004，34(01)：130-134.

［232］张晶晶，王力. 坡面产流产沙影响因素的灰色关联法分析［J］. 水土保持通报，2011，31(02)：159-162.

［233］易嗣鑫，段建南. 限购令环境下基于灰色预测模型的地价预测［J］. 经济研究导刊，2012(12)：149-151.

［234］薛苗苗，孙志毅，何秋生，等. 基于灰色预测扰动观察法的 MPPT 方法研究［J］. 工业控制计算机，2012，25(05)：98-99.

［235］宋传平，王鹏飞，李涛. 基于 GM(1,1)模型的军用车辆交通事故预

测研究[J]. 中国安全科学学报, 2010, 20(11):52-55.

[236] 肖争鸣,李欢.灰色理论在城市地价预测中的应用——以厦门市为例[J].江西科学, 2011,29(05):663-666.

[237] 张丽恒,王黎明,虞冬青,等.京津冀一体化的综述与借鉴[J].天津经济, 2014(04):22-29.

[238] 席超. 近 15 年村落景观格局演变分析:以随县典型乡镇为例[D].华中师范大学硕士学位论文, 2014.

[239] 龙花楼,刘彦随,张小林,等. 农业地理与乡村发展研究新近进展[J]. 地理学报, 2014, 69(08): 1145-1158.

[240] 李裕瑞,王婧,刘彦随,等. 中国"四化"协调发展的区域格局及其影响因素[J]. 地理学报, 2014, 69(02): 199-212.

[241] 鲁莎莎,刘彦随,关兴良. 中国城乡转型背景下农业综合区划研究——以 106 国道沿线典型样带区为例[J]. 地理科学, 2013, 33(08): 909-917.

[242] 杨忍,刘彦随,陈玉福,等. 环渤海地区耕地复种指数时空变化遥感反演及影响因素探测[J]. 地理科学, 2013, 33(05): 588-593.

[243] 杨忍,刘彦随,刘玉. 新时期中国农村发展动态与区域差异格局[J]. 地理科学进展, 2011, 30(10): 1247-1254.

[244] 张富刚. 我国东部沿海发达地区农村发展态势与模式研究[D]. 中国科学院地理科学与资源研究所, 2008.

[245] Gibson C. Rural transformation and cultural industries: Popular music on the new south wales far north coast[J]. Geographical Research, 2010, 40(03):337-356.

[246] Oleti G. Effects of internal migration on poverty reduction, income and gender inequality, rural transformation (including urbanization of towns) and agricultural productivity[J]. Applied Geochemistry, 2017, 38(06):82-91.

[247] 臧建运, 梁西伟, 邹温鹏. 基于人口、产业、土地视角的新型城镇化建设研究——以甘肃榆中县为例[J]. 南方农机, 2017, 48(10):150-153.

[248] Reddy A A, Rani C R, Cadman T, et al. Rural transformation of a village in Telangana: A study of dokur since 1970s [J]. International Journal of Rural Management, 2016, 12(02):143-178.

[249] 李婷婷,龙花楼.基于转型与协调视角的乡村发展分析——以山东省

为例[J].地理科学进展，2014，33(04)：531-541.

[250] 周华，王炳君.江苏省乡村性及乡村转型发展耦合关系研究[J].中国人口·资源与环境，2013，23(09)：48-55.

[251] 王艳飞，刘彦随，李玉恒.乡村转型发展格局与驱动机制的区域性分析[J].经济地理，2016，36(05)：135-142.

[252] 马丽，金凤君，刘毅.中国经济与环境污染耦合度格局及工业结构解析[J].地理学报，2012，67(10)：1299-1307.

[253] 刘耀彬，宋学锋.城市化与生态环境的耦合度及其预测模型研究[J].中国矿业大学学报，2005，34(01)：94-99.

[254] 刘耀彬，李仁东，宋学锋.中国城市化与生态环境耦合度分析[J].自然资源学报，2005，20(01)：105-112.

[255] 李进涛，李贻学.基于不同赋权法的经济发展水平评价——以东营市为例[J].山东农业大学学报(自然科学版)，2015，46(01)：116-120.

[256] 薛春璐，郑新奇，周伟，等.青海省海西州区域用地集约利用评价研究[J].水土保持研究，2012，19(06)：142-146.

[257] Bagheri M，Azmin W N. Application of GIS and AHP technique for land-use suitability analysis on coastal area in Terengganu [J]. World Automation Congress (WAC)，2010，184(255)：1-6.

[258] Widiatmaka W. Integrated use of GIS，AHP and remote sensing in land use planning for tropical high altitude vegetable crops [J]. Journal of Applied Horticulture，2016，18(02)：87-99.

[259] 李风琦.城镇化、信息化对农村生活能源消费影响实证分析[J].统计与决策，2016(23)：123-126.

[260] 肖忠意.城镇化、农村金融深化对农村居民消费及结构的影响[J].统计与决策，2015(06)：101-105.

[261] 余风龙，黄震方.中国城镇化进程对农村居民旅游消费的影响[J].经济管理，2013，35(07)：125-134.

[262] 吕晨，蓝修婷，孙威.地理探测器方法下北京市人口空间格局变化与自然因素的关系研究[J].自然资源学报，2017，32(08)：1385-1397.

[263] 刘瑞平，王洪波，全芳悦.自然因素与社会经济因素对耕地质量贡献率研究[J].土壤通报，2005，36(03)：289-294.

[264] 杨华.中国特色城镇化困境与路径[J].合作经济与科技，2018(06)：

4-6.

[265] 周京奎,黄雄.城市产业承载力评价方法与测度研究[J].河北学刊,2018(02):136-142.

[266] 朱丽君,渠丽萍,陈文昕,等.征地补偿农户满意度影响因素及提升路径——以武汉市江夏区为例[J].资源科学,2018(02):299-309.

[267] 宋彩平,刘阳,陈向华,等.中国家具产业发展的地区差异与演化路径研究——基于泰尔指数的测度[J].林业经济问题,2018(01):36-41+104.

[268] Allan M. Why do jordanian tourists travel abroad? Push and pull theory perspective[J]. Geopolitics Quarterly, 2014, 29(02):163-193.

[269] Kim S S, Choongki L, Klenosky D B. The influence of push and pull factors at Korean national parks [J]. Tourism Management, 2003, 24(02):169-180.

[270] 刘民坤,杨小杰,李威.基于推-拉理论的康养旅游行为影响因素研究——以广西巴马为例[J].四川旅游学院学报,2018(01):36-40+56.

[271] 胡现岗.我国就近城镇化的动力与阻力分析——基于推拉理论视角[J].河北科技师范学院学报(社会科学版),2017,16(04):38-45.

[272] 蔡真亮,陈民伟,吕慈仙.高校延伸至县域办学的现象分析——基于"推拉理论"的视角[J].中国高教研究,2017(10):31-34+46.

[273] 肖周燕.人口迁移势能转化的理论假说——对人口迁移推-拉理论的重释[J].人口与经济,2010(06):77-83.

[274] Dolinting E E, Yusof A, Cheechen S. Application of push & pull theory in island sport tourism: A study of Sipadan Island, Sabah[J]. Journal of Physical Education & Sport, 2015, 15(02):295-304

[275] 张武强,王柯敬.推动我国城镇化发展的产业支撑研究[J].现代管理科学,2014(05):67-69.

[276] 王志福,管杰,苏再兴.基于 Logistics 模型的中国人口增长预测[J].渤海大学学报(自然科学版),2010,31(04):326-330.

[277] 黄崇福.内集-外集模型的矩阵算法[J].北京师范大学学报(自然科学版),2002,38(06):820-828.

[278] 郭瑞海,袁晓凤.莱斯利矩阵及其应用:佛坪大熊猫种群发展的预测研究[J].西南民族大学学报(自然科学版),1996,22(02):175-178.

[279] Lawless J F, Mcleish D L. Testing for unit roots in autoregressive-

moving average models of unknown order [J]. Biometrika, 1984, 71(03): 599-607.

[280] Silverstein M D, Loftus E V, Sandborn W J, et al. Clinical course and costs of care for Crohn's disease: Markov model analysis of a population-based cohort [J]. Gastroenterology, 1999, 117(01):49.

[281] Heermann P D, Khazenie N. Classification of multispectral remote sensing data using a back-propagation neural network [J]. IEEE Transactions on Geoscience & Remote Sensing, 1992, 30(01):81-88.

[282] 李洪心，高威. 中国人口老龄化对消费结构影响的灰色关联度分析[J]. 人口与发展，2008，14(06)：67-72.

[283] 林超. 基于 CLUE-S 模型的基本农田划定[D].长安大学硕士学位论文,2012.

[284] 黄明,张学霞,张建军,等.基于 CLUE-S 模型的罗玉沟流域多尺度土地利用变化模拟[J].资源科学，2012,34(04):769-776.

[285] 赵国梁，胡业翠. 基于 CLUE-S 模型的广西喀斯特山区生态系统服务价值变化研究[J]. 水土保持研究，2014，21(06):198-203.

[286] 刘凤娜.村民自治制度相关法律问题研究[J].现代商业，2010(36)：285-286.

[287] 林建.强化农村土地管理 保证农村持续发展——完善农村土地征用制度的思考[J].福建行政学院学报，2010(06):38-44.

[288] 韦晓宏,段根林.新农村建设的评价指标及应用研究[J].世界农业，2010(02):64-67.

[289] 王士君,田俊峰,王彬燕,等.精准扶贫视角下中国东北农村贫困地域性特征及成因[J].地理科学，2017,37(10):1449-1458.

[290] 毛汉英.京津冀协同发展的机制创新与区域政策研究[J].地理科学进展,2017,36(01):2-14.

[291] 周进.京津冀地区的功能布局调整与人口发展[J].新视野,2018(01):57-63.